Como Estabelecer Contato com os Anjos da Cura

LaUna Huffines

Como Estabelecer Contato com os Anjos da Cura

Tradução
NEWTON ROBERVAL EICHEMBERG

EDITORA PENSAMENTO
São Paulo

Título do original:
Healing Yourself with Light
How to Connect with the Angelic Healers

Publicado originalmente nos Estados Unidos por H. J. Kramer, Inc.

Edição	Ano
1-2-3-4-5-6-7-8-9	97-98-99-00

Impresso em nossas oficinas gráficas

A invocação dos anjos da cura

Escolha, na capa deste livro, a cor que mais o atrai, e imagine que essa cor está fluindo sobre a sua cabeça e o seu corpo. A cor que você escolher é a mais benéfica para o seu corpo neste momento. À medida que ela flui para dentro do seu corpo, leva consigo a energia dos anjos da cura.

Se escolher o rosa, você está sendo atraído para os anjos da cura do amor divino. Esses anjos curam o desânimo, dão disposição e uma nova energia, além de desenvolverem o sistema circulatório.

Se escolher o amarelo, você está sendo atraído para os anjos da cura que desanuviam e equilibram a sua mente para que você possa pensar com mais clareza.

Se escolher o verde, você está sendo atraído para os anjos da cura que resolvem problemas nas glândulas, fortalecem o sistema imunológico e dissolvem o *stress* e o excesso de tensão.

Se escolher o azul, você está sendo atraído para os anjos da cura que curam a pressão alta, as infecções e outras doenças.

Se escolher o violeta, você está sendo atraído para os anjos da cura que revitalizam o corpo físico, reconstituem as células e aceleram a cura de qualquer lesão ou doença.

Se escolher o dourado, você está sendo atraído pelos anjos solares, que atuam a partir dos planos cósmicos de luz mais elevados para trazer até você os anjos da cura.

Uma Nota da Autora

Independentemente de quão brilhantes e compassivos sejam os agentes externos de cura, somos, em última análise, responsáveis pelo corpo que temos. Só nós podemos ouvir nossa alma e vislumbrar o plano divino para a nossa vida. Só nós podemos limpar o terreno para que os anjos da cura nos ajudem a criar um instrumento físico mais aprimorado, a fim de que possamos viver na alegria do nosso destino mais elevado.

Uma psicoterapeuta de 41 anos, cujas articulações estavam inchadas e doloridas, participou do curso Cure-se Com a Luz. Ela já não conseguia trabalhar e tinha poucas esperanças de melhorar. Freqüentava o curso para tentar impedir que as coisas piorassem ainda mais. Quando voltou no ano seguinte para participar de um seminário avançado, essa mulher não apresentava mais sinais do antigo problema, que durara cinco anos. Sentava-se ereta, caminhava graciosamente e parecia muito saudável, até mesmo radiante. A mudança foi tão radical que as outras pessoas lhe pediram para que contasse tudo o que fizera. Depois de um momento, ela disse: "Fiz somente uma única coisa diferente — fiz viagens de cura com os anjos todas as noites, sem exceção, durante um ano."

Muitas outras pessoas também estão criando o hábito de se ligar com os anjos da cura. Estão usando o curso Cure-se Com a Luz para várias finalidades — perder peso (executivo da área contábil perdeu mais de cinqüenta quilos), curar doenças e aperfeiçoar o corpo para que possam desenvolver a visão espiritual e trabalhar com mais eficiência.

É devido ao sucesso que centenas de pessoas obtiveram em desenvolver e curar o próprio corpo — tornar sua vida mais fácil — que coloquei esse sistema de cura angélica em forma de livro, de modo a torná-lo disponível a todos os que dele necessitarem.

Dedico este livro aos anjos da cura,
que estão aqui para curar, regenerar e rejuvenescer
todos os que se ligam a eles.

É preciso levar em consideração que este livro reflete a experiência pessoal da autora e de muitas pessoas com as quais ela trabalhou. Este livro não deve ser interpretado como um guia independente para a autocura. Pretende-se que as afirmações fornecidas aqui complementem, e não substituam, o atendimento médico ou de outro profissional da saúde. Esses profissionais devem sempre ser consultados conforme as necessidades individuais, no caso de surgir quaisquer sintomas que possam exigir diagnóstico ou tratamento médico ou antes de interromper ou iniciar qualquer medicação, curso de tratamento ou dieta. Atualmente, a cura espiritual é uma medida experimental e pioneira para complementar o excelente trabalho de médicos e de outros profissionais de saúde.

Sumário

Prefácio

Convido o leitor a fazer parte do grupo de pioneiros que está se curando com luz — a luz da alma e a luz dos anjos da cura. Você poderá se tornar um poderoso agente de cura quando aprender a trabalhar com os anjos da cura. Poderá criar um corpo saudável e cheio de energia, introduzir luz em suas células e rejuvenescer de modo a realizar os seus sonhos. Revitalizado com a luz da alma e dos anjos da cura, poderá dispor da energia e da liberdade necessárias para fazer tudo que for importante para você.

Muitas pessoas serão atraídas para este livro por diferentes razões. Você pode se perguntar por que tem sofrido com doenças ou com outros males físicos quando está fazendo tudo o que sabe para ter boa saúde. Pode estar sofrendo dores de cabeça, problemas nos brônquios, dores musculares, alergias, insônia, problemas digestivos, torcicolo, dor nas costas ou outros tipos de problemas e dores. Pode passar por períodos em que se sente tão cansado ao acordar de manhã que tem de obrigar-se a levantar da cama. Pode estar pegando resfriados e viroses a cada inverno, ou pode estar preocupado porque sua memória e sua mente brilhante e aguçada estão começando a ficar mais fracas.

Você pode ter uma doença grave ou uma moléstia que esteja pondo sua vida em risco e que exija tratamento médico ou uma cirurgia. Nesses casos, o trabalho dos anjos da cura pode complementar a ajuda médica de que você necessita. Os métodos de cura apresentados neste livro, mostram-lhe como regenerar e como recuperar a saúde e a vitalidade, independentemente de qualquer obstáculo que exista na sua vida.

Você também pode estar em perfeito estado de saúde, mas querendo rejuvenescer o corpo e aumentar a luz em suas células para que o corpo e a mente possam concentrar mais luz. Pode querer uma mente mais lúcida, que tenha mais facilidade de concentração para conseguir atingir estados de consciência superiores, ser mais criativo e tornar-se uma fonte de força que permita que outras pessoas cresçam. Este método de trabalho com os anjos da cura, com o seu anjo solar e com a sua alma mostrará como construir um corpo novo, capaz de sintonizar uma vibração luminosa mais alta.

Este método de autocura não é de minha autoria. Veio a mim como uma dádiva de um anjo altamente evoluído chamado Jaiwa e de um grupo de outros anjos da cura que se dedicam a assistir as pessoas que querem levar luz ao nível celular para curar-se e regenerar-se. Ao longo dos anos, quando pessoas doentes me procuram, eu tenho me sentado tranqüila e me elevado até as freqüências superiores desses mestres angélicos. Esses anjos usam belas cores e o pulsar de luzes cintilantes e sons para curar. Qualquer coisa que toquem adquire essa centelha de luz e de energia. Eles me mostraram como ajudar outras pessoas a criar um novo projeto para o próprio corpo, como melhorar o funcionamento do organismo e trabalhar com o seu agente de cura interior.

Muitas pessoas começaram a me procurar e a dizer que queriam aprender como se ligar com os anjos da cura. Ao longo dos anos, enquanto eu continuava a dar assistência a mais pessoas, os anjos da cura me foram revelando um sistema completo de cura e de rejuvenescimento. Alguns desses métodos são antigos, e outros são bastante novos. Neste livro, apresento, com a maior fidelidade possível, os ensinamentos de Jaiwa e dos anjos da cura. Tenho ensinado esses métodos de contato e de cura angélica em seminários e por meio de fitas cassetes desde 1988 a pessoas do mundo todo.

O primeiro grupo de pessoas que me procurou participou de uma série de seminários. Elas pertenciam às mais diversas camadas sociais, faixas etárias e graus de escolaridade. Eram músicos profissionais, professores, arquitetos bancários, contadores, psicoterapeutas, fisioterapeutas, secretárias, joalheiros, microempresários, artesãos, mães, escritores, corretores de imóveis, cantores de ópera, garçonetes e consultores de corporações, entre muitos outros.

Centenas de pessoas concluíram o curso Cure-se com a Luz. São pioneiras ao demonstrar com sua própria vida como podem ser profundas as mudanças que ocorrem no corpo físico quando se faz a ligação com os anjos da cura. Algumas mudanças foram rápidas e dramáticas. Outras foram sutis, embora também produzissem curas profundas. Depois de trabalhar por bastante tempo com essas ferramentas, os graduados parecem, e se sentem, muito mais jovens. Tornam-se dinâmicos e entusiastas. Sentem-se melhor, dormem melhor e pensam com mais clareza.

Ouço muitas histórias inspiradoras contadas por aqueles que levaram o corpo até um nível mais elevado com os anjos da cura. Cada história é única e o conjunto delas descreve o amplo espectro de curas que podem ocorrer com esse método de desenvolvimento do corpo. Alguns constatam que a cura acontece tão depressa em determinada área que, rapidamente, começam a aplicar o método em outras áreas do corpo, também com propósitos de cura ou então para melhorar o seu funcionamento. Outros passam por uma transformação gradual, entremeada com outras curas inesperadas que ocorrem antes da cura que estão procurando. Outros ainda estão se tratando de uma doença que lhes ameaça a vida, mas já viveram muito mais tempo e com mais vitalidade do que os médicos haviam previsto.

Os efeitos da cura física e celular por meio da luz vão além da saúde física e da vitalidade. Algumas pessoas estavam a ponto de desistir da vida quando conheceram esse método e foram curadas. Eram bem-sucedidas no mundo externo, mas o peso, a fadiga ou outros problemas físicos as estavam impedindo de seguir em frente. Utilizando este sistema para trabalhar com os anjos da cura, elas eliminaram os obstáculos que as impediam de alcançar o sucesso. À medida que recebiam as cores e a luz superior de que o corpo necessitava, passaram a vislumbrar um novo futuro, criando carreiras, relacionamentos e amizades mais satisfatórios. Algumas começaram a dar aulas sobre esse sistema de cura. Outras passaram a escrever livros, compor músicas, escrever poesias ou se dedicaram às artes. Cada vez que retornam ao grupo Cure-se com a Luz, todos nos regozijamos no amor compassivo e na luz dos anjos da cura.

Durante as aulas, os anjos da cura estavam cientes de todas as pessoas que, algum dia, passariam a usar esta técnica. Incluímos você como parte do grupo, enviando luz e preparando o caminho para todos aqueles que estariam se juntando a nós na cura com esses anjos especiais. Sou profundamente grata a eles — e a você, que está pronto para rejuvenescer o corpo e a vida com luz. Possa você sentir mais energia, mais alegria e mais amor do que jamais sentiu antes ao trabalhar com sua alma e com os anjos da cura para curar e desenvolver o seu corpo.

LaUna Huffines

Agradecimentos

Ofereço meus sinceros agradecimentos a Sanaya Roman pela inspiração e pela assistência que me ofereceu em muitos níveis, e também por suas excelentes idéias, que se acham entrelaçadas ao longo de todo este livro.

Sou profundamente grata a minha irmã, Jean St. Martin, que mora em Dallas, no Texas, e é uma destacada agente de cura e terapeuta, pelo apoio a este trabalho e pelos valiosos dados que forneceu sobre visualização orientada.

Meu reconhecimento também se dirige aos meus editores, Hal e Linda Kramer, que esperaram este livro por cinco anos com grande interesse e entusiasmo, e que, de todo o coração, acreditaram na importância deste sistema de autocura e auto-regeneração.

Sou especialmente grata a Gloria Crook, fundadora da School of Ageless Wisdom, de Arlington, no Texas, por nossas conversas a respeito dos anjos solares e de sua verdadeira identidade, e a Orest Bedrij, de Nova York, por nossas conversas sobre criação de um equilíbrio divino no corpo e na mente.

Quero agradecer a Carol Gerson, John Enright, Tim Read, Anita Dittman e Edward Alpern, que leram partes deste manuscrito e fizeram valiosos comentários. Minha gratidão a Anita Dittman e Naomi Jarvie por administrarem eficientemente o escritório enquanto eu escrevia este livro.

Sou grata a Ki Fujinaka, de Honolulu, no Havaí, o talentoso artista que fez a ilustração da capa, pintando o triângulo de luz dourada que se acha no cerne da cura neste sistema.

Meu reconhecimento a Nancy Grimley Carleton, minha editora, que anda com passos leves e, não obstante, é dotada de discernimento e de lucidez.

E meus sinceros agradecimentos às centenas de pessoas que já fizeram o curso sobre a cura com luz por meio de fitas cassetes e de seminários, e que estão dedicando sua atenção a todos vocês que aprenderão a curar e a rejuvenescer o corpo com os anjos da cura.

Introdução

Você está vivendo em meio a mudanças dramáticas na maneira como as pessoas vivem e se relacionam umas com as outras. A humanidade está avançando heroicamente graças a um despertar do espírito do amor e da boa vontade. Hoje, os anjos da cura podem chegar mais perto e ajudar aqueles que estão prontos para transformar o corpo e a mente a fim de concentrar mais luz. Pessoas de todos os países estão invocando os anjos e formando grupos para curar a si mesmas e umas às outras graças ao poderoso trabalho do reino angélico.

Freqüências superiores de luz e energia estão fluindo para este planeta, vindas dos planos cósmicos. São mais intensas do que jamais foram, e se tornarão cada vez mais brilhantes por muitas décadas. À medida que o campo magnético da Terra vai ficando carregado com essas freqüências superiores de luz, você poderá ir aprendendo a entrar em sintonia com poderosas freqüências de cura. Os anjos da cura trabalham com a luz solar, que carrega um tremendo poder de cura e oferece uma oportunidade sem precedentes para curar e desenvolver o corpo físico.

Você pode usar esse processo em qualquer área da sua vida. Se praticar com seriedade essas ligações espirituais, elas curarão e desenvolverão muito mais do que o seu corpo: elas mudarão a sua vida. Por meio desses processos também podemos despertar para novas dimensões da luz interior. Eles darão a você uma sensibilidade mais aguçada para expandir a consciência. A prática desses métodos despertará e desenvolverá sua visão espiritual e mostrará a você como usar sua energia, seu tempo, seus talentos e sua criatividade em coisas que são de fato importantes.

O propósito desse processo de cura é fazer com que você não tenha de dar muita atenção ao corpo. Nesta etapa avançada da evolução humana, você não terá necessidade de pensar no corpo depois de o revitalizar, de o curar e de o aperfeiçoar. Você poderá voltar a atenção para trabalhos mais importantes. Este livro lhe ensinará o caminho para a cura a partir dos planos espirituais superiores e o ajudará a se ligar com os anjos da cura. Ele o ajudará a curar e reconstruir o corpo — e a vida — para que concentre mais luz. A partir de um lugar sagrado de cura, os anjos da cura virão e trabalharão com você. Eles o ajudarão a limpar e purificar o corpo energético, também chamado de corpo etérico. Seu corpo etérico ou energético é uma teia invisível de luz dourada que circunda seu corpo físico e o interpenetra. Seguindo os métodos apresentados neste livro, você fortalecerá o corpo etérico de modo que ele possa rejuvenescer o corpo físico.

Por intermédio desse sistema de cura, você aprenderá a atrair para si freqüências superiores de luz, que trazem moléculas mais sutis para as células, tornando-as mais resistentes às doenças e afastam do caminho tudo o que possa impedir a ação da cura angélica. Você aprenderá como cooperar com essa assistência divina fazendo tudo para prover ao corpo daquilo de que ele necessita.

Talvez você já compreenda que é tempo de cuidar do seu corpo. Você pode sentir um desejo espontâneo de mudar ou de melhorar sua alimentação, de alcançar a quietude interior, de liberar tensões e pressões indesejáveis ou de curar um problema crônico. Pode contrair uma doença que é um sinal de advertência para elevar algo em sua vida a uma freqüência superior, um sinal de que um relacionamento, uma carreira, uma crença são incapazes de concentrar a luz mais pura que está vertendo sobre você. Qualquer doença o incita a descobrir o que é necessário e como obtê-lo. Você poderá fazer isso e ainda mais. Independentemente de quais sejam os sintomas físicos, você poderá criar um corpo livre de dores, mais cheio de energia e mais jovem do que teve até agora. À medida que pratica as viagens orientadas, você libera as partículas densas do corpo criando o corpo de que necessita para desfrutar a vida. Trabalhando sob orientação superior, você não apenas estará se tornando mais saudável e adquirindo uma nova vitalidade, mas também estará elevando a vibração de todo o seu corpo. Estará aprendendo a conhecer como você existe nas dimensões superiores. À medida que a corrente espiritual de luz que flui para dentro de você for se tornando mais forte, você poderá eliminar todas as obstruções e trazer essa luz superior para dentro de cada célula do seu corpo.

O propósito dos anjos da cura é ajudar a humanidade a ter um corpo saudável e revitalizado, a transformar o corpo humano de modo que ele irradie luz. Os anjos da cura oferecem a você a cura permanente. Quando abrir a eles a mente e o coração, você estará ajudando a abrir a porta entre o reino angélico e o reino humano.

Essa enorme transformação da humanidade só é possível porque a vasta inteligência criativa do cosmos está banhando este planeta com uma intensidade energética maior do que jamais fez. Alguns chamam essa inteligência criativa de amor, outros a chamam de luz ou de Deus, embora não existam palavras capazes de expressar plenamente sua majestade e magnitude. No passado, as freqüências superiores de luz eram barradas para que a humanidade não recebesse mais intensidade do que o corpo podia suportar. Hoje, essas barreiras estão sendo suavemente retiradas. À medida que poderosas energias espirituais se aproximam da humanidade, trazem consigo os tijolos de uma substância subatômica mais sutil para aqueles que querem criar um corpo com mais vitalidade e longevidade.

As almas evoluídas são especialmente sensíveis a essa luz radiante que ingressa no planeta. Você pode ou não estar meditando ou orando todos os dias; de uma maneira ou de outra, você pode ser extremamente sensível a essas frequências luminosas mais sutis. Pode ter sofrido porque não compreendia a importância de aperfeiçoar o corpo de modo a sustentar a luz que aumentava cada vez mais. Muitos sintomas de saúde precária surgem devido a uma sensibilidade mais aguçada e a um maior aprimoramento do corpo. Você pode hoje ser mais exigente com relação à qualidade do ar, dos alimentos e dos exercícios do que muitas pessoas que você conhece.

Você pode ter problemas físicos de menor ou maior gravidade, mas o fato de tê-los não significa que você fracassou! Eles não são causados por falta de fé, de confiança ou de amor. São áreas onde a luz radiante é, de algum modo, bloqueada e impedida de nos atingir. Você pode estar precisando de novos receptores no nível celular para reter essa luz. À medida que for concentrando mais luz em si mesmo, você precisará continuar aperfeiçoando o corpo e a maneira de tratá-lo. Sua habilidade em manipular a luz que está sendo vertida dentro de você determina até que ponto você pode se elevar. As condições do seu corpo *determinam o quanto você pode progredir* no caminho e quanta alegria e amor sua alma pode lhe transmitir. À medida que você desenvolve o corpo, torna-se mais suscetível à essa luz, e oportunidades ainda maiores poderão surgir à sua frente.

Com os anjos da cura, você poderá aprender a ficar bem e a permanecer bem, a detectar desequilíbrios sutis e deter doenças que estão apenas começando. A luz radiante poderá fluir livremente através dos seus circuitos de energia, limpando áreas do corpo que foram impedidas de receber a carga energética de que as células necessitam. Cada sistema do organismo se torna mais forte na proporção em que correntes magnéticas fluem para dentro das células. A transformação do corpo torna possível ascender a planos espirituais mais elevados.

À medida que for percorrendo estas páginas, você descobrirá que há uma ordem divina na criação de um ambiente de cura para o corpo. Quando as freqüências superiores dos anjos circularem através do seu campo energético, poderão, em primeiro lugar, abrir sua mente para novas prioridades. Ou poderão, antes de mais nada, dissipar uma emoção que estava bloqueando a luz da sua alma. Muitos descobriram que a área do corpo que eles a princípio focalizaram nem sempre era onde a cura seguinte ocorria. Por exemplo, quando um homem decidiu curar os olhos, descobriu que foi a digestão que melhorou primeiro. E ela só melhorou depois que seus temores foram abrandados. Não crie expectativas a respeito das mudanças. Se descobrir que há expectativas sobre a cura abrindo caminho lentamente dentro de si, confie no fato de que a ordem divina da regeneração reside freqüentemente além da sabedoria da personalidade. Reconheça cada mudança positiva em sua vida como um sinal de que a cura está ocorrendo numa ordem positiva e divina.

Você não está simplesmente trabalhando com energia mental ou emocional para curar e desenvolver o seu corpo, embora essas energias sejam uma parte útil da cura. A cura permanente não é criada apenas pelo fato de pensarmos na cura ou de afirmarmos a própria divindade ou de eliminarmos erros na maneira de pensar. As mudanças que você pode obter não ocorrem porque você se escondeu dos problemas ou suprimiu sintomas. A cura e o rejuvenescimento que você poderá criar por meio deste sistema resultam do trabalho com anjos da cura altamente evoluídos, que dirigem correntes de luz e de cor para dentro do seu corpo. Eles trarão uma nova substância para o seu corpo, de modo que ele possa usar as energias mais sutis que você está atraindo para si. Essas energias contêm as freqüências superiores da sua alma e do seu anjo solar.

Na Parte Um deste livro, você aprenderá quem são os anjos da cura e como trabalham. Descobrirá que há uma razão muito importante para você ficar bem e conhecerá o propósito mais profundo do desenvolvimento do seu corpo. Você viajará até a Ilha da Regeneração, onde terá início a sua jornada de cura e de rejuvenescimento. Criará um medidor que lhe mostrará até que ponto é forte a sua vontade de se curar e de se desenvolver. Na Parte Dois, você se dirigirá ao Templo da Cura e se encontrará com sua alma e com seu anjo solar. Por intermédio desse vínculo mais elevado, aprenderá como atrair os anjos da cura para ajudá-lo na Sala da Quietude Interior, na Sala da Luz, na Sala do Amor, na Sala das Cores, na Sala do Som, na Sala da Sabedoria e na Sala das Imagens.

Na Parte Três, você se encontrará com os diretores dos sistemas do corpo e trabalhará com eles para trazer até esses sistemas novas imagens de um corpo realmente em forma na dimensão física. Você descobrirá o que é necessário para curar os sistemas. Na Parte Quatro — Para Tornar-se mais Jovem —, você aprenderá como transformar programas para idosos em programas de rejuvenescimento e como aumentar a luz em suas células. Você aprenderá a usar uma doença para fazer com que o seu corpo evolua, e reverter danos que se desenvolveram no passado, a curar uma lesão tratando-a imediatamente e a fazer as escolhas que manterão você jovem. Você aprenderá a permanecer em contato com a vontade de curar, e a torná-la cada vez mais forte.

No futuro, a cura será baseada na luz, na vibração, na cor e no som. Ela eliminará a causa que originou a doença, em vez de apenas suprimir seus sintomas. Até mesmo hoje, a medicina está prestes a descobrir as energias invisíveis dos anjos da cura. O século XXI trará meios científicos precisos para usar a cor e o som em conjunto com esses agentes angélicos da cura. Aos poucos, a cura com freqüências de luz, de cor e de som se tornará disponível a todos. Os cientistas já estão estudando como o corpo físico reage a diferentes cores e por que as cores e as vibrações são agentes de cura tão eficientes. Médiuns de cura estão sendo treinados para trabalhar com médicos e ajudá-los em diagnósticos difíceis. Alguns sensitivos com formação médica já estão prestando assistência a médicos e obtendo notável sucesso em diagnósticos, muitas vezes antes que qualquer sintoma se apresente. Os anjos da cura estão felizes em trabalhar com a ciência de vanguarda, mesmo que nem sempre as pessoas estejam conscientes da sua participação no trabalho de cura.

Como usar este livro

Este método de autocura tem uma colaboração inestimável a prestar na realização dos seus sonhos, dos seus objetivos e do seu futuro. Para sentir o seu poder é preciso adotá-lo com o coração plenamente aberto. Um esforço que não seja sincero totalmente só produz resultados parciais. Uma dedicação madura trará, inevitavelmente, resultados profundos, e esses resultados serão quase sempre permanentes. Eles poderão gerar mudanças extraordinárias em outras áreas da sua vida. Até mesmo uma pequena mudança é um catalisador de transformações, assim como uma pitada de fermento acrescentada à massa faz com que ela cresça e fique leve. Ninguém é jovem demais nem velho demais para receber os grandes benefícios do contato com os anjos da cura. Quando conseguir o tempo necessário para praticar os princípios e os métodos da autocura com a luz, você estará dando a si mesmo saúde e vitalidade duradouras. Imagine o apoio que um corpo são e evoluído pode lhe dar, criando uma vida maravilhosa que satisfaça seus planos e seu propósito mais elevados.

A criação do seu centro de cura

Você poderá realizar as mais avançadas mudanças no que diz respeito à cura escolhendo um quarto ou uma pequena área da sua casa e fazendo dele o centro do seu templo de cura. Imagine como poderá fazer desse quarto um belo lugar no qual receberá os anjos da cura. Encha o quarto com suave música angélica, uma ou duas flores colhidas recentemente e um perfume que você aprecie. Coloque uma vela na mesa, em frente à sua cadeira, e acenda-a toda vez que for trabalhar. Todas essas preparações ajudam a formar uma ponte entre o mundo humano e o mundo angélico. Quando você utiliza sempre o mesmo local para trabalhar com os anjos da cura, eles infundem luz no interior e ao redor dessa área. Ela se torna o seu espaço sagrado de cura. Essa essência luminosa o protege das distrações externas e o ajuda a estabelecer com maior facilidade a ligação com os anjos. Pouco a pouco, você será capaz de invocar os anjos da cura quase tão rapidamente quanto fecha os olhos.

Viagens orientadas

As viagens orientadas apresentadas no final de cada capítulo, indicarão os passos necessários para transformar o seu corpo com a ajuda dos anjos da cura, de modo que você possa colocar imediatamente em prática o que aprendeu. Cada viagem e cada exercício são planejados de maneira a garantir o sucesso, e cada viagem é elaborada tendo em vista a anterior. Os exercícios falam à mente superior e não à mente consciente, e funcionam melhor depois que você reservou algum tempo para relaxar, procurando atingir um estado muito tranqüilo e isento de preocupações. Familiarize-se com as diferentes etapas antes de empreender cada viagem. Procure ler a descrição de uma dessas etapas, fechando os olhos enquanto a realiza, e em seguida abra os olhos para ler a descrição da próxima etapa, e assim por diante. Também poderá pedir a um amigo para que faça, lentamente, a leitura da viagem para você, ou poderá fazer gravações das viagens em fita cassete. Se preferir gravações profissionais, produzimos fitas para acompanhar os capítulos com viagens semelhantes, porém mais aprofundadas do que aquelas que apresentamos aqui. Cada viagem dura cerca de vinte minutos e o levará mais longe do que um exercício por escrito pode fazê-lo.

Seu diário de cura

Providencie um caderno de anotações, intitulando-o *Meu Diário de Cura*, onde você possa tomar notas das idéias e das informações que lhe ocorrerem à medida que você ler este livro. Honrar todas as idéias que lhe chegam abrirá a porta para uma ampla gama de descobertas e inspirações. Registrando essas idéias, você poderá examiná-las cuidadosamente mais tarde. As introvisões mais elevadas são como sonhos — muito nítidas no momento em que se está em harmonia com a sabedoria superior e muito fugazes no momento seguinte. O ato de captá-las, escrevendo ou desenhando uma figura ou um símbolo, atua como um ímã que atrai outras idéias situadas além do alcance da sua mente. Descrevê-las no seu diário é algo que o ajudará a amarrar essas idéias e a ver o brilho e a lógica que há por trás delas. Essa cadeia de idéias, à semelhança de um colar de pérolas, vai formando o seu caminho para uma saúde e vitalidade acentuadas.

Você poderá dividir o diário em quatro seções: a Parte Um para os Anjos da Cura, a Parte Dois para o Templo da Cura, a Parte Três para os Diretores dos Sistemas e a Parte Quatro para Tornar-se mais Jovem. As informações provenientes da alma e dos anjos da cura nem sempre chegam de forma muito nítida. Em geral, elas são filtradas pela mente de uma maneira ilógica. Ao colocar as informações na seção ou nas seções em que elas se encaixam melhor, você logo terá um excelente manual de cura, criado especialmente para o seu corpo pelos anjos da cura e pela sua alma. Você talvez fique perplexo em face da quantidade de conhecimentos sobre o seu corpo e sobre a sua cura que continuarão a chegar até você, uma vez que tenha criado uma maneira de organizar e de pôr em prática essas idéias.

As respostas às perguntas que formulou no dia anterior podem surgir quando você menos espera — talvez quando estiver dando uma caminhada ou bebendo uma xícara de chá. Você poderá, subitamente, reconhecer um hábito que queira mudar, e substituí-lo por um novo. Quando estiver nesse processo, escreva pequenos cartazes com o nome do novo hábito e coloque-os em lugares bem visíveis da sua casa. A energia positiva dessas mensagens será impressa na sua mente inconsciente todas as vezes que você olhar para elas. Quando olhar para o cartaz contendo o novo hábito, estará imergindo na sua energia e atraindo para si as circunstâncias, as pessoas e as informações que o ajudarão a incorporar na sua vida, de maneira natural e espontânea, esse novo modo de pensar e de agir.

Enquanto você ler este livro, os anjos da cura o estarão ensinando num nível que transcende as palavras. Prossiga lentamente, e deixe que as palavras toquem não apenas a sua mente, mas também o seu coração. O fato de honrar a cura e as idéias que chegarem até você, pondo em prática tudo o que sabe no seu coração, o ajudará a curar-se.

Parte Um

Os Anjos da Cura

Sobre a Parte Um

A cura começará quando você se voltar para o seu corpo e decidir qual é a primeira coisa que quer melhorar, curar ou regenerar. Você aprenderá o que os anjos podem curar, como eles curam, com quem eles trabalham e como trabalham. Aprenderá a medir a sua vontade de se curar por meio de um medidor especial, e saberá o que pode matar a sua vontade e como intensificá-la. Também aprenderá como obter o máximo de uma doença e como abraçar tudo o que dá significado à sua vida. Em seguida, será levado à Ilha da Regeneração para que se torne sensível à presença angélica nesse lugar e para começar a conhecer o espaço sagrado onde os anjos da cura trabalham.

A Parte Um garantirá o sucesso da viagem de cura. Você terá a oportunidade de deixar de lado sua maneira usual de pensar e reconhecer os bloqueios que poderiam impedir os anjos de curá-lo. Sua pesquisa honesta a respeito dos benefícios ocultos trazidos pelas doenças permitirá que você reconheça outros meios de obter esses mesmos benefícios. Você começará a descobrir quanto poder você tem para limpar o terreno a fim de que a cura angélica aconteça e a dar graças pelos momentos da sua vida em que os anjos o tocaram, numa época de necessidade, sem que você tenha percebido.

CAPÍTULO 1

A Presença dos Anjos da Cura

Sua cura está prestes a acontecer! Antes de prosseguir, pare e pense sobre aquilo em que você quer trabalhar à medida que cura e desenvolve o seu corpo. Com isso, você poderá começar imediatamente o processo. Você quer curar uma doença, uma infecção ou uma lesão? Quer curar um problema crônico, como, por exemplo, má digestão? Você poderá trabalhar com qualquer problema para começar a sua cura.

Você poderá trabalhar com mais de um problema quando se encontrar com os anjos da cura. Se estiver enfrentando um problema de saúde grave, poderá trabalhar com ele ao mesmo tempo em que trabalha com um problema de menor gravidade. Em cada viagem orientada, trabalhe primeiro com o problema menor, e em seguida com o maior. Desse modo, à medida que o problema menor for se resolvendo, você vai adquirindo confiança e se abrindo para receber a cura do problema maior.

Se não estiver seguro a respeito de que problema escolher, pare e sintonize o seu corpo. Viaje mentalmente através dele, começando na cabeça e no rosto e descendo até os pés. Note quais são as áreas que lhe trazem a sensação de estar fora de equilíbrio, com menos vitalidade ou mais fracas que as restantes. Cheque a visão, a audição, a pele, o coração e a acuidade mental. Você poderá escolher melhorar um sistema do corpo, como, por exemplo, o sistema respiratório, o circulatório, o nervoso ou o imunológico. Poderá querer melhorar a visão, a audição ou a memória. Poderá pedir assistência para obter mais vitalidade e mais energia, ou para aumentar a luz em suas células. Ou poderá trabalhar para rejuvenescer todo o corpo e todos os sistemas.

Qualquer coisa que você escolha é apropriada, do menor dos problemas até uma doença que ponha em risco a sua vida. É possível que uma cura inesperada aconteça primeiro, mesmo que você não tenha solicitado ajuda nesse sentido. Se você determinar neste momento a mudança que gostaria de efetuar no seu corpo, poderá começar exatamente agora a trabalhar com os anjos da cura. Em vez de ler a respeito de *como* isso pode ser feito, você estará *fazendo* isso enquanto lê. A capacidade para trabalhar com o anjo solar, com a alma e com os anjos da cura poderá tornar-se tão natural que, aos poucos, você não precisará de nenhuma cura. Poderá lembrar-se de como curar-se no momento em que sentir uma doença pairando no horizonte da sua vida e perceber um possível problema antes que ele se torne em algo sério.

Pare a leitura e faça agora uma lista, no diário de cura, de tudo o que gostaria de curar ou de melhorar. Durante cerca de três minutos, escreva tão depressa quanto puder, sem censurar nada que lhe venha à mente. Mesmo que você acredite saber que atitude tomar a respeito de um problema, se não for capaz de agir nesse sentido, inclua esse problema na lista.

Em seguida, repasse a lista acrescentando dados, combinando itens ou fazendo mudanças. Olhe para o sintoma básico, ou "raiz", que poderia eliminar alguns dos outros se fosse curado em primeiro lugar. Numere os sintomas que incluiu na lista de acordo com a prioridade deles. Você poderá fazer descobertas completamente novas sobre a cura desse sintoma enquanto percorrer, nos próximos capítulos, cada uma das salas do templo. Por exemplo, livrar-se de ansiedade e de vícios poderia curar outros sintomas físicos da sua lista. A cura da compulsão por doces poderá provocar a cura de um problema da tireóide. Obter ajuda angélica para curar aftas poderá preceder o trabalho com dores de cabeça crônicas. A combinação de todos os sintomas dará a você as pistas para saber qual deles deverá escolher primeiro.

Numa página nova do diário, faça outra lista com os problemas em ordem de prioridade. Ao lado de cada sintoma que exija um diagnóstico ou ajuda médica, inclua o diagnóstico correto do agente de cura ou do médico, o nível correto de intervenção médica e o tipo de tratamento que será mais eficiente e menos prejudicial ao seu corpo. Para ajudá-lo, os anjos da cura freqüentemente trabalham por intermédio de um médico ou de outra alma evoluída.

Agora você está pronto para começar. Selecione uma ou duas áreas do corpo que precisem de cura e mantenha-as em mente enquanto lê este livro e aprende a respeito dos agentes angélicos da cura e do seu verdadeiro trabalho; em seguida, aprenda a criar um medidor para descobrir a vontade superior de ser perfeitamente saudável.

O que os anjos podem curar

Os anjos da cura podem eliminar qualquer doença. Podem atuar sobre doenças graves, como o câncer, ou sobre males menores, como gengivites ou ombros doloridos. Podem eliminar infecções e curar tecidos lesados. Podem reverter doenças degenerativas, como, por exemplo a artrite, ou doenças do coração. Podem reduzir ou eliminar a dor e curar alguns problemas que a medicina não é capaz de solucionar. Podem curar dores de cabeça ou lesões decorrentes de um acidente. Você pode trabalhar com os anjos da cura para eliminar erupções da pele e outros problemas crônicos como, por exemplo, problemas digestivos, pulmonares e da garganta. Eles podem eliminar a tensão e afastar a angústia e o medo. Podem ajudá-lo a descobrir e a eliminar a verdadeira causa de uma doença ou podem curar uma possível doença antes que ela afete o corpo físico.

Os anjos da cura não apenas curam, eles podem reconstituir e regenerar o seu corpo. Podem dar-lhe energia e afastar a fadiga crônica. Podem reconstituir sistemas que não estejam funcionando bem, como o sistema circulatório, o sistema respiratório, o sistema nervoso e o sistema imunológico. Podem estimular as glândulas para que funcionem melhor, inclusive a glândula pituitária e a tireóide, as supra-renais, o timo e o pâncreas. Também podem trabalhar com os órgãos, como, por exemplo, os rins e os olhos. Podem reconstituir os pulmões e restaurar o coração e as artérias.

Os anjos estão aqui não apenas para levar a sua saúde e a sua vitalidade ao nível "normal", mas para elevá-las além do normal, de modo que elas lhe dêem a energia superior de que você necessita para realizar o seu verdadeiro propósito. Eles trabalham regenerando o seu corpo no nível celular, transmutando as células e levando-as até uma freqüência luminosa mais alta.

Quando reconstitui o seu corpo com os anjos da cura, você incorpora luz em cada um dos sistemas, glândulas e células. Leva o corpo que você tem agora a evoluir para um corpo com freqüência superior de luz. Os anjos da cura não têm a intenção de substituir a assistência médica e a tecnologia. De boa vontade, eles trabalham com qualquer método de cura que você escolher. Podem acelerar a recuperação depois de uma cirurgia ou acrescentar luz angélica em qualquer remédio de que você necessite. Se você está tomando remédios que provoquem efeitos colaterais indesejáveis, eles podem ajudar a minimizar esses feitos colaterais.

Como os anjos realizam o trabalho de cura

Os anjos da cura trabalham a partir de uma consciência grupal. Embora tenham uma consciência individual, combinam suas energias e, quando precisam usá-la, extraem-na de todo o grupo de anjos da cura. Quando você lhes pede ajuda, criam um corpo e uma mente que podem manipular mais luz. Para fazer isso, eles trabalham nos planos da alma sob a direção da sua alma e do anjo solar. Seguem leis que substituem as leis físicas conhecidas no plano terrestre para desenvolver e fortalecer os corpos físico e emocional. À medida que ajudam a limpar e a purificar o corpo, estão abrindo o caminho para você construir uma relação mais vigorosa com a sua alma.

Os anjos da cura usam minúsculas partículas de luz e cor para ativar os códigos no centro das células para curar e regenerar o corpo. Essas partículas formam ondas de amor, luz, vibrações, sons e cores e trazem luz cintilante às células e aos sistemas. Os anjos da cura sabem exatamente o grau de intensidade que devem ter essas ondas para promover a cura do indivíduo e a evolução celular. Às vezes, você pode sentir essas correntes como ondas suaves. Outras vezes, elas se parecem com ondas de energia fortes e impetuosas que fluem através de você.

À medida que os anjos da cura se aproximam mais de você a fim de partilhar seu conhecimento e poder de cura, eles descobrem de que tipo de cura e regeneração você necessita e esperam até que você abra caminho para receber a cura. Trabalham, em primeiro lugar, no campo energético com o corpo etérico. O campo de energia consiste em energia sutil ao redor do corpo; é feito de uma substância sutil que poucas pessoas podem ver. É fluido e muda de momento a momento, à medida que pessoas entram no seu campo de energia ou à medida que seus próprios pensamentos e emoções mudam. Você poderá sentir essa parte de si mesmo, que vibra numa freqüência mais alta que o corpo físico, se colocar a palma da mão a alguns centímetros acima do umbigo e, lentamente, aproximá-la e afastá-la do corpo algumas vezes. Note como há uma mudança na energia que circunda a sua mão à medida que ela entra em contato com o campo de energia que cerca o seu corpo. Note também que você se sente mais calmo e pode até mesmo respirar mais profundamente quando pressiona com a mão o campo de energia. Enquanto brinca com essa energia, você pode desenvolver uma sensibilidade mais aguçada para perceber o corpo etérico.

Os seres angélicos o ajudam trazendo a substância sutil do espírito até o corpo por meio de freqüências luminosas, cromáticas e sonoras. À medida que eles o ajudam a limpar o seu campo energético, o seu corpo começa a produzir células novas e vibrantes, que tornam a sua mente mais lúcida. Em primeiro lugar, os anjos da cura lêem o seu campo energético e vêem quais são as cores e vibrações superiores que estão faltando ou que vibram fora de compasso. Então eles fornecem a matéria luminosa e cromática mais sutil da qual seu corpo precisa. Uma vez que esses anjos são a corporificação da beleza nos planos espirituais, você se torna belo no sentido mais profundo da palavra. Seu corpo energético se torna, aos poucos, mais radiante à medida que você trabalha com os anjos.

Você pode não compreender plenamente como os anjos curam, mas o seu coração sabe. Muito antes de a mente poder aceitar sem reservas a realidade do mundo angélico, o coração sentirá os anjos como poderosos agentes das energias espirituais puras. Pergunte ao seu coração a respeito do que ele sabe sobre os seres angélicos e confie na resposta dele. O conhecimento do coração é conhecimento verdadeiro. Não é influenciado pelas crenças predominantes em nossa época. À medida que você trabalha com os anjos da cura, sua mente aprende a ouvir o seu coração. Quando *ambos*, coração e mente, querem cooperar com esses trabalhadores angélicos altamente evoluídos, as portas se abrem e uma extraordinária oportunidade se coloca à sua frente. Os anjos da cura reconhecem o desejo do seu coração e da sua mente e são atraídos até você para satisfazer esse desejo. A mera presença deles o faz evoluir, bem como a seu corpo.

Sobre os anjos da cura

Os anjos da cura são mestres arquitetos que criam belas formas por meio de vibrações e cores. Fazem parte desse grupo os mestres angélicos ou arcanjos, que são reconhecidos e descritos em quase todas as religiões. Embora haja referências sobre anjos datadas de dez mil anos atrás, certos anjos só agora estão chegando mais perto da humanidade. Com a bênção dos arcanjos, anjos da cura altamente evoluídos vieram para curar e para ensinar, a todos os que quiserem aprender, como construir um corpo dotado de uma vibração mais sutil e de maior imunidade a doenças. A qualidade essencial dos anjos é a alegria. Os anjos evoluem servindo ao plano evolutivo; sua evolução depende da evolução humana. Sua consciência está a serviço da humanidade. Uma das principais diferenças entre anjos e seres humanos é que, para estes últimos, grande parte do sofrimento provém da ilusão de estarem separados da alma, do espírito, de Deus e de outras almas humanas. O medo, o sentimento de estar separado da sua fonte ou a resistência à evolução não existem para os anjos. Eles nunca se retiram da luz, como os seres humanos fazem.

Os anjos não estão ligados ao espaço ou ao tempo. Eles têm um corpo de luz, e não um corpo físico denso constituído de minerais terrestres, como o corpo humano. Devido ao fato de o corpo angélico filtrar a luz com cores e padrões transparentes, às vezes vemos os anjos como seres brilhantes. No entanto, o corpo deles não é verdadeiramente físico. É feito de uma substância mais sutil do que a matéria física que conhecemos. São completamente visíveis uns aos outros e, com freqüência, também são vistos pelas pessoas que possuem visão etérica e conseguem enxergar num plano superior ao físico. Muitas pessoas tiveram breves momentos dessa visão, quando foram capazes de ver os anjos da cura durante alguns segundos.

Os anjos da cura altamente evoluídos trabalham exclusivamente com a evolução humana. Você se encontrará com esses anjos na Ilha da Regeneração. Os anjos mais evoluídos que trabalham com a evolução humana são os anjos solares dos matizes branco e dourado. Eles trabalham com a sua alma. Ajudam a construir o corpo espiritual, que é o lar da alma. Os anjos solares trazem os outros anjos da cura. O seu anjo solar pode convocar a ajuda dos anjos da cura para que os assistam no aperfeiçoamento do corpo físico, do corpo emocional ou do corpo mental até uma freqüência mais sutil de luz e de energia. Você se encontrará com seu anjo solar no Capítulo 5, na primeira sala do Templo da Cura.

Também existem grupos de anjos da cura que trabalham com vibrações, com sons, com cores e com a luz. Esses anjos prestam auxílio ao plano cósmico da evolução. Eles oferecem uma névoa protetora de luz que circunda todos os que estão trabalhando para edificar o amor e a luz no planeta. Os anjos de matizes verde e laranja reconstituem tecidos doentes ou lesados, por meio de som e vibrações. Os anjos de cor violeta dão vitalidade ao seu corpo a partir da energia vinda da Terra e também dos planos espirituais. Eles ajudam na revitalização do corpo energético que circunda o corpo físico. Também podem curar o corpo físico. Se você está cansado e sem energia, ou se tem propensão a contrair resfriados e outras doenças respiratórias, os anjos violeta poderão curá-lo. Os anjos de cor amarela assistem na constituição, na reconstituição e na cura do sistema nervoso e na recuperação da memória, dando a você mais clareza mental. Eles facilitam a comunicação entre a mente superior e o cérebro.

Você também encontrará os anjos do amor divino, que incorporam um amor mais sutil do que o que se conhece na evolução humana. Esse amor tem uma vibração extremamente alta, que inspira e fortalece a vontade de viver, e cura o desânimo e a depressão. Esses anjos nos ajudam a carregar o fardo das preocupações, das angústias ou do desespero. Eles trazem energia de cura para o corpo físico, bem como para o corpo emocional. Trazem energia ao coração e ao sistema circulatório. Os anjos do amor divino oferecem amor sem restrições nem limites. Eles são a essência do amor, ligam você com a luz maior que deu nascimento à sua alma. Feitos de uma substância composta da essência do amor, esses anjos transmitem a você o amor incondicional do espírito.

Existem outros anjos, como os que guardam e protegem os lugares sagrados da Terra, e aqueles que trabalham com os reinos animal, vegetal e mineral. Um grupo muito grande de anjos cria os belos lugares da natureza e trabalha com as espécies de vida não humana que existem neste planeta. Outros tipos de anjos zelam, cuidam e desenvolvem o reino vegetal. Eles fornecem a substância sutil para árvores, plantas e flores. Muitos remédios florais, fitoterápicos e homeopáticos são presentes oferecidos à humanidade por vários grupos de anjos.

Como reconhecer os momentos em que se está recebendo a ajuda dos anjos

Você pode já ter se encontrado com anjos durante uma emergência. Quando o tempo parece parar e você está ciente do que fazer para fugir de uma situação difícil, é provável que um grupo de anjos esteja salvando a sua vida mesmo que você não perceba conscientemente a sua presença. Numa fração de segundo, você pode ser alçado para fora de uma situação que põe em risco a sua vida ou pode ser retirado para fora do tempo ou suspenso no ar para evitar que um acidente ocorra. Com raras exceções, você não tem a menor idéia de que isso está acontecendo; pode achar que é você o responsável pelas brilhantes decisões que o levaram a sair daquela enrascada. Você pode se sentir inspirado e lúcido quando, apenas um momento antes, não tinha idéia do que fazer. Ou pode sentir, numa fração de segundo, o impulso de correr, de saltar ou de se desviar abruptamente, impulso que, mais tarde, lhe mostrará que você, na verdade, estava pressentindo acontecimentos que estavam prestes a ocorrer. Com freqüência, os anjos entram em ação para evitar acidentes que poderiam ocorrer não fosse a intervenção deles ou sua advertência para que você ficasse mais alerta.

Muitas vezes, os anjos colocam em sua mente idéias quando você se sente preso a uma situação ou não consegue se curar de uma doença. Pense numa ocasião em que estava realmente deprimido ou doente e, de súbito, foi capaz de superar essa situação — como se alguma coisa mudasse dentro de si e você passasse a saber exatamente o que fazer. Isso é trabalho dos anjos. Eles respeitam o seu livre-arbítrio, que é a base da evolução humana; não obstante, oferecem opções que você não percebera antes. Abrem uma porta secreta para você sair de uma situação complicada ou de uma doença.

Anjos da cura visíveis e invisíveis

Às vezes, os anjos da cura trabalham tão silenciosamente que só exames posteriores confirmam esse trabalho de cura. Quando a filha de uma aluna do curso Cure-se com a Luz precisou de uma cirurgia no olho após um acidente, a família ficou consternada quando o cirurgião deu-lhe poucas esperanças de salvar-lhe esse órgão. A família se uniu e pediu a ajuda dos anjos da cura. Quando chegou a data da cirurgia, o olho já estava se recuperando de maneira tão espetacular que não foi necessária nenhuma intervenção.

Em outras ocasiões, você pode querer ter um vislumbre do que esses agentes da cura estão fazendo. Uma mulher com um problema glandular crônico pediu ajuda aos anjos da cura. Para seu assombro, ela podia ver os anjos chegando e puxando alguma substância para fora do seu campo energético, como se estivessem aspirando teias de aranha invisíveis. Depois dessa limpeza, eles projetaram lindas cores na área afetada, e então se foram. O seu problema glandular está agora se resolvendo rapidamente.

Os anjos da cura como agentes do despertar

Os anjos da cura podem enviar-lhe uma carga de energia vital quando você menos espera, ou podem despertá-lo quando você se esqueceu de que tem direito a uma vida maravilhosa. A missão deles é guiá-lo no desenvolvimento da sua mente e do seu corpo. Os agentes da cura podem trabalhar até mesmo enquanto você está dormindo. Uma senhora de 80 anos foi despertada no meio da noite quando um "relâmpago" atingiu-a pouco acima dos olhos, entre as sobrancelhas. Ela ficou tão assustada ao ser "atingida" que saltou da cama, depois de um sono pesado, e foi fechar a janela temendo uma tempestade. De repente, percebeu que não havia tempestade. O céu estava claro, com a luz das estrelas cintilando por todo o firmamento. O brilhante lampejo de luz teria vindo de outro tipo de descarga elétrica. Então ela compreendeu que um anjo viera para despertar sua capacidade de sentir o seu eu divino.

Você pode invocar os anjos da cura se despertar no meio da noite com uma doença comum, tal como um vírus estomacal. Esses agentes da cura chegam e começam a eliminar a infecção virótica e o mal-estar causado por ela. Muitas pessoas fazem isso. Elas percebem que a cura ocorreu quando a dor cessa, elas se sentem em paz e logo estão suficientemente bem para dormir novamente.

Como os anjos da cura trabalham

Um engenheiro de 46 anos invocou os anjos da cura para ajudá-lo a se livrar de um zumbido agudo e contínuo nos ouvidos, resultante de um acidente ocorrido enquanto mergulhava em águas profundas. Os médicos lhe disseram que nada podia ser feito, e no entanto o barulho estava começando a interferir em sua concentração. Ele pediu a uma amiga clarividente, que tinha a visão etérica, para observar o que acontecia quando os anjos da cura se aproximavam. Ela viu minúsculos trabalhadores chegarem, sob a supervisão de um anjo superior, e trabalharem em grupo. Pareciam estar fazendo consertos ou serrando rapidamente. Em menos de cinco minutos, foram embora. O zumbido em seus ouvidos diminuiu imediatamente, passando a ser menos agudo, mais suave e baixo. Em sessões posteriores, os anjos amenizaram ainda mais esse zumbido, e hoje ele quase não o percebe.

Um profissional contábil descreveu sua viagem de cura desta maneira: "Há dois anos comecei a aprender como me curar com a luz. Hoje estou com 50 quilos a menos, e minha mente está extraordinariamente lúcida e alerta. Agora, meu corpo e minha mente estão purificados o bastante para receber impressões nítidas da minha alma. Quando comecei, pela primeira vez, a me abrir para os anjos da cura, estava pronto para morrer. Iria fazer 56 anos em breve e pesava quase 150 quilos. As dietas não davam resultado. Dediquei-me seriamente a cada uma delas. Tenho vivido com os anjos da cura no trabalho, no meu automóvel e na academia de ginástica. Tenho, literalmente, vivido na luz. As pessoas me dizem que eu brilho com a luz, mas não têm idéia do porquê disso."

Uma jovem artista tinha um resfriado após o outro. Seu sistema respiratório parecia entrar em colapso a cada inverno e nunca se recuperava plenamente. Depois de trabalhar com os anjos da cura, ela agora raramente tem um resfriado, e se tem ele dura apenas um dia. Você também pode curar a si mesmo e eliminar resfriados ou viroses incômodas que presumiu nunca deixariam de fazer parte da sua vida. Antes de checar, no próximo capítulo, até que ponto você quer de fato ser completamente curado, comece a pensar sobre a alegria que a cura e a regeneração do seu corpo trarão à sua vida.

CAPÍTULO 2

Para Fortalecer a sua Vontade de Ser Curado

Neste capítulo, você poderá entrar em contato com a sua vontade de ser curado e de aumentar a luz em suas células. Aprenderá como tornar essa vontade mais forte, não por meio de afirmações ou da imaginação, mas descobrindo o que refreia a sua vontade e libertando-se disso. Quando a sua vontade de ser curado estiver livre dos fatores que a refreiam, sua energia magnética começará a atrair os anjos da cura. Eles então trabalharão com você e lhe darão energia para fazer tudo o que você puder em prol da sua cura.

Sua vontade de estar bem e cheio de vitalidade é a chave para o sucesso da cura e do aperfeiçoamento do seu corpo a fim de que ele concentre mais luz. O livre-arbítrio é a lei básica da evolução humana. *Ninguém pode interferir com o seu livre-arbítrio.* Os anjos não podem curá-lo, a menos que você esteja plenamente convicto do seu propósito de estar bem. Se alguma parte sua está resistindo, eles respeitam isso e esperam até que você esteja pronto. Quando isso acontecer, eles o ajudarão a curar, a regenerar e a rejuvenescer o seu corpo — mas não o farão até que você esteja pronto.

A construção do seu medidor

Para saber até que ponto você quer mesmo ser curado, você poderá criar um medidor que ultrapasse seus pensamentos e crenças conscientes. Ele medirá a sua vontade de criar um corpo mais sutil que permanecerá vitalizado e saudável por toda a vida. A agulha desse medidor avalia a sua vontade numa escala de 1 a 10. Com ele, você poderá medir até que ponto a sua mente inconsciente está segura e livre de dúvidas para permitir que a cura se concretize.

Você está aprendendo a se ligar com outras dimensões de si mesmo, que sabem as respostas que você não conhece totalmente. Mais tarde, também poderá usar esse medidor para responder a perguntas sobre a criação de um corpo que possa servi-lo. Ele poderá lhe mostrar se os seus órgãos e sistemas estão funcionando bem ou se há algum possível problema. Uma senhora também usou o medidor para descobrir quais atividades da sua vida traziam consigo a energia da sua alma e ficou muito surpresa com as respostas. Quanto mais alto era o número apontado pela agulha do medidor, mais intenso era o "sim" referente àquela atividade.

Como criar um medidor para avaliar a sua vontade

1. Imagine um aparelho com um mostrador contendo uma escala de 1 a 10. Visualize um medidor que se adapte a você — ele pode ser pequeno, moderno, do tipo de um velocímetro ou de outro estilo. Dê ao seu medidor uma forma e uma cor bem definidas. Observe se ele cabe na sua mão ou se é um modelo maior, de mesa. A agulha pode registrar com precisão tudo o que você lhe perguntar. Visualize uma agulha e números fluorescentes, de modo que você possa vê-los facilmente no escuro. Passe algum tempo imaginando os detalhes do medidor e descrevendo-os no seu diário.

2. Peça agora ao medidor para mostrar-lhe o quanto é forte a sua vontade de criar uma saúde perfeita. Diga que você quer uma resposta honesta, e não tente influenciar a agulha.

3. A agulha se moverá até um dos dez números. Observe onde a agulha pára e anote esse número no seu diário antes de continuar a leitura. Se de início você não conseguir obter um número, visualize o seu medidor com mais detalhes, pintando cada número com uma tinta bem visível e imaginando uma agulha com uma ponta magnética sensível. Então, pergunte novamente.

Contagem

Leituras de 1 a 3 no medidor: Você ainda não está pronto para conseguir mudanças significativas. Procure ver quais são os benefícios que aparentemente compensam todos o incômodos que esse problema está lhe causando. Há alguma coisa que você ainda está aprendendo ou ganhando com essa doença. Por exemplo, alguém pode tratá-lo muito melhor quando você está se sentindo doente. Sua família pode parecer mais compreensiva e mais atenciosa quando cuida de você. Seu patrão pode deixá-lo ficar mais tempo longe do emprego.

Você pode obter uma licença para tratamento da saúde, ou deixar de fazer algo que não quer fazer. Os outros talvez não esperem tanto de você. Às vezes, ter uma dor de cabeça, uma dor nas costas, uma virose ou um resfriado é a única maneira de conseguir uma chance de repousar. Enquanto está doente, talvez você reflita sobre como seria sua vida se estivesse bem, e não encontre nenhuma boa razão para sarar. É muito difícil conseguir se curar se a vida lhe parece mais fácil quando você está doente. Quando identificar as razões que o levaram a obter um resultado de 1 a 3, analise-as e trabalhe para eliminá-las quando se encontrar com o seu anjo solar, com a sua alma e com os anjos da cura. Você pode receber inspiração divina a respeito do futuro e do seu poder interior para criá-lo. Saber o motivo que o impede de ser curado é muito importante. Peça a ajuda dos anjos. Eles guardam a chave da sua liberdade.

Leituras de 4 a 6 no medidor: Há, neste exato momento, algumas vantagens bem definidas que o levam a permanecer no ponto em que está. Nessa faixa mediana, entre ficar curado e ficar doente, você estabeleceu um equilíbrio que o está beneficiando em algum nível. Pode precisar de tempo para refletir sobre o que realmente quer da vida. Sua alma pode estar usando esse tempo para se aproximar de você. Sua personalidade pode estar em dúvida entre centrar-se no mundo material e centrar-se na alma. Você pode descobrir essas vantagens e examiná-las para verificar como conseguirá obter os mesmos benefícios que uma doença lhe proporciona estando perfeitamente bem. Não há nada que possa ser adquirido com uma doença e que você *também* não possa obter estando saudável. Você pode não compreender isso até que pense sobre o assunto, mas é assim que acontece. Para liberar a sua vontade a fim de que ela ultrapasse essa faixa média de 4 a 6, procure se ligar no seu desejo de ser forte e saudável e peça assistência aos anjos para que eles fortaleçam a sua vontade. Quando você a libertar de modo que ela atinja o 10 no seu medidor, você *libertará a si mesmo* para viver com a plena força e criatividade da sua alma — e descobrirá que, assim, o seu corpo se tornará plenamente são.

Leituras de 7 a 10 no medidor: Neste exato momento, você está pronto para começar a se curar ou a aperfeiçoar o seu corpo com a ajuda dos anjos da cura. Você está disposto a mudar *qualquer coisa* para se curar ou para criar um corpo saudável e cheio de vigor, que possa concentrar mais luz. Os anjos da cura têm permissão para trabalhar com você neste exato momento. Se a sua vontade é 7 ou 8, você também se beneficiará de um exame que revele o que o está impedindo de atingir o 10. À medida que trabalhar com os anjos da cura, peça visão e ajuda para liberar a energia que está refreando a sua vontade até que ela esteja livre.

Por que a sua vontade é tão importante?

A cura pode ser excepcionalmente rápida quando a sua vontade de ficar curado é firme. A cura angélica exige de você uma participação ativa. Seu compromisso de fazer *tudo* o que é preciso para criar um corpo que vibre numa freqüência superior abre espaço para que os anjos da cura o ajudem. Eles atendem imediatamente quando a sua vontade de cooperar é resoluta e límpida. Você não pode esperar resultados positivos se pedir a cura e regeneração durante uma semana e bloqueá-las durante a semana seguinte, contrariando a orientação que recebeu com relação ao trabalho dos anjos da cura. Eles só têm permissão para introduzir cores e freqüências de cura no seu corpo quando você mostra que está pronto para recebê-las. Se não fizer as mudanças que você sabe que são as mais sensatas, a doença poderá retornar ou outra poderá tomar o seu lugar. À medida que a sua vontade superior se fortalece, nada poderá impedi-lo de aproveitar plenamente a cura que está recebendo.

Se você sentir que no momento não parece capaz de cooperar plenamente com o processo de cura, pode ser que uma parte de você esteja resistindo. Essa resistência poderá persistir até que a doença tenha lhe oferecido tudo o que você pode aprender com ela. Pode ser que precise aprender a dizer não a alguém ou a abandonar uma atividade que drena toda a sua energia. Talvez você precise dizer sim à esperança de ter uma vida maravilhosa. Talvez precise parar de se criticar e reconhecer sua coragem e sua disposição para beneficiar-se ao máximo das experiências que os problemas físicos lhe trazem. Uma vez que aprenda tudo o que puder com um problema físico, você descobrirá que a sua vontade é capaz de curar tudo o que não está funcionando no seu corpo.

Para libertar a sua vontade de se curar

1. Se quiser liberar a sua vontade de se curar, leia estas perguntas e anote no seu diário a primeira resposta que lhe vier à cabeça. Quando fizer estas perguntas a você mesmo, responda com total honestidade. Seu coração conhece o nível da sua sinceridade. Quanto mais honesto você for, mais confiança o seu corpo terá em você.

- Há alguma parte de mim que está resistindo a ter um compromisso genuíno com a criação de uma saúde perfeita?
- Há alguma vantagem no fato de eu ter este problema de saúde? Mesmo se não houver nenhuma vantagem óbvia em estar doente ou em ter um

baixo nível de energia, há alguma vantagem oculta da qual não estou ciente?

- Há alguma coisa que eu deveria fazer se estivesse em perfeita saúde, e que não quero fazer? O que seria?
- A minha doença me permite fazer algumas coisas de que gosto (tal como ler, relaxar, ver televisão e conversar com os amigos) e me impede de fazer aquilo que realmente não quero fazer?
- A minha doença me desobriga temporariamente de fazer alguma coisa que alguém espera de mim e que me desagrada?
- É a minha vontade ou a vontade de outra pessoa que está me impelindo para um projeto ou para um relacionamento que eu encaro mais como uma obrigação do que com um propósito compartilhado?
- Estou envolvido em alguma coisa que meu coração e minha mente estão rejeitando? (Tentar atingir objetivos pessoais ou objetivos de outras pessoas que não estejam em conformidade com o seu propósito superior pode criar uma doença que o desperta para fazer mudanças.)
- Há alguma coisa que possa fazer com que valha a pena o esforço de ser realmente saudável e de rejuvenescer o meu corpo?
- O que aconteceria se eu estivesse totalmente revitalizado e curado e fizesse o que sinto que é o mais importante na minha vida?
- O que poderia ser diferente hoje, daqui a uma semana e no próximo ano se eu estivesse totalmente curado neste exato momento?
- O que eu faria se tivesse bastante energia e boa saúde neste exato momento? Há algo sobre o que eu tenho pensado ou em que eu já esteja envolvido e que faria se tivesse energia?
- O que aconteceria se eu compreendesse que não preciso ficar doente para deixar de fazer as coisas que não quero fazer?

2. Reveja suas respostas e tome nota de qualquer padrão que você observar. Quando puder descobrir e analisar as vantagens de estar doente, você estará no caminho para libertar a sua vontade de estar curado — e no caminho para uma rápida recuperação.

Fortaleça a sua vontade de estar perfeitamente são

Como extrair o máximo de uma doença ou de um problema físico

Qualquer que seja o problema físico com o qual estiver trabalhando, ele poderá oferecer-lhe muito mais do que você imagina. No entanto, ele só poderá fazer isso se souber como obter dele essas dádivas. Qualquer doença poderá lhe oferecer essas dádivas ocultas — seja ela uma incômoda reação alérgica ou uma doença que esteja pondo sua vida em risco. A doença abre espaço para que a vontade superior ingresse na sua vida. A doença não é um caminho recomendável para ninguém, mas, se ela aparece por qualquer razão, pode ser utilizada como um trampolim para alcançar uma qualidade de vida superior.

Você não precisa estar doente para receber essas dádivas. Precisa apenas do forte desejo de aumentar a luz em suas células para que possa trabalhar com entusiasmo e com um astral elevado ao longo da vida. Pense sobre essas possibilidades à medida que lê este livro e deixe-se levar por um sentimento maravilhoso de compaixão, bom humor e sabedoria.

Se decidir que dádivas você quer, poderá superar muito mais rapidamente a doença. Selecione aquelas que mais quer. Para você essas mudanças serão as mais fáceis e divertidas. Faça uma delas por vez e comece a atraí-las para você à medida que for fazendo os exercícios dos próximos capítulos.

Os "e se..." levam a sua agulha para o alto

Deixe sua imaginação voar alto. "E se nos próximos vinte anos eu pudesse manter o meu corpo saudável e a mente brilhante e límpida?" Imagine possibilidades ousadas e comece a formulá-las usando o "e se". Pergunte a si mesmo: "E se eu tivesse mais alegria e mais paz ao longo da próxima semana do que já tive em toda a minha vida?", "E se eu fizesse um contato tão poderoso com a minha alma que me sentisse capaz de tomar as decisões mais sábias durante o ano todo — decisões que criariam o tipo de vida que eu realmente desejo?", "E se este ano se tornasse o melhor ano da minha vida?", "E se, durante os próximos meses, eu aprendesse a me curar e a me manter saudável?", "E se eu fosse saudável e me sentisse bem pelo resto da vida?", "E se minha vida pudesse levar luz à vida de outra pessoa — ou de muitas pessoas?"

Você também poderá praticar esse exercício num grupo de duas ou três pessoas, fazendo com que cada uma seja "o alvo" enquanto as outras criam os "e se". O espírito de luz que transborda nesse tipo de jogo criativo provém de um amor que nasce no coração de cada pessoa. Juntos, vocês criarão imagens revitalizantes. Essas imagens poderão acelerar a cura muitas e muitas vezes. A energia proveniente de imagens positivas a respeito da sua vida gerará o entusiasmo necessário para a criação de um corpo saudável. O entusiasmo o levará a cuidar das necessidades básicas do seu corpo. Essas imagens poderão guiá-lo — conduzi-lo, fazê-lo ousar — para que você tenha recursos do que pensa que pode ter. Elas lhe permitirão aceitar a ajuda dos anjos e usar com alegria essa nova vitalidade para alcançar um propósito superior.

Dedique-se àquilo que dá significado à sua vida

Se você soubesse que há uma energia dinâmica e poderosa dentro de você, e que essa energia espera ser liberada, você gostaria de ter a chave para liberá-la? A chave está escondida numa sabedoria extraordinária que reside no seu coração. Está oculta em algo que tem grande valor para você, que o faz suspirar e lhe dá prazer. Talvez seja um *hobby*, uma mudança importante, como, por exemplo, mudar-se para uma bela casa, tornar-se agente de cura ou mestre, ou juntar-se a um grupo de pessoas parecidas com você para realizar um propósito comum. Talvez seja o ato de passar algum tempo num belo lugar, escrevendo, desenhando, conversando, compondo uma música ou passeando. Seja o que for, trata-se de algo que o fará se sentir entusiasmado.

Mesmo se não estiver certo de que extrairá essa sabedoria extraordinária do seu coração, comece a listar as possibilidades no seu diário, e novas idéias poderão começar a fluir na sua mente. Dedicar-se a algo de que você gosta muito abre o seu coração como uma flor se abre quando o sol brilha sobre ela. As pétalas de luz que há por trás do seu coração começam a vibrar e a abrir até se transformarem numa radiante flor de luz. Quando você se dedicar a esse "algo", ele poderá fornecer-lhe uma tremenda energia de cura. Ele se tornará a sua maneira de expressar aquilo que é nobre, belo e amoroso dentro de você. Ele o atrairá até o propósito almejado. O simples fato de pensar a respeito desse "algo" luminoso o inspirará e o alimentará. Se você não perder de vista esse objetivo, concentrando-se na maneira como o alcançará, as mudanças começarão a acontecer. Fazer alguma coisa, por menor que seja, para atingir esse objetivo é algo que o fortalecerá. A ação delineia um caminho para que a vontade da sua alma o ajude e para que a cura aconteça.

Você não precisa saber como o fará. Seu eu criativo se encarregará de descobrir como e quando. Essa parte sua está ativa mesmo enquanto você dorme. Você não precisa estar ciente de que isso está acontecendo, pois acontece de qualquer maneira. Você pode mudar ou aprimorar essa lista à medida que o seu eu criativo entra em ação. Quando estiver tocando essa sabedoria, ela aumentará a sua vontade de se curar. Mesmo que você apenas fique sentado e pense no que poderia fazer para conseguir algo que tenha um grande significado para você, ou pense em procurar um grupo de pessoas que tenha o mesmo objetivo que o seu, sua vontade se tornará mais forte. Sua vontade de exprimir a sabedoria do coração também lhe trará uma vida mais longa. A saúde e a longevidade do seu corpo estão estreitamente ligadas com a vontade de expressar a sabedoria do seu coração. À medida que sua vontade se tornar mais forte, você descobrirá tempo e energia para fazer tudo aquilo que facilita o trabalho dos anjos da cura.

Faça uma lista de objetivos possíveis no seu diário de cura. É preciso coragem para expressar em palavras algo que se acha tão perto do coração. No alto da página, escreva: "Atividades Que Têm Profundo Significado Para Mim." Escreva qualquer coisa que lhe venha à mente, mesmo que você não saiba exatamente do que se trata. Inclua o dia, o mês e o ano. Sinta-se livre para mudar ou para acrescentar novas informações àquilo que já escreveu, à medida que for praticando os exercícios dos capítulos seguintes.

Se você já está fazendo o que gosta

Pode ser que, mesmo se dedicando a algo que para você tem o significado mais profundo, você tenha algum problema de saúde. Você pode estar criando seus filhos, abrindo um negócio, ensinando ou aprendendo algo importante. Pare e veja se você tem reservado algum tempo para o lazer e para se divertir com os amigos. Seu corpo é capaz de suportar breves períodos de tensão e de excesso de trabalho, mas períodos prolongados diminuem a sua vitalidade e o deixam esgotado. Verifique a sua agenda e veja se está tentando fazer algum trabalho que não é da sua responsabilidade. Ou se está se sentindo tão inspirado e criativo que está indo além do que o seu corpo pode agüentar, como um acrobata que rodopia pratos enquanto dá cambalhotas.

Pergunte a si mesmo: "O que pode ser tão importante para mim a ponto de me fazer ignorar as reais necessidades do meu corpo e, mais tarde, pagar o preço da doença, do sistema imunológico enfraquecido, do esgotamento e de uma mente entorpecida?" Se responder a essa pergunta com honestidade, você achará mais fácil encontrar tempo para manter seu corpo saudável. Se realmente quiser se manter forte, ativo e saudável ao longo dos anos, e viver mais tempo, você conseguirá. Imagine como a sua vida será mais produtiva e cheia de alegria se você construir esse futuro. Imagine como um problema físico o está ensinando a descobrir e a abraçar a vontade superior da sua alma e a trazer até você um novo equilíbrio e uma nova alegria.

O próximo passo consiste em reconhecer que você não precisa ficar doente para ter uma vida melhor. Você pode não saber como, mas, na verdade, há muitas maneiras. Se acreditar que isso é possível, passará a ter idéias de como equilibrar a sua vida, mantendo uma saúde perfeita e uma energia mais elevada.

Agora chegou o momento de fazer uma nova leitura com o seu medidor, para verificar sua vontade superior de se curar e de introduzir freqüências luminosas mais sutis no seu corpo. Faça isso agora e anote o número do seu mostrador e a data da medição no seu diário. O número será cada vez mais alto à medida que você se aproximar da Ilha da Regeneração e seguir o caminho até o Templo da Cura.

CAPÍTULO 3

A Ilha da Regeneração: A Morada dos Anjos da Cura

Você está pronto para ser conduzido até um lugar sagrado de cura. Uma belíssima ilha, chamada de Ilha da Regeneração, foi criada pelos anjos da cura para proporcionar esse local de cura. Essa ilha existe num plano sutil, e não no plano físico. A sua vibração altíssima impede que sejam criadas densidade e massa. A essência do reino vegetal em toda a sua glória está presente aqui. A alma ou essência das árvores e das flores cintila à luz do Sol. As cores das flores são muito mais belas do que no plano físico. É como se as almas das árvores e das flores da Terra não passassem de pequenos reflexos da energia angélica aqui presente.

A Ilha da Regeneração é circundada por um escudo de intensa força luminosa, que a protege contra os curiosos — aqueles que a procuram sem um desejo sincero de mudança. Uma vez que a Ilha da Regeneração se acha num plano mais sutil do que o plano físico, a única maneira de encontrá-la é ser levado até ela. Todos aqueles que são sinceros de coração e de mente serão conduzidos à ilha e serão bem recebidos. Você está convidado a visitá-la, em resposta à sua invocação interior, na qual afirmou que está pronto para encontrar o seu anjo solar e para receber ajuda dos anjos da cura. Seu desejo profundo de introduzir mais luz no seu corpo, de criar um corpo forte, saudável e revitalizado, envia o sinal para que você seja trazido à ilha. Não é preciso saber como nem por onde começar. Você será tratado como um convidado de honra que está aqui como hóspede, aprendendo a ver, a sentir e a ouvir nos planos sutis da realidade.

Sua parceria de cura

A Ilha da Regeneração é o local de partida para desfrutar a maior parceria de cura que você poderia fazer. Você se aliará ao seu anjo solar, à sua alma e aos anjos da cura para trabalhar com eles. A atmosfera está livre de formas-pensamento, emoções densas ou toxinas de qualquer tipo. Enquanto estiver aqui, você poderá se harmonizar com a ilha e deixar que a paz entre no seu coração. Os anjos da cura vêem você como um brilhante farol de luz no mundo. Você pode ajudá-los a desabrochar a beleza de todo o seu ser, pétala por pétala, assim como as pétalas de uma flor se abrem à luz do sol.

Qualquer cura que você visualize na ilha poderá acontecer. Tudo é possível. À medida que desenvolver o seu corpo, sua vontade de aperfeiçoá-lo e de aumentar a vibração de suas células se tornará mais forte e concentrada. Cada viagem até a ilha representa um passo na direção da cura. Você é assistido várias vezes na tarefa de transformar as células e os sistemas do seu corpo de modo a manipular toda a luz que flui para dentro de você.

Para honrar o seu espaço sagrado

Essa ilha é um espaço sagrado porque os anjos da cura estão aqui reunidos. É importante honrar a presença deles. Todos os anjos trabalham juntos — anjos de vibração e de som, anjos de belas cores, anjos do amor divino, anjos das imagens, anjos da sabedoria e anjos de luz. Eles não recusam ninguém que seja levado à ilha. Sua compaixão não tem limites. Eles revigoram a sua alma para que ela possa regenerar a sua força vital e curá-lo e para enviar-lhe uma alegria inacreditável. De início, você pode não perceber a presença deles, mas a sua alma, a sua mente superior e até mesmo as suas células saberão.

Você pode vir para a Ilha da Regeneração sempre que se sentir cansado ou desanimado. Ela o revigora e o relaxa. Ela também o prepara para se encontrar com os anjos da cura no Templo da Cura. Venha com o desejo sincero de criar um corpo que irradie vitalidade, um corpo que seja um bom instrumento para a alma expressar seu propósito superior. Essas mudanças de cura são oferecidas como uma dádiva. Para recebê-la plenamente, assuma o compromisso interior de honrar a cura aqui oferecida e aplicá-la das mais diversas maneiras.

Uma viagem até a Ilha da Regeneração

É hora de começar a sua viagem até a Ilha da Regeneração. Pense a respeito da área ou das áreas do corpo com as quais irá trabalhar e certifique-se de que está pronto para aprender como se curar com a luz. Quando você eleva a consciência até esse radiante centro de cura, você abre caminho para muitas almas evoluídas que virão e também aprenderão a estabelecer contatos com seres angélicos. Seus amigos e a sua família poderão ser os primeiros a se beneficiar das mudanças que você fará aqui.

Imagine-se de pé numa praia. Irradie o pensamento de que está pronto para aprender como usar a luz para curar a parte do corpo que você escolher. Observe um barco aparecendo no horizonte em resposta ao seu pedido.

Enquanto fita o barco, ponha de lado as crenças a respeito de como a cura acontece. Não é preciso saber como ela acontecerá, apenas compreender que você pode receber a cura na ilha. Em primeiro lugar, solicite a cura e abra-se para recebê-la. A seguir tome a decisão de cooperar com os anjos da cura. Disponha-se agora a se abrir e esqueça as perguntas sobre o que virá a encontrar nessa ilha. Se tirar da mente as expectativas e ingressar na ilha com um espírito de aventura, você poderá simplesmente desfrutar a viagem que o espera.

Com os olhos da mente, imagine um barco surgindo ao longe, no horizonte, e movendo-se em direção a você. À medida que ele se aproxima, duas figuras lhe acenam. O barco alcança a praia, e dois rostos sorridentes o cumprimentam calorosamente, chamando-o pelo nome. Estão aqui para levá-lo até a ilha. Entre no barco, encoste-se no banco e relaxe. À medida que o barco ganha velocidade, sinta o vento no seu rosto e nos seus cabelos. O percurso é rápido e suave; o barco desliza pouco acima da superfície da água. Depois de chegar à ilha e atracar o barco, seus anfitriões o acompanharão. Caminhe sobre a grama e encha os pulmões com a fragrância do ar.

Harmonize-se com a natureza e com a beleza dessa ilha. Vários riachos cascateiam montanha abaixo em grandes quedas-d'água. Carregam a atmosfera com uma energia elétrica que acelera a cura. Se respirar profundamente, você quase consegue sentir o aroma da água luminosa, fresca e pura que flui em cascata. Aproxime-se de uma dessas quedas-d'água e fique de pé ao lado ou debaixo dela. Nade no grande lago de água cristalina. Absorva a energia purificada dessa água.

Para se harmonizar com a natureza, olhe para a campina, para as árvores e para as flores como formas vivas de luz e de cor. Cada polegada de solo é cultivada por construtores da natureza muito especiais. A ilha toda é salpicada de flores. Fileiras de flores laranja, douradas, amarelas, rosa, azuis, brancas e violeta ondulam na brisa em terraços que se estendem até muito longe. Elas criam uma ponte de harmonia entre o espírito e a matéria. Passeie pelos jardins e sinta a fragrância das flores. Caminhe por entre essas flores e procure sentir o perfeito equilíbrio entre a luz do sol, a umidade e o solo fértil que dá a cada flor elegância e cor. Repare na beleza de uma flor especialmente radiante, cuja face está voltada para o sol, enquanto uma brisa suave a agita de leve. Volte o rosto para o sol como um botão que se abre para o sol, e imagine que você mesmo é uma flor humana, abrindo-se aos raios solares.

Grupos de anjos estão por toda a ilha. Você pode senti-los perto da queda-d'água e nos jardins por entre as flores. Sua imaginação criativa o ajuda a se ligar com uma parte superior da sua mente e a desligar-se da parte da mente que acredita que só a matéria mais densa, com forma física, é real. Os anjos da cura estão aqui para revitalizar todos os que chegam para absorver energia de cura. Eles estão aqui para desenvolver e para curar o seu corpo, de modo de que ele possa receber uma luz maior e se harmonizar com ela.

A presença dos anjos nessa ilha deixa cintilante o ar e tudo o que lá existe. Cria uma grande beleza, cores, fragrâncias e músicas. Demore-se por entre as árvores altas e o jardim florido. Torne essas imagens tão vivas na sua mente que você consiga visualizá-las em qualquer hora do dia. Elas lhe dão energia e preparam o palco para uma verdadeira transformação no seu corpo, na sua mente e nas suas emoções.

Há um belo Templo da Cura no topo da montanha mais alta da Ilha da Regeneração. Você está pronto para escalar a grande montanha que o leva até esse templo para começar a trabalhar com os anjos da cura.

Parte Dois

O Templo da Cura

Sobre a Parte Dois

Na Parte Dois, você encontrará o seu Templo da Cura e entrará em cada uma das suas sete salas para se ligar com o seu anjo solar, com a sua alma e com os anjos da cura. Em cada sala, você receberá um tipo diferente de cura. Se a cura não for necessária, o nível de energia do seu corpo será elevado e sua vibração acelerada de modo que ele possa concentrar mais luz.

À medida que você se liga com seu anjo solar e com a sua alma, tornando-se receptivo aos anjos da cura, você começará a perceber a presença deles e os efeitos do trabalho por eles desenvolvido. Desenvolverá o seu poder de visualização e criará dentro de você um centro magnético que lhe atrairá um futuro muito mais cheio de alegria. O aprendizado e a prática dessas modalidades básicas de cura trarão mais energia ao seu agente interior de cura e o prepararão para começar a curar sistemas inteiros do seu corpo na Parte Três.

CAPÍTULO 4

Um Lugar Sagrado para a Cura: O seu Templo da Cura

O Templo da Cura na Ilha da Regeneração tem a finalidade de alinhar a evolução humana com a angélica. Altamente energizado com bilhões de minúsculos fótons de luz e de cor, esse templo é o mais belo santuário que você jamais pôde imaginar. Ele propicia uma atmosfera sagrada onde você e os anjos da cura podem trabalhar juntos. Sua imaginação não "cria" o templo; ele já existe e espera por você. Sua imaginação abre portas que têm estado invisíveis até agora, de modo que você possa encontrar o templo e se beneficiar do seu poder de cura. Se você prefere pensar no Templo da Cura como uma metáfora, imagine um lugar puro e divino para a cura, que existe na mente superior. É o ato de se imaginar nesse lugar sagrado e de visualizar a sua luz pura o envolvendo que permite aos anjos da cura trabalhar com você. Quanto mais freqüentes forem suas visitas a esse espaço sagrado, mais facilmente os anjos poderão curar o seu corpo.

Uma vez que o seu Templo da Cura só existe nos planos sutis de uma dimensão superior, ele só é acessível àqueles que desejam sinceramente aprender a se curar e a se desenvolver com a luz. O templo é benéfico mesmo que você não tenha nenhuma doença ou problema físico de qualquer espécie. Você pode visitá-lo simplesmente por saber como é importante intensificar a luz em suas células, a fim de poder alcançar o próximo nível da sua jornada espiritual.

As salas do templo

Quando você ingressar no Templo da Cura, ele começará imediatamente a irradiar as freqüências do seu anjo solar e da sua alma. Seu templo abriga sete salas, cada uma delas preenchida com um aspecto diferente da luz solar que os anjos da cura utilizam. A primeira sala é a Sala da Quietude Interior. Quando entrar na quietude dessa sala, você sentirá um profundo silêncio interior. A partir desse lugar de silêncio, você pode se elevar e se encontrar com o seu anjo solar. Na Sala da Luz, ele o envolverá com a luz solar para que você se encontre com a sua alma. O seu anjo solar e a sua alma se ligarão de um modo especial com a luz para trazer os anjos da cura até você nas outras salas do templo. Na Sala do Amor, você fará contato com os anjos do amor divino e abrirá seu coração para ser curado por meio do poder ilimitado do amor espiritual. Na Sala das Cores, todos os anjos da cura transmitirão belas cores para o seu campo energético a fim de ajudá-lo a curar-se. Na Sala do Som, você descobrirá a nota da sua alma e aprenderá a emitir o som que é capaz de curá-lo. Na Sala da Sabedoria, se encontrará com seu agente interior da cura, a parte do seu eu espiritual que se acha mais perto do plano terrestre e que lhe mostrará como vencer as etapas práticas da sua autocura, de acordo com a orientação da sua alma e dos anjos da cura. Você aprenderá a absorver toda a cura que os anjos trazem até você. Na Sala das Imagens, os anjos da cura o ajudarão a criar e a energizar as imagens que mais propiciam a cura e o rejuvenescimento do seu corpo; serão figuras que você criará e energizará ao longo de todo o processo de cura. Elas ajudarão a introduzir luz, padrões e cores de cura diretamente no seu corpo físico.

Os anjos da cura de cada raio colorido lhe darão assistência em diferentes etapas da sua cura e da sua regeneração. Todos os anjos da cura trabalham com cor, com sons, com luzes e com amor. Talvez os anjos do amor divino, que estão no raio de cor rosa, trabalhem com você nesta semana, enquanto na próxima semana os anjos dos matizes amarelo ou violeta poderão ser os seus agentes básicos de cura. Confie em que o seu anjo solar lhe trará exatamente a ajuda angélica de que você necessita. Quando você trabalhar com seu anjo solar e com os anjos da cura, eles tecerão milhares de minúsculos filamentos de luz de cura e os ligarão a você. Esses filamentos de luz criarão novas ligações com todas as dimensões do seu ser. Eles reconstituirão o seu corpo, não simplesmente restaurando áreas enfraquecidas, mas construindo um corpo mais sutil, que resiste à doença e se converte num excelente agente para os aspectos superiores do seu ser. Vá até o seu templo com a intenção sincera de fazer com que a sua vida e o seu corpo sejam tudo o que eles podem ser.

Uma viagem até seu Templo da Cura

É hora de deixar a campina na Ilha da Regeneração e dirigir-se ao Templo da Cura. Imagine-se subindo a montanha para alcançar o seu templo, seguindo o caminho que fica além dos amplos jardins de belas e perfumadas flores. Observe as gigantescas borboletas monarcas voando de flor em flor. Ouça as asas vibrantes dos beija-flores. Inale a suave fragrância do jasmim silvestre. Algumas pessoas encontram o seu templo logo na campina, tão logo descem no barco que as trouxe à Ilha da Regeneração. Se não sentir que o seu templo está ali, comece a subir a montanha para chegar até ele. Siga a trilha que ladeia o córrego da montanha.

Quando alcançar o topo, procure pelo seu templo. Deixe uma imagem dele vir à sua mente. De início, o seu templo pode estar escondido entre as árvores. Pode haver um belo lago em frente a ele, refletindo o templo inteiro como um gigantesco espelho.

Agora, olhe para o templo. Com o que ele se parece? Alguns o vêem com uma grande cúpula dourada e uma delgada torre cônica de brilho branco e dourado. Suas paredes são translúcidas, como se fosse iluminado a partir de dentro. Outros podem imaginá-lo de maneira inteiramente diversa. Esse é o seu templo. Note como ele se apresenta para você. Ele pode ter um formato arredondado, com um pátio interno. Repare como cada sala brilha com uma luz vinda de dentro.

Caminhe ao redor do templo e note que você pode ver a praia e o oceano seja de que lado for. Olhe para as paredes do seu templo, reparando na sua textura e na sua cor. Ouça os carrilhões e os sinos do templo tocando suavemente ao vento. Acordes ocasionais de música celeste ecoam em suas salas. Seu templo pode mudar cada vez que você vem até aqui. Ele é feito de energia viva, que se torna mais radiante cada vez que você o visita.

O seu templo é o lugar onde você se encontra com a sua alma e a reverencia. Se o seu espaço sagrado tem paredes transparentes ou não tem nenhuma parede, está bem. Use o que for preciso para ajudá-lo a criar esse espaço de cura ideal. Você pode simplesmente ter um espaço sagrado circundado por flores, onde você se encontra com o seu anjo solar, com a sua alma e com os anjos da cura. À medida que você for atingindo com mais confiança as freqüências de luz onde residem a sua alma e o seu anjo solar, o seu espaço ou templo vai ficar mais permeado de luz, e se tornará um lugar de cura mais poderoso, um lugar de alegria e de paz profundas. Agora, permaneça algum tempo com os olhos fechados, visualizando o templo. Você pode, se quiser, desenhá-lo no diário de cura.

Confie nas leis cósmicas da cura. Caminhe pelas salas do templo com uma sensação de atemporalidade, livre da necessidade de que a cura aconteça de um certo modo dentro de um certo tempo. Sinta a energia da cura em cada sala. Quando estiver em cada uma delas, padrões angélicos de luz estarão aumentando sua vibração celular, fortalecendo o seu coração e dando um sentido lúdico à sua vida.

Você poderá ter uma experiência dramática na primeira vez que ingressar nesse templo. Poderá sentir-se muito sereno e tranqüilo, ou poderá não sentir diferença alguma, em absoluto. Não importa a forma que a sua experiência assuma; de qualquer maneira, ocorrerão mudanças no seu campo energético. Elas acontecerão assim que você ingressar na primeira sala do templo. Cada viagem ao templo aumenta a regeneração do seu corpo. A cura se estenderá tanto às partes do seu corpo em que você desejava a cura quanto àquelas que você nem imaginava que precisavam ser curadas. Você não terá consciência de cada mudança no momento em que ela ocorre — mudanças químicas e celulares sutis, por exemplo —, mas cada uma delas estará contribuindo para restaurar as suas células, adicionando-lhes luz. A cura prosseguirá durante anos, muito depois de você ter visitado as salas.

Banho de luz e cor

No centro do templo, imagine um pátio circular e aberto, cheio de flores e luz solar. Quando entrar nessa área, poderá notar várias flores plenamente desabrochadas, trepadeiras de perfumadas madressilvas e jasmins. No centro está um círculo onde a luz solar se espraia. Dirija-se para lá e penetre no círculo. Sinta os raios do sol dando-lhe um banho de luz e cores. Esse banho limpa o seu campo energético de impurezas provenientes do mundo físico e o prepara para se ligar aos anjos da cura. Uma cascata de cores está caindo dentro de um tanque de luz líquida em torno dos seus pés. Em primeiro lugar, concentre-se no dourado e numa luz branca e pura que flui acima da sua cabeça e ao redor do seu corpo. Em seguida, imagine suaves matizes de cor rosa fluindo para dentro de você e ao seu redor. Imagine tonalidades vivas e claras de amarelo. Agora, pense em matizes muito fortes de azul, verde e violeta.

Deixe cada cor do arco-íris cair sobre a sua cabeça e o seu corpo como luz líquida. Concentre-se em uma cor de cada vez e deixe que ela permeie todo o seu ser. Todas as cores são transparentes, pois uma luz pura e límpida flui através delas. Aspire essas cores para dentro dos pulmões. Sinta-as entrando pelos poros, revigorando o seu cérebro, os seus olhos, os seus ouvidos e a sua garganta. Sinta as cores fluindo através dos seus ombros e do seu pescoço banhando o seu corpo. Sinta essas cores limpando minúsculos fios semelhantes a teias de aranha que se encontram no seu campo energético.

Imagine que todo o pó e toda a sujeira de anos de caminhada pelas poeirentas estradas da vida estão sendo varridos do seu campo energético. Deixe as cores limparem todas as toxinas que estão impregnando seu campo energético. Essas toxinas podem ser as angústias, os medos e as emoções negativas de outras pessoas, ou podem ser as suas próprias. Deixe que esse banho de cores limpe tudo o que estava preso no seu campo energético. Repare em como você se sente depois desse banho. Você poderá se sentir mais leve, como se tivesse se livrado de um fardo pesado e desnecessário. Repita esse processo, agora focalizando a área que você quer que seja curada. Deixe que as cores lavem essa área, começando com o dourado e prosseguindo com cada uma das outras cores.

Agora que limpou o seu campo energético, você está pronto para desfrutar a energia curativa pacífica e restauradora da Sala da Quietude Interior. Aqui, você se encontrará com o seu anjo solar e sentirá a poderosa energia desse anjo fluindo para dentro de você.

CAPÍTULO 5

A Ligação com o seu Anjo Solar: A Sala da Quietude Interior

A Sala da Quietude Interior oferece um espaço para você encontrar um profundo silêncio interior e sentir paz dentro de si e ao seu redor. Nela, você pode pôr as preocupações de lado e deixar-se absorver por esse lugar de solidão pacífica. Depois de entrar nessa sala, você pode começar a ouvir e a ver com os seus sentidos interiores. Esse é o lugar onde você se encontrará com o seu anjo solar.

Talvez você já tenha visitado, em alguma ocasião, um santuário da natureza, uma catedral, uma igreja ou uma mesquita, onde se sentiu extraordinariamente tranqüilo e em paz. Pode ter-lhe parecido que alguma grande força cósmica criativa se aninhara no centro do seu ser. A Sala da Quietude Interior inspira-lhe um sentimento semelhante. Sua energia o leva além de um estado de esperança em direção a um outro, em que você efetivamente *recebe* a cura. Faz com que você não apenas pense sobre a cura ou sobre qualquer coisa que precise ser curada. Para vir a essa sala basta que você decida que está pronto para permanecer num estado de pura harmonia e tranqüilidade, e você está aqui.

O ingresso na Sala da Quietude Interior

Antes de entrar na Sala da Quietude Interior, respire profundamente enquanto sente a paz que reina na solidão desse lugar, na sua tranqüilidade e na sua harmonia. Tome uma ducha de cores no pátio do seu templo, como acabou de aprender. Agora, imagine que está sendo guiado para uma sala especial. Olhe ao redor e repare na sua atmosfera de paz, na sua serenidade e quietude.

Essa sala tem um brilho muito suave, como se fosse iluminada a partir de dentro. Pode parecer familiar, um lugar especial que você alguma vez já conheceu bem. Ou pode dar a impressão de ser um lugar onde você nunca esteve antes.

A Sala da Quietude Interior está fora do tempo. Quando ingressar nessa sala, você poderá sentir que está num santuário especial, num lugar seguro onde poderá refletir sobre o que é mais importante na sua vida e onde fará o primeiro contato com o seu anjo solar. Deixe-se entrar num estado de serenidade, equilíbrio e quietude interior. Nesse santuário, você está completamente protegido das energias externas. Ele é um refúgio e um retiro das preocupações do mundo. Escute uma voz interior sutil que lhe diz para ficar tranqüilo e em paz. Esses sons não são captados pelos seus ouvidos físicos. Eles provêm do seu anjo solar. Quanto mais tranqüila estiver a sua mente, mais altos esses sons soarão no seu ouvido interior.

Escolha uma cadeira ou uma esteira para se sentar e, quando estiver confortavelmente instalado, deixe a tranqüilidade dessa sala fluir para dentro de você. Um belo vaso está ao seu lado. Há nele uma única flor de uma cor belíssima e uma doce fragrância. Repare nessa cor e nessa fragrância. A flor pode ser diferente cada vez que você vem até aqui. Seu propósito é fazer com que sua fragrância e beleza o assistam nesse encontro com o anjo solar.

Você está completamente entregue à quietude que reina nessa sala. Para começar a sentir a energia de cura que lá existe, repare na energia que penetra no seu corpo, percorrendo o seu pescoço, seus ombros e seus braços. À medida que o sangue flui, eles parecem ficar mais pesados ou mais leves. Relaxe os músculos faciais à medida que vai deixando de lado a máscara que apresenta ao mundo, e deixe que surja o rosto do seu eu verdadeiro — suave, gentil e pacífico. Pense na palavra *serenidade* e sinta a essência dessa palavra, pronunciando-a lentamente e várias vezes. Quando entrar num estado de serenidade mais profundo, imagine uma cor e uma textura para as seguintes palavras: tranqüilidade, harmonia, equilíbrio e calma. Repita com suavidade essas palavras várias vezes. Deixe que a essência delas leve o seu corpo e a sua mente a um estado de equilíbrio entre a quietude e a lucidez.

Deixe sua respiração fluir naturalmente, enquanto a mente abandona todas as preocupações, e as emoções se abrandam. Imagine o ar penetrando no coração, nos olhos e na garganta enquanto respira. Faça uma pausa entre a inspiração e a expiração. Respire enquanto sintoniza a mente e o corpo na nota da serenidade pura. Deixe esse estado sereno aprofundar-se enquanto a respiração se prolonga ainda mais, tornando-se suave, tranqüila e quase imperceptível. Banhe-se na quietude aqui presente.

O anjo solar

Agora você está pronto para se encontrar com o seu anjo solar, que o tem ajudado desde que a sua alma aventurou-se a deixar o Espírito para se tornar uma entidade separada. O seu anjo solar não é o seu anjo da guarda. Este é um reflexo indistinto do seu anjo solar. Seu anjo solar permanecerá consigo para guiar a sua evolução até que você não precise mais ter um corpo físico e passe a atuar somente a partir das dimensões superiores. O seu anjo solar identifica-se com a sua vida e com tudo o que está ocorrendo. Ajuda-o a encontrar o seu propósito divino e a alcançá-lo, a ver se você não está se desviando desse propósito e a fazer qualquer ajuste necessário. O seu anjo solar acena para o corpo de luz e de cores da sua alma. Esse anjo amplifica a invocação da sua alma quando ela está pronta para criar um corpo físico e, por meio de vibrações e de sons, faz surgir o nível apropriado de moléculas que abrigarão a sua vida aqui. Ele o ajuda a permanecer mais consciente quando sua alma se liberta do corpo físico na morte, para que você possa dirigir-se até o corpo radiante da sua alma.

Os anjos solares trabalham para a evolução. O seu anjo solar nunca pode ser induzido a fazer algo que vá contra a sua evolução. Cada mensagem, cada *vislumbre* intuitivo e cada cura que você recebe aqui impelem-no para a frente no caminho rumo à iluminação. Esse anjo traz consigo a substância espiritual sutil que cria a ponte entre a sua mente e a sua alma.

Uma relação de puro amor

Para ter uma idéia da relação entre você e o seu anjo solar, pense em quão profundamente você pode amar uma criança. A criança depende de você para desenvolver-se e até mesmo para existir. Quando sente um amor profundo por uma criança, você tem uma paciência infinita para ensiná-la ou para educá-la. Você aceita as limitações dessa criança, que só consegue se comunicar por meio de idéias simples e que tem uma capacidade limitada para apreender o mundo maior em que você vive. Numa freqüência muito mais elevada, o anjo solar também é seu mestre, e sente por você um amor ainda mais profundo, amor que o faz atingir as dimensões superiores de você mesmo.

Quando invoca o anjo solar em sua vida, você recebe um fluxo de amor numa medida maior do que seria capaz de imaginar. Você estará trazendo essa presença angélica para a mente e para o coração. O anjo solar leva até você toda luz que você precisa para viver e se expressar. Nada na Terra, nenhuma doença, nenhuma dor, nenhuma outra situação pode impedi-lo de se ligar com o seu anjo solar.

Você só conseguirá sentir o seu anjo solar depois de ter criado o espaço apropriado em torno de si. O ato de abrir caminho para esse contato mostra a sua vontade profunda de curar e de transformar o seu corpo. O espaço que você prepara para o seu anjo solar determina o quanto ele pode ajudá-lo. Para criar esse espaço, ponha de lado todas as suas idéias preconcebidas acerca da aparência desse anjo e de como ele afetará a sua vida. Não espere ver um rosto angélico com um manto branco esvoaçante ou ouvir uma voz angélica. Em sua maioria, as pessoas que chegam até aqui não costumam ter visões, sentir ou ouvir nada de incomum, embora isso possa acontecer. O que importa não é a experiência de ver ou ouvir, mas o compromisso de cooperar com o anjo solar e de deixar que essa ligação elimine qualquer obstrução no seu corpo ou na sua mente que possa impedir que o seu anjo trabalhe mais intimamente com você.

Uma reação de pura luz

Somente quando silenciar as muitas vozes da sua personalidade e do ambiente a sua volta, você poderá sentir a presença do anjo solar. Ele se aproxima de você numa freqüência diferente da do seu intelecto. Para aprender a linguagem desse anjo é preciso ir além do intelecto. O anjo pode enviar um raio de luz tão intenso à sua mente que o livra de preocupações, dá esperança e abre um novo caminho. Isso pode acontecer imediatamente, ou pouco a pouco, ao logo de um período de semanas. Algumas pessoas sentem o anjo solar como uma suave coroa de luz ao redor da cabeça ou do corpo. Outras ouvem um tom muito suave num dos ouvidos durante alguns segundos. Outras ainda não vêem nem ouvem nada de incomum, e no entanto as mudanças em seu corpo e sua vida são tão profundas como naquelas pessoas que sentem de alguma maneira esse contato. Essas mudanças podem não ocorrer de imediato, mas acontecerão durante as próximas semanas, meses e anos.

Uma mulher em nosso seminário sentiu o anjo solar como uma estrela dourada. Outra mulher não viu nada, mas sentiu uma paz extraordinária no coração, uma sensação que durou várias horas. Alguns duvidavam de que tinham realmente feito uma ligação com o anjo solar na primeira vez, até perceberem que sua mente estava mais lúcida e o seu trabalho fluía com mais facilidade e prazer. Um homem de 50 anos reconheceu que estivera pensando em achar uma maneira de pôr fim à vida, porque se sentia perdido, sem saber o que fazer da sua vida. Imaginando como a vida seria diferente se estivesse saudável e cheio de energia, obteve um vislumbre de possibilidades novas e melhores. Cada vez que se ligava com o seu anjo solar, sentia-se mais revitalizado. Juntou-se a um grupo que compartilhava seu amor pela natureza e começou a ajudar na restauração de algumas belas trilhas na montanha que estavam erodidas. Compreendeu que tinha se dirigido justamente para as possibilidades que o faziam apreciar a vida como um bem muito valioso.

Quando você permitir que o anjo solar chegue mais perto de você, sua presença será muito real. Ele trará até você uma corrente de força que pulsa num certo ritmo, numa certa nota e numa certa cor. Por enquanto, você pode obter só um pouco dessa energia, mas, à medida que seu corpo se adaptar a ela, começa a obter cada vez mais. Até mesmo um simples toque do anjo solar durante um breve momento dá início ao processo de cura e de expansão.

O encontro com o anjo solar

1. Entre naquele mesmo estado de serenidade em que estava quando se sentou na Sala da Quietude Interior, e respire lenta e profundamente. Imagine que o seu passado está se afastando de você e abrindo espaço para um novo futuro.

2. Abra a mente e o coração para o seu anjo solar. Peça que sejam dissipados os véus que o têm impedido de conhecê-lo. Pense em como a vida seria se o amor e a paz do anjo solar pudessem brilhar na sua mente e no seu corpo. Imagine o poder que o anjo solar tem para regenerar você e seu corpo. Acredite que você pode ser curado. Deixe que o anjo solar se aproxime mais de você. Abra-se à energia superior que esse anjo guarda para você.

3. Volte os olhos para cima e invoque o anjo solar. Muito acima de sua cabeça você vê a luz dourada do anjo solar. Imagine que a luz da mente está abrindo a porta para o anjo solar entrar. Imagine essa forma energética viva descendo lentamente em sua direção. O anjo solar chegará até a parte do seu ser que está além da paixão do coração e da agitação da mente.

4. Crie uma imagem mental da luz da personalidade centrada na cabeça. Veja-a subindo acima de cabeça para encontrar-se com a luz do anjo solar, que está irradiando como uma esfera de luz dourada. O anjo solar faz brilhar a atmosfera em torno de você.

5. Observe essa esfera dourada cintilante descendo para se encontrar com a luz da sua mente, até que as duas se fundem sobre a sua cabeça. Permaneça algum tempo sentindo plenamente a fusão das duas luzes que se encontram, como se uma energia elétrica estivesse carregando a atmosfera e enchendo a sala com uma vibração de harmonia, de tranqüilidade e de energia de cura.

6. Deixe o anjo solar chegar mais perto. Os feixes de luz dourada tocam a sua cabeça e se ancoram no seu campo energético. Deixe que o anjo solar traga luz aos pensamentos que gravitam em torno do seu campo mental. Imagine que novos canais de luz dourada estão envolvendo a sua cabeça, acrescentando luz às suas crenças e pensamentos.

7. Imagine um halo sutil acima e ao redor de sua cabeça. Seu anjo está emitindo minúsculos pontos de luz que pulsam incessantemente para abrir novos atalhos a fim de atingir a sua mente. Por intermédio dessa luz pulsante, o anjo transmite energia de cura para o centro receptor de energia espiritual que há no topo da sua cabeça.

8. Peça que o anjo solar o ajude a curar a parte do seu corpo que está doente. Basta que você se concentre por um momento nessa região e o anjo solar a curará. Não há nada que você precise fazer além disso; a sabedoria que está além da mente consciente dirigirá essa energia para as áreas onde ela é necessária. Fique alguns minutos em silêncio enquanto absorve as energias de cura que fluem para dentro de você.

O anjo solar trabalha de muitas maneiras para mostrar a você como atingir as dimensões superiores onde ele vive. O fato de você não sentir nada de especial não significa que você não esteja fazendo contato com o seu anjo. Depois de fazer várias visitas à Sala da Quietude Interior, você desenvolverá um sexto sentido e se tornará mais sensível a essas freqüências. Adquirirá um novo senso de equilíbrio entre o mundo exterior e o eu interior. Também poderá sentir-se muito mais otimista quanto ao futuro. No diário de cura descreva qualquer coisa que sentir ou observar na Sala da Quietude Interior. Mesmo que a sua mente consciente nada registre, o novo conhecimento é gravado na mente superior todas as vezes que você alcança seu anjo solar. Pouco a pouco, esse conhecimento é transmitido para a mente consciente.

Agora você está pronto para entrar na Sala da Luz e aprender como a luz solar transforma e reconstitui as células. O anjo solar o assistirá para que você atinja as freqüências superiores da alma e para formar um poderoso triângulo de luz que atrairá até você os anjos da cura.

CAPÍTULO 6

A Criação do Triângulo de Ouro: A Sala da Luz

A Sala da Luz está repleta de uma luz brilhante que vibra com energia de vida. É a sala da transformação, da abertura para receber mais do que você jamais imaginou, de sentir a alma como a fonte da inteligência verdadeira, da sabedoria e do amor. Na Sala da Luz, o anjo solar o ligará com uma luz muito sutil, a luz solar. Ela provém do Coração do Sol, e não do próprio sol físico. Essa essência energética do sol é como uma aura que envolve o sol físico. Os raios de luz solar que brilham sobre você na Sala da Luz constituem a fonte da verdadeira energia vital. Você pode aprender a absorver algumas das poderosas energias de cura da luz solar que parte do Coração do Sol. Mesmo que esses raios não sejam facilmente visíveis, você pode sentir nitidamente os seus efeitos como uma poderosa energia espiritual de regeneração e rejuvenescimento.

Depois de passar pela Sala da Luz, o anjo solar o levará para encontrar-se com a sua alma. Você pode conceber o anjo solar e a alma como dois aspectos do espírito dentro de você. Do ponto de vista humano, eles podem parecer duas partes de uma única entidade resplandecente. Com a alma e o anjo solar, você aprenderá o método de cura mais importante deste livro. Mesmo que não aprenda mais nada, quando você usar esse método para invocar os anjos da cura, poderá começar a curar qualquer coisa.

O ingresso na Sala da Luz

Imagine agora a Sala da Luz, e tente fazer uma idéia da sabedoria que o espera. Se já se passaram vários dias desde que você viajou até a Ilha da

Regeneração e até o Templo da Cura, vá de barco até a ilha e dirija-se ao Templo da Cura. Também poderá retornar ao templo tocando sua testa com os dedos.

Tome uma ducha de luz no pátio do templo. Nesse banho luminoso, imagine caindo sobre você cada uma das cores, sob a forma de gotas de luz de cores laranja, ouro, amarela e rosa. Em seguida, use tonalidades de verde, de azul e de violeta. Quando sentir-se leve e limpo, estará pronto para entrar na Sala da Luz. O anjo solar o espera.

Ingresse na Sala da Luz e sente-se no centro desse cômodo. Ao entrar nessa sala, repare no brilho interno de tudo o que há nela. Tudo nessa sala é luminoso, mas a intensidade do brilho será maior no lugar em que você estiver sentado. Sua cadeira, ou esteira, a mesa baixa em frente a você, e até mesmo o caderno para tomar notas, tudo brilha com uma luz branca. Enquanto olha ao seu redor, deixe a luminosidade fluir para dentro de si. A luz é uma entidade viva, uma inteligência viva que está lhe oferecendo um novo conhecimento e uma nova compreensão. Algumas pessoas que fizeram esse exercício visualizaram nessa sala um espelho em que podiam ver refletido seu Eu Essencial no lugar do eu do seu corpo. Essa é a dádiva da luz solar — sentir a essência que está além da forma.

Nesta sala, você pode sentir a essência de tudo aquilo sobre o que você pensa. Encontre a tranqüilidade sobre a qual aprendeu na Sala da Quietude Interior. Quando a sua mente não estiver mais falando para si mesma e suas emoções estiverem mais serenas, imagine a radiância do anjo solar. Absorva essa radiância e sinta a presença dela dentro do seu coração e a sua essência amorosa envolvendo você.

O poder da luz solar

O anjo solar traz para dentro desta sala a luz solar que parte do Coração do Sol. Os raios solares transportam elementos necessários à vida. Esses elementos são minúsculos seres de cura. Depois de trazer a luz, eles retornam à fonte para serem recarregados e purificados antes de voltar. Quando trabalhar nessa sala com a luz solar, esteja consciente desses seres vivos que estão lhe trazendo raios de luz mais sutis, e abra-se a eles.

Você pode extrair a sabedoria maior que a luz solar transporta consigo. Comece imaginando os raios da luz solar ao redor da sua cabeça na Sala da Luz. Na medida em que a luz solar penetra na sua mente e no seu coração, você receberá a iluminação. Você poderá pensar em uma qualidade espiritual, como por exemplo, a nobreza, a coragem ou a sabedoria, e experienciá-la imediatamente. A luz solar é também um agente de rejuvenescimento. Na medida em que essa luz solar atinge o seu corpo, ela o cura e rejuvenesce. A luz solar penetra nas suas células, as transmuta e dissolve as toxinas.

A ligação com o anjo solar e com a sua alma na Sala da Luz atrairá essa energia regeneradora para o interior das suas células. Por intermédio dessa coluna de luz, você começará a receber freqüências de luz solar que restauram o corpo e as células ano após ano.

Você tem um pequeno sol dentro de si. Ele irradia a luz da sua mente, das suas emoções e do seu corpo. Quando você liga esse sol interior com a luz solar, as duas luzes se fundem e espalham luz através do seu corpo. Para receber a luz solar e avivar o sol interior, é necessário uma preparação. Ao respirar, imagine que está atraindo luz de cura para dentro dos pulmões, do coração e da corrente sangüínea. A cada manhã, olhe para os raios do sol iluminando a Terra e sinta a presença de entidades solares nesses raios. Esses seres podem ajudá-lo a resolver qualquer problema de saúde nesse dia. Visualize esses raios solares espalhando-se pelas células do seu corpo, fortalecendo-as e dando-lhes vida nova. A energia viva que há nesses raios fortalece e desenvolve o seu corpo. Deixe que profundos sentimentos de gratidão brotem no seu coração pela ajuda que está recebendo.

A cura com a luz solar

É hora de trabalhar com a luz solar e com o anjo solar para curar o seu corpo. Pense na área do seu corpo ou da sua vida que você quer curar. Comece a respirar daquela maneira suave e natural que dissolve toda tensão. O anjo solar focalizará a luz solar e trará os raios dela até você, elevando as vibrações do seu corpo e da sua mente. Imagine o anjo solar atraindo raios de luz solar para si mesmo e transmitindo agora esses raios para você.

A luz solar transforma tudo o que toca. Deixe que essa luz solar forme uma névoa de luz ao seu redor, de maneira que somente as freqüências mais sutis possam atravessá-la. O anjo solar dirige um feixe de luz solar para a parte do corpo com a qual você está trabalhando agora. Inspire essa energia e absorva-a em suas células durante alguns minutos. O anjo solar o envolverá em amor à medida que for trazendo luz solar até você. Agora a cura começou! Está ocorrendo justamente agora, exatamente onde você necessita dela. O processo de cura continuará mesmo enquanto você se ocupa com outras coisas.

Agradeça ao anjo solar pela ajuda que ele lhe dá e abra-se para receber toda a cura que lhe está sendo enviada.

Agora você está preparado para se encontrar com a sua alma e para aprender a criar um triângulo sagrado com a sua alma e com o anjo solar. Esse será o seu mais poderoso método de cura.

O encontro com a alma

Sua alma o conhece melhor do que ninguém. Ela presenciou o seu nascimento neste mundo. Ela acompanhou seus anos de infância e de adolescência. Ela o viu tornar-se adulto. Ela existe independentemente do drama da sua vida — sempre observando, sempre silenciosa. Você pode ter sentido a presença dessa observadora silenciosa entre um pensamento e outro, pouco antes de cair no sono ou quando você conseguiu superar uma crise.

Essa observadora silenciosa está em contato com a Mente Universal e com o Coração do Sol. Ela, ao contrário de você, não pertence ao mundo físico nem se identifica com ele, e, não obstante, está sempre com você. Ela não lhe pertence, e no entanto você carrega a sua energia orientadora no centro do seu ser. Ela o observa enquanto você desenvolve uma consciência superior e se expande em direção à mente superior. Ela está consciente do sofrimento e da alegria advindos de todas as experiências da sua vida. Essa observadora silenciosa não se esconde de você. Ela é responsável pela sua capacidade de pensar, de criar e de viver num corpo. Ela nunca está triste, zangada nem desanimada. Não sofre dor nem perda. Essas são experiências pelas quais a personalidade passa enquanto a alma observa e orienta.

A alma quer que o amor e a vasta inteligência que lhe são próprios sejam expressados através de você. Ela se manifestará quando você voltar os olhos para cima e esperar. Quando a sua alma o tocar, o seu coração se encherá de amor. A sua alma o inundará de luz e de energia.

O amor e a inteligência da alma

A sua alma está ligada com a alma da humanidade. Ela medita com seres cósmicos que vivem em planos mais elevados do que o próprio plano da alma. Ela está sintonizada com o plano cósmico para ajudar a humanidade a evoluir e a viver em paz e com amor. Quando você está ligado com a alma, ela não apenas transmite energia de cura, mas também revela gradualmente um pouco do seu plano.

O amor e a inteligência da alma são imensos. Só a alma conhece o seu destino mais elevado, e ela trabalha em estreita união com o anjo solar para ajudá-lo a realizar esse destino. Uma vez que você reconheça que é uma extensão da sua alma, saberá que nunca está sozinho e que ela tem os recursos necessários para trazer à sua vida tudo aquilo de que você necessita. O anjo solar o ajuda a construir a ponte de luz que faz a ligação com a sua alma, fornecendo a substância para essa ponte. Você pode aprender a construir esse elo de ligação com a alma e a trazer suas qualidades radiantes para a sua vida no primeiro Livro da Série Awakening Life, *Bridge of Light** (HJ Kramer, 1993). Esse livro o ajudará a construir uma ponte de luz e a atrair para a sua vida muitas das ricas qualidades da alma, como alegria, coragem, amor e honestidade.

Sua alma sempre responde quando você constrói uma ponte de luz que o liga a ela. Só você pode construir essa ponte, tecendo uma linha de energia que vai do seu coração à sua alma. Quando a ponte estiver pronta, sua alma poderá se tornar a companheira mais íntima que você terá na vida. Esse companheirismo dissolve a solidão e a sensação de isolamento que muitas almas evoluídas sentem. O relacionamento com a alma fortalece a vontade de viver plenamente a vida. A alma transmite vibração à mente e ao corpo. Ela desce até você e o alcança enquanto você sobe para atingi-la a fim de construir essa ligação. Ela só pode atingi-lo quando você constrói uma ponte de luz que o leva até ela.

Efeitos do contato com a alma

A vibração da alma é tão alta e clara que ela cura o problema eliminando a sua causa. Ela trabalha com o corpo etérico, que envolve cada nervo do corpo físico. Quando a raiz de um problema é desarraigada e eliminada, essa doença não volta novamente. A vibração no seu corpo que tornou a doença possível se vai.

Quando você entra em contato com a alma, pode se tornar capaz de ver as coisas que fez no passado e que não gostaria de ter feito, e aquilo que deixou de fazer, mas gostaria de ter feito. Se isso acontecer, talvez você se arrependa do que fez no passado, e comece a perceber como tem ignorado as verdadeiras necessidades do seu corpo. Você pode ter comido ou bebido algo só porque

---

* Publicado pela Ed. Pensamento, 1991, com o título de *Ponte de Luz.*

estava à mão, ou porque outras pessoas faziam o mesmo. Pode ter tomado drogas ou adotado um estilo de vida que gerava muita tensão e sobrecarregava o seu corpo. Em qualquer dos casos, quer você se culpe ou culpe outra pessoa, olhar para trás não é o caminho da alma. A alma só olha em direção ao futuro, para ver o que você pode fazer a longo prazo para cumprir o seu plano de evolução.

Os vislumbres intuitivos da alma podem ser breves, mas, mesmo assim anote-os no diário de cura. A inspiração, as idéias e o entusiasmo que partem da alma aumentarão quando você dedicar a eles o tempo necessário para reconhecê-los. Descrevendo as ocasiões em que se sente mais próximo da sua alma, você aumenta sua receptividade com relação à cura, e aprofunda a sua ligação com a alma.

Revelações da alma

A luz da alma pode revelar desequilíbrios que permanecem ocultos ou velados. Sintomas físicos de anos atrás podem vir à tona, especialmente se esses sintomas foram suprimidos por antibióticos ou por outros medicamentos. Os sintomas físicos que às vezes se manifestam durante essa limpeza geralmente são breves. Com freqüência, duram apenas uma hora ou um dia. Você pode colaborar para que desapareçam tirando-os com as mãos do seu campo energético e atirando-os fora. Se estiver ciente do processo pelo qual está passando, isso bastará para mantê-lo calmo e centrado. Um homem fez um retiro de uma semana, quando meditou diariamente por várias horas. Certo dia, pensou que havia "contraído" um vírus. Então, compreendeu que a luz que estava trazendo para dentro de si estava agitando o seu corpo e fazendo-o liberar toxinas que tinham estado em suas células durante anos. Bebeu água pura, deu uma caminhada tranqüila e confiou na idéia de que esses sintomas eram sinais de que o seu corpo estava se purificando. Deixou que essas substâncias mais grosseiras fossem liberadas sem medo nem resistência. Em algumas horas, sentiu-se limpo e bem novamente. Você também poderá fazer isso se sentir que seu corpo está passando por um limpeza. Isso não acontece para todas as pessoas. A resposta do corpo a tanta luz depende de quão purificado ele já se encontra. Durante a maior parte do tempo, você se sentirá mais alegre, mais limpo e mais energizado a cada contato que fizer com a alma.

Como reconhecer o contato com a alma

Um pequeno fragmento de sua alma fica ancorado no campo energético por ocasião do nascimento. Um feixe da luz anímica está perto do coração, e outro feixe está ancorado perto da cabeça. A vasta inteligência e o amor da alma existem nas freqüências superiores da luz solar. É aqui que o seu corpo e a sua vida podem ser transformados.

Você talvez tenha facilidade para encontrar-se com a sua alma; talvez, por outro lado, não saiba se está fazendo contato. Algumas pessoas têm uma experiência dramática, outras não. Muitos observam que passam a ter novas idéias durante as horas que *sucedem* o encontro com a alma, e não durante a meditação. A experiência de cada um é diferente. Algumas pessoas ouvem um som alto e puro, e muito breve, num dos ouvidos. Outros ouvem a voz da alma. Um psicólogo brilhante tentou ligar-se com a alma durante muito tempo antes de se convencer de que fora bem-sucedido. Concluiu que o intelecto estava bloqueando a voz da alma. Certa manhã, quando se voltou para o seu eu interior a fim de fazer contato, ouviu distintamente uma voz silenciosa que vinha de dentro de si mesmo e dizia: "Estou mais perto do que você pensa." A voz era tão nítida e inequívoca que ele não teve dúvida de que era a voz da alma. Uma senhora, mãe de cinco filhos, teve uma experiência semelhante. Ela construía uma ponte de luz até a alma noite após noite depois que os filhos iam para a cama, porém não tinha certeza se estava fazendo uma verdadeira ligação. Finalmente, formulou a pergunta: "Você está aí?" — e a resposta chegou até ela como se tivesse vindo de dentro do seu coração: "Estou aqui." Veio tão rápida e inesperadamente que ela sabia que era real. Em ambos os casos, o contato com a alma foi um passo significativo ao longo do caminho da cura e do despertar espiritual.

Você não precisa ouvir uma voz para ligar-se com a sua alma. A alma cura sem palavras. A mera presença dela é o agente de cura. Algumas pessoas têm uma sensação de paz profunda que se espalha pelo corpo enquanto fazem contato, ao passo que outras sentem um estímulo perto da cabeça ou do coração. Algumas pessoas sentem ou vêem a luz da alma. Outras sentem-se alegres. Toda alegria acelera a cura; é uma qualidade na qual a alma se especializa. Às vezes, uma imagem pode vir à mente durante o contato com a alma. Uma mulher descreveu a visão de uma imagem minúscula de si mesma sentada na posição de lótus e subindo rapidamente numa coluna de luz dourada que se estendia tão longe quanto ela podia ver. Sua alma parecia existir em dimensões diferentes acima e abaixo dessa coluna de luz. Muitas pessoas constataram que, visualizando essa imagem todos os dias durante um certo tempo, acabavam conseguindo atingir o seu espaço sagrado quase tão depressa quanto fechavam os olhos.

Você está pronto para se encontrar com a sua alma e começar a trabalhar com ela. Nos próximos passos, aprenderá a contatar a energia da alma e receber sua energia de cura.

Uma viagem até sua alma

1. A partir da Sala da Luz, comunique ao anjo solar o desejo sincero de conhecer a sua alma e o seu propósito.

2. Funda-se com o amor e com a sabedoria superiores do anjo solar. Ele tecerá uma brilhante ponte de luz até a sua alma. À medida que for praticando, essa ponte se tornará mais sólida e você poderá subir com mais segurança até o nível da alma. Você se sentirá mais livre para se comunicar com ela.

3. Imagine que o anjo solar está projetando um raio de luz solar na sua cabeça. Veja essa luz dourada descendo até o topo da cabeça e abrindo caminho até a alma.

4. Imagine essa luz formando uma ponte que o leva até a alma. Quando a ponte parecer estável e forte, acompanhe o anjo solar até o interior da luz solar onde reside a sua alma.

5. Repare na beleza e no brilho dessa luz, que se acentuam à medida que você se aproxima da sua alma. Sinta a energia radiante ao redor de sua alma conforme você penetra nessa luz. Aproxime-se agora o mais perto que puder da energia da sua alma para sentir seu amor, compaixão e sabedoria. Se puder ouvir a voz dela, será como a voz de um amigo querido, há muito tempo perdido. Abra-se para sentir a energia dinâmica da alma.

6. Você está agora na energia da alma, que é mestra no plano em que você está. Ela o vê com clareza. Invoque a energia de cura da sua alma. Convide-a para concentrar-se em sua vida e preparar o seu corpo para receber mais da sua luz. Entregue-se a esse amoroso e radiante ser de luz. Fique plenamente receptivo à sua energia de cura. A vibração da alma tocará em primeiro lugar a sua mente. Você poderá sentir-se como se estivesse despertando de um longo sono. Em seguida, sua alma toca as suas emoções. Esse toque parecerá com uma inalação de amor. Agora, a vibração da alma está alcançando as suas células e estimulando-as para adquirir uma vitalidade maior. Deixe as puras freqüências de som e de luz da alma dissolverem as substâncias mais densas do seu corpo.

7. Pense na área que você quer curar. Sinta a sua alma enviando energia para essa área. Quando voltar pela ponte de luz, pense em como fortalecer essa ligação com a alma.

O triângulo de luz dourada para a cura angélica

Agora você está preparado para aprender o mais importante procedimento de cura deste livro. Trata-se da técnica básica para a cura com luz. Você o usará muitas vezes para curar ou rejuvenescer o corpo e para incorporar nele matéria mais sutil. Esse processo é simples, poderoso e profundo. Vai além das palavras, das afirmações, das esperanças e dos sonhos. É uma maneira de se ligar com uma energia de cura e vitalização dotada de uma freqüência muito mais alta do que a da luz visível. Toda a cura com luz — toda transformação, toda regeneração celular, rejuvenescimento e longevidade — provém da criação de um forte vínculo com a alma e com o anjo solar. Esse triângulo forma a ligação para que a alma e o anjo solar — e você também — curem e elevem o tom vibratório de todo o corpo. Esse triângulo estabelece mudanças positivas que curam o corpo no nível molecular. Você utilizará esse triângulo como a base da cura espiritual. Mesmo se não aprender mais nada, se não usar nenhum dos outros procedimentos, esse único processo poderá trazer curas espantosas e mudanças positivas. Quando o usar, sentirá o que deve pedir. Reconhecerá que pode abrir portas para uma grande cura, e que sua participação ativa e inteligente tem uma importância vital. Esse é o processo que abre a sua vida para permitir que milagres aconteçam.

Como dar início ao tratamento da cura

A alma e o anjo solar trabalharão juntos, muito intimamente, para tornar possível a cura profunda. Toda cura verdadeira com luz é realizada com luz solar por intermédio da alma e do anjo solar. Os outros anjos da cura trabalham sob a orientação da alma e do anjo solar. Ambos só podem trabalhar de fato para ajudá-lo quando você se junta a eles e aprende a misturar sua energia com a deles. Você aprenderá a fazer isso criando com eles um triângulo de luz e iluminando esse triângulo com sua energia vibratória e com suas cores. Por meio desse triângulo de luz, a alma e o anjo solar podem trazer até você os outros anjos da cura. O triângulo se tornará cada vez mais poderoso à medida que você conseguir visualizá-lo mais nitidamente. Você poderá receber a cura muitas vezes por dia por intermédio desse triângulo — basta ficar muito tranqüilo e visualizar o triângulo.

Você vai agora criar esse triângulo de energia de cura. Ele carrega uma força de cura tão poderosa que sua energia regeneradora penetra profundamente no seu ser e cura problemas existentes há muito tempo. O triângulo funciona como um atalho para a criação de um corpo físico que seja um excelente instrumento para a alma. Sua luz dourada penetra pelo topo de sua cabeça, e continua fluindo pelo seu corpo, envolvendo a sua cabeça e o seu coração enquanto você mentalizar o triângulo. A ilustração da capa deste livro é uma representação desse triângulo.

A criação do triângulo de cura com o anjo solar e a alma

1. Sente-se com muita tranqüilidade na Sala da Luz. Bem à frente dos olhos, imagine três pontos de luz brilhantes em posição triangular. Pense por um momento no anjo solar e ligue-se a ele. Imagine que o anjo solar é um ponto de luz no topo desse triângulo. Pense agora na sua alma e invoque a presença dela. Deixe que a alma seja o segundo ponto de luz do topo do triângulo. Esses dois pontos de luz cintilam com brilho e energia radiantes. O terceiro ponto do triângulo toca o topo de sua cabeça. O sol dentro de você está irradiando sua luz para dentro do triângulo.

2. Agora, uma cintilante luz dourada está jorrando desses dois pontos de luz, preenchendo o triângulo e derramando-se sobre sua cabeça. Em primeiro lugar, preste atenção no feixe de luz que liga o anjo solar à sua alma nesse triângulo, e nos dois feixes de luz que fluem para dentro de você. Abra-se para receber o feixe de luz proveniente do anjo solar. Em seguida, abra-se para o feixe de luz solar proveniente da alma.

3. Carregado com essa poderosa luz solar, envie um raio de luz para o anjo solar e outro para a sua alma. Cada ponto do triângulo está agora em contato com os outros dois pontos. Você está recebendo energia da alma e do anjo solar. A energia que você está enviando ao anjo e à sua alma retorna mais pura, depois de circular e misturar-se com a energia deles.

4. As partículas de luz solar tornam-se ainda mais brilhantes à medida que a sua energia se harmoniza com a luz que flui para dentro de você. Enquanto circula ao redor do triângulo, ela adquire uma cor dourada pura e brilhante, que envolve todo o triângulo. Deixe a luz circular pelo triângulo até que possa sentir a energia simplesmente fechando os olhos e pensando nela. Esse triângulo servirá como base para toda a cura espiritual. Ele estabelece a ligação com a alma e com o anjo solar para que eles restaurem e elevem o tom vibratório de todo o seu corpo. O triângulo dourado aprofunda sua ligação com a alma e com o anjo solar. Ele provoca mudanças positivas que regeneram o corpo no nível molecular.

5. Agora que você aprendeu o procedimento mais importante, está pronto

para começar a curar-se com a luz. Enquanto se concentra nesse triângulo, pense no problema que quer curar. Deixe a energia do triângulo dourado fluir para a sua mente e dissipar qualquer crença que possa limitar o poder do anjo solar e da alma. Sinta a luz dourada fluindo para dentro de você, dando-lhe uma visão superior de tudo que você pode obter. Sinta as correntes douradas de luz atingindo a sua mente, ligando-se com suas emoções, e transformando qualquer ansiedade, dúvida ou medo numa experiência positiva do amor e da compaixão do anjo solar.

À medida que a energia espiritual envolve a sua mente e afeta as suas emoções, ela abre caminho até a área sobre a qual você está trabalhando. Sinta a mudança que ocorre quando a luz dourada atinge essa área e circula em torno dela. Sinta a área sendo impregnada com cores e luz. Agora, todo o seu corpo se torna luminoso à medida que a luz dourada o cerca. Veja os seus átomos transformando-se para concentrar mais luz. Perceba o quanto sua energia e vitalidade aumentam graças a esse triângulo.

6. Nesta semana, sempre que puder, mentalize esse triângulo entre o anjo solar, a alma e você. Aprenda a sentir a sua energia fácil e imediatamente.

7. Durante os próximos dias, note as mudanças na maneira como você vê e sente a si mesmo. Talvez você passe a respirar mais profundamente e comece a reparar na beleza ao seu redor ou tenha a sensação de que está mais leve. Pode se sentir mais otimista e até dormir melhor. Descreva esses sinais no diário de cura. Eles são parte do processo de cura.

Nas próximas salas do Templo da Cura, os anjos da cura estarão energizando e enriquecendo o seu triângulo de ouro com amor, som, imagens e outras cores. Você então se encontrará com o seu agente interior de cura para descobrir o que você pode fazer no plano físico para introduzir no seu corpo e em suas células a luz cintilante do triângulo de cura.

CAPÍTULO 7

A Cura com os Anjos: A Sala do Amor

Se você ficasse sabendo que todo o amor que conheceu até agora é apenas um reflexo esmaecido daquele que você pode experimentar com os anjos da cura na Sala do Amor, teria vontade de encontrar-se com eles? Se ouvisse dizer que uma sensação inexplicável de alegria poderia emergir, efervescente, do âmago do seu ser, gostaria de saber como isso acontece? A Sala do Amor não é apenas um lugar para você se sentir um pouco melhor, mas é também onde você vai conhecer o amor que brilha no seu coração e se maravilhar com a cura que os anjos do amor divino promovem no seu corpo. Essa sala resplandece com um cálido brilho rosa. Ela põe ao seu redor um casulo protetor de energia. É um lugar para descobrir o amor divino que já cresce dentro de você.

Quando os seres angélicos, com sua energia amorosa, tocam o amor dentro de você, então começam as mudanças. Você pára de criticar o seu corpo ou de dizer a si mesmo que ele está ficando velho, fraco ou doente. Você pára de se ressentir com o seu corpo pelo envelhecimento, ou de sentir-se culpado por não cuidar melhor dele. Você reconhece os valentes esforços do seu corpo para permanecer saudável e cheio de energia não obstante todas as tensões ambientais e pessoais da atualidade, e a compaixão flui do seu coração. Você também vê quanta luz já há em seu corpo e quanto amor já existe no seu coração. Você toma consciência de todo o amor que envia aos outros com os seus pensamentos.

Os anjos do amor divino

A Sala do Amor está cheia de agentes de cura chamados anjos do amor divino. Esses anjos colocam um brilho róseo em torno do seu corpo e da sua pele. Colocam matizes rosa pouco acima da sua cabeça e curam angústias e preocupações. Colocam esses matizes perto do seu coração para eliminar a tensão excessiva que drena a sua energia. A presença deles dissolve a depressão e aumenta a sua vontade de viver.

Os anjos do amor divino circundam e protegem o triângulo curativo de luz com tons róseos. Você pode ter uma idéia de como eles fazem isso observando a ilustração da capa deste livro. O triângulo de ouro formado pelo anjo solar e pela alma promove a atmosfera para que os anjos do amor divino trabalhem. Quanto mais brilhante e mais claro for o triângulo, mais poder esses anjos da cura do amor divino terão para transformar as suas emoções e o seu corpo. Quando você estiver estreitamente ligado com o anjo solar e a alma por meio desse triângulo, eles trarão os anjos do amor divino diretamente para o centro do seu coração. Eles lhe inspirarão tanta alegria quanto você for capaz de sentir. Eles pairam ao seu redor e derramam uma energia amorosa de cura dentro de todo o seu ser. Você pode sentir uma sensação de leveza e felicidade na Sala do Amor à medida que esses anjos libertam suas emoções das teias do passado e abrem as pétalas do amor dentro do seu coração. Depois de estar com esses anjos, por muito tempo você vai se sentir mais leve, mais livre e mais feliz.

A dissolução das obstruções à cura

Os anjos da cura trazem amor a cada átomo do seu ser para ajudá-lo a transmutar as emoções negativas em emoções que propiciam a cura do seu corpo e beneficiam as pessoas à sua volta. Eles fazem isso emitindo ondas de amor através de você para dissolver partículas de energia densa que atraem para o seu campo energético a culpa, a censura e a incapacidade de perdoar. Onde quer que você se sinta separado das outras pessoas, eles podem levantar os véus que a personalidade tece para se proteger da terrível experiência de conhecer o verdadeiro Eu, a alma, enquanto amor puro. Para dissolver essas obstruções à sua vontade superior de curar-se e de desenvolver o seu corpo e a sua vida de maneira rápida e total, nada é tão eficaz quanto a combinação da alma, do anjo solar e dos anjos do amor divino.

Quando se encontrar com os anjos do amor divino, você poderá solicitar qualquer tipo de cura. Se você guarda alguma culpa, isso virá à sua mente tão logo você ingresse na Sala do Amor, para que possa decidir como se livrar desse sentimento. A culpa bloqueia a sua capacidade de receber ajuda dos anjos do amor divino. A voz da culpa impede que você conheça esse poder curativo do amor. Na Sala do Amor, você pode descobrir uma maneira de reparar qualquer erro que tenha cometido no passado e de liberar toda culpa. Se não perdoou outra pessoa que o tenha magoado, você terá oportunidade de fazer isso nessa sala, com a presença dos anjos radiantes cujo amor pode permear todo o seu ser. Antes de ingressar nessa sala, disponha-se a eliminar, com a assistência dos anjos da cura, tudo que o impede de ser amado. Então, deixe que esses anjos transmitam sua energia radiante para o seu coração.

Os primeiros problemas físicos que se resolvem

Os anjos do amor divino não lhe infundem amor; eles revelam o amor que já reside no âmago do seu ser. O amor desses seres não é sentimental; é uma freqüência atômica específica que cura. Ele não pode ser reproduzido com máquinas ou por meio de pílulas. Provém somente dos planos da alma dentro do seu corpo. Os anjos do amor divino ajudam a liberar a poderosa força curativa do amor que reside na alma. Essa força inspira a vontade superior de viver, de se expandir, de investigar e de fazer novas descobertas sobre o amor. A depressão, as preocupações, os medos e as angústias diminuem e começam a dissipar-se. Você aprende a usar corretamente a imaginação, fazendo-a passar pelo filtro do amor. Isso ajuda a expulsar células mais densas para fora do seu campo energético. À medida que resquícios do passado são desprendidos, o problema sobre o qual você está trabalhando pode começar a se resolver.

O poder do amor divino cura tecidos doentes, articulações inchadas, ossos doloridos, dores no peito, doenças respiratórias e dores de cabeça. Pode ajudar no tratamento de doenças que afetam o sistema imunológico, tais como a artrite, a fadiga crônica ou a AIDS. Também respondem bem às vibrações dos anjos do amor divino os problemas circulatórios, as doenças do coração, a asma, a má digestão e a insônia. A glândula do timo torna-se mais ativa, o que contribui para aumentar a imunidade contra doenças e viroses.

A remoção de células obstruídas

O que aconteceu no passado não é importante para a cura. O fundamental é não se preocupar com o que aconteceu. A raiva, a censura, a culpa, o medo e todas as outras emoções negativas não podem afetar o corpo ou deixá-lo doente se você se conscientizar delas e deixá-las ir. No entanto, se essas emoções não forem reconhecidas e liberadas, elas podem enfraquecer a sua resistência natural às doenças e ao envelhecimento. Elas podem obstruir as células, tornar mais lento o metabolismo e esgotar o coração. Podem continuar trabalhando nos "bastidores" muito tempo depois de você ter se esquecido de que não as desprendeu do campo energético. Nada do que aconteceu com você — nenhuma mágoa, abuso, crueldade, abandono ou falsidade — vale o envelhecimento rápido e as doenças que essas emoções causam se permanecerem no corpo e cristalizarem-se nas células. Tudo aquilo que estiver impregnando suas células pode ser removido. Com a sua total cooperação, os anjos do amor divino podem começar a soltar velhos sentimentos que se prenderam aos seus músculos, órgãos e glândulas. Se átomos mais grosseiros vindos do passado impregnaram suas artérias, articulações, garganta, olhos, cérebro ou sistema digestivo, os anjos podem ajudá-lo a removê-los e a substituí-los por átomos mais sutis. Os anjos trazem às células aquela espécie de amor que torna o corpo flexível, forte, jovial e imune a doenças. Tudo isso acontece quando esses anjos usam cores desconhecidas no plano físico e fazem vibrar freqüências que estão apenas começando a ser percebidas aqui.

A lei do amor

Quando você se liga com os anjos do amor divino, você faz contato com a lei do amor e começa a compreender que essa lei é a essência de sua existência — é a energia mais dinâmica do universo. A lei do amor traz ordem à sua vida e às suas células. Abre a sua mente e lhe confere uma aceitação sábia e tolerante de si mesmo e dos outros. A mente e o coração tornam-se amplos, bondosos, generosos e benevolentes. A boa vontade para perdoar, para tolerar a fraqueza alheia, para admitir seus próprios erros e para manter a mão firmemente estendida àqueles que parecem cair — todas essas são qualidades que aceleram a cura em todos os níveis. Isso não significa que você tenha desenvolvido essas virtudes. Significa que você passa a compreender como elas são valiosas, e procura desenvolvê-las de todas as maneiras que conhece.

À medida que for aprendendo a respeito da lei do amor por intermédio dos anjos do amor, você poderá estabelecer uma poderosa relação de cura consigo mesmo e com as pessoas que o rodeiam. Passará a reconhecer o amor divino nas outras pessoas; começará a sentir a bela energia de amor que há entre todos os membros da sua família — irmãs, irmãos, pais e filhos. Sentirá a brilhante esfera de amor que sua família espiritual criou e perceberá uma maravilhosa força de cura pulsando no centro do seu coração. Isso pode acontecer mesmo que você ainda não conheça os membros de sua família espiritual. Você está ligado com essas almas por meio da lei do amor.

A diferença entre o amor pessoal e o amor espiritual

Os anjos do amor divino trazem a você o amor espiritual. Quando o amor desses anjos flui para dentro do triângulo formado entre você, o anjo solar e a alma, ele se torna um grande agente de cura. Quando esse amor banha a sua mente e o seu coração, você poderá sentir várias emoções — liberdade com relação às preocupações, reverência, gratidão, compaixão por todos os que, como você, estão desenvolvendo a mente e o corpo. Esse amor difere do amor romântico, do amor pela família ou daquilo que definimos como amor pessoal. O amor pessoal é o primeiro passo para o amor espiritual. Ele se concentra numa pessoa ou num grupo familiar e o ensina como se dar a alguém de maneira muito pessoal. O amor espiritual abrange tudo. À semelhança do Sol, ele brilha igualmente sobre tudo e todos. Você ama os outros porque está pleno de amor. As emoções infelizes e desagradáveis perdem energia porque você não as alimenta com a sua atenção. Elas logo se afastam; definham por falta de energia. Quando o medo diminui, as emoções negativas deixam de receber energia suficiente para continuar no seu campo energético.

A cura por meio do amor espiritual

Cada tratamento realizado pelos anjos do amor divino na Sala do Amor lhe proporciona uma compreensão a partir de um nível superior. É como se você estivesse olhando de cima, para as suas velhas emoções. É possível que você sinta a tristeza e o sofrimento porque passam todas as pessoas à medida que aprendem as lições da Terra. Você pode sentir compaixão pela raça humana. Sua própria cura é estimulada por essa compaixão. Esse sentimento lhe permite perdoar a si mesmo pelos erros que tenha cometido no passado. A cura ocorre depois que você perdoou os erros que outros tenham cometido. É o perdão que lhe dá coragem suficiente para aceitar o nível crescente de amor que a alma e o anjo solar guardam para você. No amor espiritual, não há separação entre amante e pessoa amada. Você não está consciente de dar ou receber amor, mas simplesmente de ser parte de uma energia que transforma tudo o que toca. Você pode aprender a sentir esse amor a cada dia.

Quando você costuma pensar ou agir de forma a bloquear o fluxo do seu amor divino, você sente áreas do seu corpo que precisam de mais amor e de menos crítica. Você não é criticado nem julgado por esses seres elevados que irradiam amor espiritual. Você é aceito tal como é, ou seja, como uma alma dotada de uma personalidade que está evoluindo, aprendendo sobre o poder da cura transformando cada parte de si mesmo. Os anjos da cura despertam o amor espiritual que já está semeado no seu coração.

A-El-I-O: O som dos anjos para o amor divino

Os anjos do amor divino usam muitos sons para curar. Neste caso, usam quatro sons básicos que contêm vibrações de cura. São eles A-El-I-O. Cada sílaba vibra com uma vibração diferente de amor de cura. A combinação desses sons desencadeia uma reação positiva nas suas células, fazendo-as ressoar com o amor dos anjos. Os sons A-El-I-O preenchem suas emoções com amor. Preenchem sua mente com pensamentos que o ligam com os anjos do amor divino.

Essas vibrações de amor vindas das dimensões superiores promovem a cura em muitos níveis. Juntas, essas quatro sílabas, contendo quatro vogais, ajudam você a sintonizar o amor dos grandes mestres espirituais da raça humana. Cada vogal tem um poder próprio, e ressoa num acorde de cura. Quando você repete essas sílabas e concentra-se no seu significado, a sua vida pode passar para uma dimensão superior. Cada vez que pronunciar as sílabas A-El-I-O, você estará invocando os anjos no raio do amor. Suas células recebem essa energia e usam essa força vital para tornar seu corpo muito mais sutil. A pronúncia desses sons, com a voz do coração, leva a personalidade a estabelecer uma relação mais sutil com os eus mental, emocional e físico, fazendo-os trabalhar em conjunto, em prol da sua evolução e felicidade. Quanto mais forte for a irradiação das sílabas curativas do amor, mais suave será a sua transição do amor da personalidade para o amor da alma.

Como acender a chama espiritual

Quando pronunciar os sons de cura da Sala do Amor, os anjos do amor divino poderão acender a chama espiritual que queima por trás do coração, na teia de luz dourada que circunda o corpo físico. O brilho dessa chama trará de volta o entusiasmo e a alegria de viver. O espírito divino da alma ficará revitalizado; você se sentirá mais elevado, mais forte, mais gracioso e mais confiante. Poderá olhar para si mesmo — para a sua vida e para o seu corpo — e ver através dos olhos da alma. As atitudes alheias que costumavam irritá-lo ou intimidá-lo revelam-se, simplesmente, como sintomas do medo ou do sentimento de não ser amado. O amor que vem das dimensões superiores infiltra-se no seu campo energético e outras mudanças ocorrem; você agora tem liberdade para agir com mais honestidade e coragem de oferecer aos outros esse nível de amor.

Depois de pronunciar os sons A-El-I-O e de entrar em contato com os anjos do amor divino durante um seminário, uma mulher relatou: "A minha criança interior, que estava infeliz, foi trazida à minha frente, de maneira dolorosa. Ela estava vazia, cheia de solidão e dor — era o sentimento devastador de não ser reconhecida pelo que eu sou. Tenho um marido maravilhoso. Ele também está se desenvolvendo, mas não está em contato com o "amor da alma" e, por isso, não consegue tocar esse meu lado carente e infeliz. Eu exteriorizei essa parte de mim que sentia tanta dor, coloquei-a na minha frente, e apenas a apresentei aos anjos da cura como uma criança para ser curada. Pela primeira vez, eu a amava e a compreendia. Isso me dava uma sensação tão boa, que não podia provir de ninguém mais. Eu sentia o amor banhando essa criança, como uma parte de mim. Nunca havia sentido esse tipo de amor de cura penetrar na parte realmente dolorosa da minha vida." Vários meses mais tarde, essa mulher compreendeu que já não estava se esforçando tanto para obter aprovação. A criancinha dentro dela tornou-se mais forte e começou a crescer. Depois de trabalhar com os sons A-El-I-O e com os anjos do amor divino, durante um seminário, um dos participantes riu e disse: "Agora, A-El-I-O está sendo entoado dentro de mim com todo um coro de barítonos, sopranos e contraltos. Isso vem acontecendo há três dias. Sinto-me maravilhoso. Cada passo é um salto gigantesco. A energia é muito profunda e penetrante. Cada célula está ressoando de maneira profunda e penetrante."

A cura na sala do Amor

1. Antes de entrar na Sala do Amor, tome uma ducha de cores. Veja essas cores fluindo sobre você e dentro de você, resplandecendo com ouro e rosa líquidos. Deixe cada cor elevar as freqüências densas do seu campo energético.

2. Entre na Sala do Amor e sente-se ou deite-se no centro, em meio a perfumadas flores rosa e branca. Respire profundamente e será capaz de sentir sua doce fragrância. Elas transpiram uma substância de cura angélica. O amor está pulsando por toda a sala. O seu coração já percebe as minúsculas partículas luminosas que fluem para dentro da sala através da clarabóia aberta no teto.

Deixe que as partes do seu corpo que mais precisam de amor se abram a essas amorosas freqüências sutis.

3. Agora, mentalize o triângulo com o anjo solar, a alma e você. Desta vez, preencha o triângulo com uma bela tonalidade rosa. Este é o passo-chave para a cura com amor.

4. O anjo solar trará agora até você os anjos do amor divino. Eles vêm através da energia do seu triângulo. Abra-se aos anjos do amor divino. Beba do seu amor como um extraordinário exilir de cura preparado com energia vital. Peça que qualquer emoção que tenha provocado um problema no seu corpo físico seja liberada. Se você quer curar um problema de saúde específico, concentre-se nele enquanto entoa as sílabas das freqüências curativas de amor com os anjos. Se estiver liberando sua vontade total para criar um corpo mais sutil, pense na lista que você fez das coisas que o impedem de atingir o 10 em seu medidor.

5. Pronuncie ou entoe a primeira sílaba do A-El-I-O, prolongando ao máximo o som. Abra bem a boca para facilitar a pronúncia. Deixe o som vibrar através de você até sentir a ressonância dele em seu peito. Quanto mais forte for essa vibração, mais o seu coração se abrirá para dar e receber amor. Deixe essa ressonância tornar-se constante e vibrante. Enquanto solta o ar dos pulmões, prolongue o "Ah" até que ele se torne um "Aaaaaah" longo e lento. Lembre-se do triângulo, preenchido com a cor rosa.

6. A sílaba "El" (como em *anel*) é uma evocação da Força Criativa Una. Quando você pronunciar "El" em voz alta, imagine essa nota subindo por uma coluna de luz acima da sua cabeça. Então, volte a pronunciá-la em voz alta. O "E" atrai serenidade, e o "L" é uma vibração cósmica que eleva a alma. A vibração "El" tece belos padrões de amor ao seu redor. Continue pronunciando-a enquanto sobe numa corrente de luz solar. Quanto mais tranqüilo e concentrado estiver, mais você se elevará acima e para fora do corpo, em direção aos anjos do amor divino.

7. O "I" o conduz até o centro desses padrões de cura. Mentalize esse som entre as sobrancelhas e sinta sua vibração. Deixe o "I" ressoar com a sua alma. Quando estiver pronunciando as notas, entoe o "I" numa nota mais alta.

8. Ao pronunciar o "O" imagine um feixe de energia luminosa que parte do alto, entra pelo topo da sua cabeça e desce pela sua medula. Imagine os anjos do amor divino curando cada nervo do seu corpo.

9. Agora, soletre, entoe ou cante toda seqüência vibratória A-El-I-O sete vezes, e imagine que esse som reverbera por todo o Templo da Cura. Procure ouvir o eco desse som ressoando no seu coração. A cada sílaba mais anjos do

amor divino se aproximam, trazendo para você as freqüências plenas do amor espiritual.

10. Sinta agora os anjos do amor divino ao seu redor, vibrando com as freqüências do amor e da alegria. Banhe-se na energia deles enquanto eles purificam o seu coração e acabam com todo o sofrimento. As ondas vibratórias dessa energia o trazem para mais perto desses anjos da cura. Eles recarregam as suas células com puro amor espiritual.

11. Veja esse amor fluindo como um rio através do seu corpo, das suas emoções e da sua mente, elevando-os, purificando-os e liberando-os de toda a negatividade do passado. Sinta essa energia vibrando em seus ossos, músculos e células. Deixe que as suas células fiquem saturadas desse amor de cura superior. Você pode sentir essas correntes como um fluxo suave ou então muito forte e impetuoso, como ondas passando através de você.

12. Depois de pronunciar, murmurar, cantar ou entoar silenciosamente essas sílabas de cura, suas células vibrarão com o amor como ele é conhecido nas dimensões espirituais. Não há nada que você precise fazer agora; a sabedoria além da mente consciente conduzirá esse amor para as áreas do seu corpo e para as suas emoções em que ele é necessário. Quando concluir essa cura profunda, dê tempo ao seu corpo para absorver a energia. Simplesmente sente-se tranqüilo por alguns minutos, ouça belas músicas ou contemple belas figuras que o ajudem a permanecer nesse estado de serenidade e paz.

CAPÍTULO 8

A Cura Angélica por meio das Cores: A Sala das Cores

A Sala das Cores atua como um prisma que decompõe a luz solar em mais de 200 cores diferentes. Estar nessa sala é como estar no centro de um caleidoscópio. Ao entrar e mentalizar o triângulo de luz, as primeiras cores que fluirão através dele serão as que já estão impressas na sua alma. O anjo solar vai colorindo a sua alma à medida que ela passa por novas experiências em seu próprio plano e no plano material. A seguir, você sentirá as novas cores que os anjos da cura trazem até você para regenerá-lo, e que partem do prisma que há no centro da sala. Essas são as cores que você não tem, ou aquelas que o seu corpo magnético mais precisa. Elas acrescentarão ao seu corpo as freqüências que faltam para que ele se cure completamente. As cores que os anjos da cura usam são muito mais belas e radiantes do que as cores do plano físico. Elas são vibrantes e surgem freqüentemente mescladas com matizes prateados ou dourados. Cintilando como luzes, elas são todas iridescentes, até mesmo as mais profundas. Você só pode ver essas cores por meio do seu olho interior, pois elas não podem ser reproduzidas no plano físico.

As cores da cura

As cores usadas pelos anjos da cura são a fonte básica da cura e do desenvolvimento do corpo. Esses anjos o curaram muitas vezes por meio das cores quando você pediu ajuda, mesmo que você não estivesse consciente da presença deles. Você não precisa ver a cor para absorvê-la e fundir-se com ela. Os anjos da cura trazem as freqüências das cores de que você necessita para curar o seu corpo. Você pode receber um belo matiz azul ou verde e notar o seu pulso desacelerando e a sua pressão sangüínea voltando ao normal. Pode observar o desânimo ser substituído por um ânimo sereno e mais leve à medida que eles vão trazendo até você as cores certas.

Os anjos dessa sala sabem quais são as cores que trazem equilíbrio e nova energia vital às suas células, e levam essas cores até a região onde há algum problema. Trazem até você uma bela tonalidade rosa que lhe insufla energia quando você está sofrendo de fadiga crônica ou quando está simplesmente esgotado após um longo dia de trabalho. Usa um amarelo suave para melhorar os rins ou as glândulas supra-renais e a tireóide desvitalizados. Usam azuis e verdes para curar pressão alta, febres e certas infecções. Usam o laranja para eliminar do corpo etérico substâncias pegajosas semelhantes a teias de aranha vindas da atmosfera. Também usam essa cor em qualquer parte do seu corpo em que haja congestão, como, por exemplo, nos olhos, nos seios da face, no fígado ou nas articulações.

Banhos cromáticos

Quando os anjos da cura o estão ajudando a se curar, eles incorporam essas cores às vibrações deles. Criam novas cores no seu campo energético para oferecer a você proteção contra outras doenças ou enfermidades. Se você precisa de vitalidade, utilizam matizes rosa ou laranja. Essas cores têm muitos matizes e intensidades diferentes. Eles escolhem a cor conforme a qualidade da energia que é necessária. Em uma parte do corpo, você pode precisar de um rosa intenso e profundo, enquanto em outra parte pode precisar de um rosa mais suave. Pulmões congestionados podem ser limpos pelos anjos da cura por meio de um laranja iridescente. As infecções podem ser curadas por meio do azul-safira, que atua como um desinfetante no plano físico. Irritações causticantes, como a produzida pelo sumagre venenoso, ou outras erupções da pele também podem ser aliviadas e curadas com o azul-safira. Um matiz claro de verde pode ser utilizado em qualquer tipo de problema físico. Ele resfria o centro dos átomos (em vez de excitá-los, como o vermelho faria), a fim de reequilibrá-los. Se você tem uma inflamação, observe os anjos usando um verde vivo ou um verde mesclado de amarelo. Para obter vibrações mais altas, eles usam cores estimulantes — laranja brilhante, laranja dourado e amarelo. As tonalidades exatas variam de acordo com a pessoa. Enquanto estiver dentro do triângulo com o anjo solar e a alma, você estará em sintonia com as maiores forças angélicas de cura e receberá os matizes que lhe são mais benéficos. Quando começar a perceber as cores usadas pelos anjos da cura, você poderá usá-las por si mesmo, tomando banhos cromáticos ou simplesmente imaginando que está sendo banhado com sua luz transformadora.

Como curar as emoções por meio das cores angélicas

Você pode fazer despertar dentro de você alegria, bom humor, serenidade, entusiasmo ou qualquer sentimento positivo simplesmente concentrando-se na cor que propicia esses sentimentos. Quando quiser se sentir mais animado, mais confiante ou mais otimista, use diferentes tons de amarelo, ouro, laranja ou rosa. Esse estado positivo induzido por meio das freqüências cromáticas afeta diretamente as células do seu corpo, alimentando-as. Para descobrir que cor usar para mudar uma emoção indesejada, experimente várias cores. Procure perceber a intensidade da emoção antes de começar a usar cada cor e verifique novamente depois de ter visualizado as cores de cura. Se não está se sentindo amado ou apreciado, matizes de rosa — de um rosa profundo a um delicado rosa pálido — podem transformar esse sentimento. Seja qual for a razão desses sentimentos, eles podem mudar quando o seu campo magnético recebe as freqüências de cores certas.

Como afetar os pensamentos por meio de cores angélicas

Você pode acrescentar luz aos seus pensamentos na Sala das Cores. Para acalmar a mente e abrir caminho para a energia criativa da sua alma, você pode envolver-se num verde luminoso. Para clarear os pensamentos e estimular a mente, tome um banho de amarelo brilhante, fazendo-o cair sobre e ao redor da cabeça. Você pode dissipar uma névoa mental criando com a alma um belo matiz amarelo alaranjado. Pode aguçar sua sensibilidade com relação às cores e desenvolver a intuição para saber como aplicar a tonalidade cromática correta em qualquer situação. Se a sua vontade de viver não é realmente forte, use o rosa. Dois ou três matizes de rosa aumentarão a sua vontade de viver.

Quando procurava se livrar de uma crença negativa, um estudante descreveu da seguinte maneira sua experiência na Sala das Cores: "Uma corrente dourada de luz proveniente do anjo solar entrou e fundiu-se com uma luz azul-safira que partia do meu coração. Eu me concentrava numa área onde estava tendo bastante resistência à cura e, subitamente, vi que essa resistência aos poucos se dissipava. Havia muito tempo que eu estava doente, e portanto a cura deveria ser um processo gradual de liberação. Minha experiência foi muito suave e natural."

A cor da alma

Cada alma tem sua própria cor e seu próprio som ou nota musical. Essa cor e esse som são como a assinatura da alma. A cor da alma é cintilante e iridescente, como se contivesse partículas de prata. A cor da alma é uma das cores celestes que não tem correspondente na Terra. A beleza dessa cor indica o estado de evolução da alma. A radiância dessa cor demonstra o sucesso da alma em aprender com suas experiências terrestres. No trabalho de cura, os anjos usam a cor da alma como vibração básica. Você pode descobrir qual cor, no plano terrestre, se aproxima mais dessa cor para trazê-la para dentro da sua vida. Se mais de uma cor vem à sua mente quando você medita com a alma, use a cor pela qual você se sente mais atraído no momento.

A cor da alma expande o sentimento. É a cor que o seu corpo está exigindo e à qual ele responde mais facilmente. Quando a sua mente e o seu corpo estão impregnados com a cor da alma, você tende a respirar mais livremente e com maior facilidade. Essa cor lhe dará mais energia quando estiver cansado e o acalmará quando estiver tenso. Ela fará o corpo e a mente entrarem em harmonia com a alma e com o anjo solar. Imagine como você pode introduzir essa cor na sua vida, em suas roupas e em sua casa. Arranje um quadrado de tecido dessa cor ou pinte-a em um pôster. Você pode usar dois ou três lençóis de cores diferentes que pareçam irradiar a cor da sua alma, se não tiver certeza da tonalidade exata. Olhando para essas cores, você acabará descobrindo qual é a que mais equilibra o seu sistema. Em pouco tempo, poderá lembrar-se desse matiz simplesmente pensando nele e trazendo até você a vibração da sua alma.

Como descobrir a cor da sua alma

A cor da sua alma ressoa com uma vibração específica da luz solar. Na viagem a seguir, você poderá descobrir a cor da sua alma e utilizá-la para energizar ou para purificar o corpo, limpar a mente e acalmar as emoções. Mais tarde, você poderá selecionar um problema específico e infundir nele o matiz da sua alma. Por enquanto, simplesmente sinta profundamente a serenidade, o amor e o equilíbrio que a cor da sua alma lhe inspira.

1. No Templo da Cura, tome uma ducha de luz e sente-se no centro da Sala das Cores. As cores no plano etérico são inacreditavelmente belas e benéficas. Observe onde está sua cadeira ou esteira nesta sala de modo que você

possa ver essas cores enquanto elas se movem sobre o seu corpo e fluem para dentro dele.

2. Imagine um grande cristal acima dessa sala, que está aberta à luz do Sol. O cristal atua como um prisma que separa as sete faixas de cores em muitas tonalidades ou matizes. Deixe essas faixas coloridas rodopiarem sobre o seu corpo. Note a diferença à medida que imagina o laranja movendo-se sobre o seu corpo. Então, mude para o amarelo. Note como o seu estado de espírito muda quando você traz para si um rosa iridescente e deixa-o brincar sobre o seu corpo. Deixe matizes de verde, azul, laranja e amarelo banharem-no com suas freqüências. Observe as mudanças em seu corpo conforme você altera as cores.

3. Quando você começar a perceber as mudanças que essas cores provocam na sua maneira de ser e de pensar, mentalize o triângulo com a alma e o anjo solar.

4. Peça ao anjo solar para fortalecer a cor da sua alma, que flui através do triângulo. A cor que vem à sua mente pode ser muito sutil — cintilando com minúsculas rajadas de luz. Ela pode ser translúcida ou ter uma textura de veludo. Abra-se para sentir a energia da cor fluindo para dentro de você.

5. Imagine a cor da sua alma fluindo como luz líquida. Deixe essa cor tornar-se um rio que toma conta da sala. Banhe o seu corpo nesse rio. Deixe-o criar uma névoa colorida em torno de você, deixando que somente as freqüências mais sutis permaneçam no seu campo energético.

6. Deixe a cor da alma fluir para dentro da sua mente, eliminando preocupações e outros pensamentos negativos. Sinta a substância de novas idéias sendo atraída até você na forma de minúsculas rajadas de luz que cintilam com a cor da sua alma. Elas transportam a iridescência da cor anímica.

7. Deixe a cor da sua alma espiralar por todo o seu corpo e ao redor dele como luz líquida. O anjo solar está tecendo a cor exata da sua alma ao redor de você para que ela flua pelos seus corpos mental, emocional e físico e para dentro das suas células. Torne essa cor brilhante e clara.

8. O anjo solar está agora formando em torno de você uma névoa protetora que tem a cor da sua alma, fortalecendo a sua vontade de se curar. Essa névoa protetora barra vibrações indesejáveis antes que elas atinjam o seu campo energético. Ela contém os nutrientes pelos quais o seu coração, a sua mente e o seu corpo anseiam. Aqueça-se nessa radiância e deixe seu organismo absorver esses nutrientes.

9. Brinque com a névoa. Imagine-a protegendo-o de todas as doenças e influências negativas. Traga esse matiz para qualquer área que você sinta pre-

cisar de vitalidade. Mergulhe nessa cor a sua vontade de ficar curado. Imagine que a sua vontade de superar todas as barreiras está aumentando agora. Se o seu corpo já está purificado e você só está acelerando a sua vibração luminosa, imagine que essa cor está fluindo para dentro do núcleo central das suas células.

10. Sente-se por alguns minutos a fim de deixar que a energia da cor da sua alma penetre dentro de você mais profundamente. Quando se concentra nessa cor, você está convocando a presença de sua alma. Use essa cor para se curar e se revitalizar ao longo de todo o dia.

Mais tarde, visite novamente a Sala das Cores. A cada visita você perceberá melhor os efeitos benéficos produzidos pela cor da sua alma, quando ela brinca sobre o seu corpo e na sua mente.

A cura e o desenvolvimento do corpo por meio das cores angélicas

Agora você está pronto para curar e desenvolver, com a ajuda dos anjos, várias partes do seu corpo. Os anjos da cura usarão as cores que forem mais benéficas para você no momento.

Há diferentes grupos de anjos da cura e cada grupo trabalha com certos tipos de problemas físicos. Você trabalhará com todos os anjos da cura à medida que passa pelos estágios de regeneração e de desenvolvimento do corpo. Algumas das cores que eles usam eliminam toxinas dos seus tecidos e células, enquanto outras trazem uma substância cintilante para as células novas. Algumas cores lhe conferem energia física, outras acalmam as emoções, e outras clareiam a mente. Enquanto trabalha com esses anjos da cura, é possível que perceba cada vez melhor o que cada grupo está fazendo para aumentar a sua harmonia interior e a sua saúde. Você pode fazer algum tipo de treinamento para se tornar cada vez mais consciente das cores que eles estão usando. Assim você poderá complementar o trabalho de cura desses anjos usando as mesmas cores no dia-a-dia.

1. Vá até a Ilha da Regeneração e dirija-se ao pátio interno do seu Templo de Cura. Desta vez, tome uma ducha de luz branca para se limpar e receber ajuda de todos os diferentes grupos de anjos.

2. Sente-se na Sala das Cores. Crie o triângulo de luz com o anjo solar e a alma enquanto se prepara para regenerar e desenvolver o corpo e a mente. Imagine a cor da sua alma, com a qual trabalhou no exercício anterior, e deixe

essa cor preencher o triângulo. Se ainda não conhece a cor da sua alma, preencha, por enquanto, o seu triângulo com luz branca.

3. Agora, o anjo solar invocará os vários anjos da cura para trabalhar com você, começando com os anjos do amor. Esses anjos trazem vários matizes da cor rosa — tonalidades vivas e profundas, pálidas e transparentes. Atraia essas cores para o seu coração. Deixe-as fluir sobre o seu rosto, suavizando as linhas em torno dos olhos e da boca, relaxando a tensão nos lábios e na fronte e rejuvenescendo a sua pele. Os anjos da cura do amor divino estão trabalhando com essa cor para revitalizá-lo. Fique bastante tranqüilo para que esses anjos possam ajudá-lo.

4. Em seguida, o anjo solar traz vários matizes de amarelo — um amarelo vivo e profundo, um amarelo laranja dourado e um tom pastel de amarelo. Os anjos da cura que pertencem ao matiz amarelo trabalham com a sua mente quando você se concentra nessa cor. Também trabalham com o seu cérebro e com o seu sistema nervoso. Você pode notar uma mudança na energia em torno da sua cabeça à medida que essas tonalidades do amarelo rodopiam ao seu redor.

5. O anjo solar agora está lhe trazendo o verde — primeiro o verde-limão, em seguida o verde-esmeralda e, finalmente, um verde-prateado. Perceba o fim da tensão enquanto um estado de muita calma e descontração insinua-se dentro de você. Os seres angélicos dos matizes de verde estão trabalhando ao longo da sua espinha e sobre o seu corpo. Esses anjos eliminam dores de cabeça, músculos tensos, ombros e pescoço doloridos. Imagine que estão pintando o seu corpo com um verde de cura.

6. O seu anjo solar está emitindo sobre você azul-safira para invocar os anjos da cura do raio azul. Conforme eles vão chegando, movem-se lentamente ao longo das áreas do corpo onde a cura é necessária. Você sente a mudança à medida que essa tonalidade se transforma em azul-turquesa, azul-celeste e azul-prateado. Relaxe para sentir esse tratamento de cura.

7. Perceba um matiz médio do violeta, e em seguida um tom pálido, quando chegarem os agentes violeta da cura. Deixe esses anjos violeta permearem o ar ao seu redor; inspire-os até encher os pulmões. Eles estão curando qualquer problema físico que você tenha.

8. Os anjos da cura trarão agora a combinação das cores cujas freqüências são necessárias nas áreas com problemas. São essas as cores que podem curá-lo. Veja se é capaz de sentir essas cores fluindo por sobre todo o seu corpo. Talvez você só perceba uma mudança na sua energia.

9. Procure perceber se uma dessas cores se concentra num lugar do seu

corpo diferente daquele que você deseja curar. Essa área provavelmente está desequilibrada e precisa de atenção.

Agora você completou o trabalho na Sala das Cores. Por um momento, preste atenção em como você se sente. Fique alerta, pois você pode receber intuições acerca da cor que deve usar para curar a doença ou outro problema físico com o qual esteja trabalhando. Durante várias vezes nesta semana, mentalize essa cor por alguns minutos para ajudar no processo de cura. Vá até a Sala das Cores todas as vezes que quiser curar, desenvolver ou rejuvenescer o seu corpo.

CAPÍTULO 9

A Cura Angélica por meio das Vibrações: A Sala do Som

A Sala do Som contém as harmonias da cura cósmica. Os anjos da cura cantam canções que são desconhecidas no plano físico. Nenhum instrumento é necessário. As canções vêm através de vibrações, e não através do plano físico. Quando ingressar na Sala do Som, imagine que você é perfeitamente sensível a esses tons. Os carrilhões eólicos da ilha estão sintonizados com eles. O seu coração também está sintonizado com eles.

Belas notas cósmicas estão ressoando por toda a Sala do Som, todas elas absolutamente puras. Essas notas são subtons da vibração cósmica e do som que criou o universo e continua a criá-lo. São tão poderosas que mantêm a Terra e o Sol numa rotação perfeita. Essa rotação acompanha a vibração do som e da luz. Toda vibração produz uma reação na matéria que equivale à vibração. Ela atrai e aglutina os átomos dos quais as moléculas, as células e os organismos são constituídos, e, finalmente, surge uma forma — desde um planeta e uma estrela até um corpo humano.

A nota da alma

Esses sons trazem vida a todos os seres. Uma das notas desses subtons criou você e a sua alma. Essa nota é um dos acordes da grande canção do universo. Cada vez que essa nota é tocada ou produzida por um instrumento musical ou pela voz humana, ela faz vibrar as células do seu corpo em harmonia com a sua alma. Você pode aprender a nota que criou a sua alma e usar esse som para acelerar a sua cura e regeneração. Essa nota harmonizará a vibração das células do seu corpo com a vibração da sua alma.

Na Sala do Som, a nota especial de sua alma está vibrando na sua mente e no seu corpo. Você entoará A-El-I-O, as sílabas da vibração superior para o amor, e a palavra sagrada OM na nota da sua alma. Quando o som do OM pulsa em seu corpo, essa nota aumenta a vibração das suas células. Esteja ela na clave do dó, do sol ou do lá, ou de qualquer outra nota musical, é a *sua* nota de cura! Com a nota da sua alma vibrando nas células, o corpo é gradualmente purificado até tornar-se radiante. Toda a sua personalidade faz um movimento espiral para cima, para uma freqüência de luz mais sutil.

Mesmo que a sua nota da alma esteja além da sua capacidade de ouvir, ela é captada e sentida pelo seu coração. Quando você faz soar essa nota, sente-se mais calmo, sereno e otimista. Quando essa vibração ressoa na sua cabeça, ela faz emergir a verdade de sua identidade como ser divino. Quando ela atinge as suas células, elas a captam e respondem absorvendo nova luz e dançando com esse som de cura. A vibração dessa nota nutre as suas células, levando até elas mais consciência e luz. Quando está trabalhando com seu corpo de luz, criando triângulos de luz com o anjo solar e a alma, ou seguindo qualquer disciplina espiritual, você está sintonizando essa nota. Uma vez que tudo o que é criado é criado por meio de vibração, você está recriando a si mesmo e ao seu corpo à medida que essa nota soa e ressoa dentro de você. A nota da sua alma tocará as suas células acrescentando-lhes mais luz.

As propriedades de cura da nota da alma

Essa vibração superior de luz e de alegria pode transformar a doença física em vitalidade. Pode levar o corpo a uma nota mais sutil. Se você tem problemas de saúde de tempos em tempos e acha que, de algum modo, se extraviou do caminho, é provável que o seu corpo tenha captado tanta luz que as freqüências mais densas das células entraram em atrito com as freqüências mais sutis da alma. A vibração de alguns grupos de células é demasiado lenta para harmonizar-se com as freqüências mais sutis da luz. Quando o anjo solar introduz mais luz no corpo de luz da alma, é preciso que você continue a aumentar o nível de luz nas células para manter assim a harmonia interna.

Assim como o sol não deixa ninguém doente, a vibração da alma não o faz ficar doente. Ambos têm a capacidade de revitalizá-lo, de curá-lo e rejuvenescê-lo, e o seu poder deve ser reconhecido. A falta de raios solares faz o corpo humano enfraquecer, assim como as plantas. Com sol demais, a energia do corpo humano é drenada, assim como a das plantas. Seu corpo necessita da quantidade correta de luz do Sol, nem mais nem menos. A mesma coisa ocorre com a luz solar espiritual. A falta de vibração da alma faz surgir problemas; o excesso de vibração da alma, sem que o corpo esteja preparado, também é prejudicial. Não são a vibração e a nota da alma que causam problemas, mas sim as áreas do corpo cuja vibração é densa e morosa. Quando parte do seu corpo está vibrando muito lentamente, ele não é capaz de absorver o que a alma lhe envia através de você, e isso cria resistência. Quando você eleva o nível da vibração, essa área pode receber uma quantidade muito maior de luz da alma. Assim o corpo fica completamente livre das doenças e das aflições comuns ao ser humano.

Por onde começar

Um líder espiritual foi informado pela sua alma que ele não poderia seguir adiante no caminho espiritual enquanto seu corpo não se harmonizasse com a vibração superior da alma. Ele precisava elevar a freqüência do seu corpo. Isso acontece geralmente com as pessoas que negligenciam as necessidades físicas enquanto trilham o caminho espiritual. Mesmo que você compreenda a necessidade de aumentar a luz nas suas células talvez você não saiba por onde começar. Em vez de começar de fora — mudando a alimentação ou adotando um programa de exercícios físicos —, você fará melhor se começar com mudanças internas, segundo a orientação da alma e do agente interior da cura. Mudanças na alimentação e exercícios podem suceder as mudanças internas. Essas mudanças externas também precisam ser baseadas na orientação da alma, e não em pensamentos do tipo "acho que devo fazer" ou "tenho que fazer". À medida que você descarta ou acelera as vibrações mais lentas, o corpo responde naturalmente à nota da alma. Você começa a preferir alimentos saudáveis; respeita os ritmos naturais do seu corpo e se deixa brincar, rir e ser feliz. Você se permite até mesmo apenas ser!

Ouça a bela música na Sala do Som para continuar a cura que os anjos lhe oferecem. Descubra qual música mais beneficia o seu processo de cura. Essa música traz um alimento especial à sua mente e às suas células. Deixe o corpo relaxar à medida que a escuta. As canções que estão no tom da sua alma ou que têm harmonias que incluem essa nota são capazes de eliminar toxinas e substituir a matéria mais densa pela mais sutil. Quando o artista que toca essa música está em harmonia com o fluxo emocional e espiritual dela, ela se torna ainda mais poderosa. A música pode ligá-lo à beleza e à verdade por caminhos que as palavras não são capazes de trilhar. A beleza irresistível de certas músicas traz para dentro de nós a beleza da alma. A música pode servir como uma oferenda de amor para a sua alma. Ela recebe energia e a oferece em troca. Quando isso acontece, a vontade mais profunda de curar e desenvolver o corpo desperta. Essa música dá a você a mesma alegria dos anjos e deixa essa alegria bailando em sua mente e em seu corpo durante vários dias.

Seguem-se dois métodos de cura. O primeiro deles o prepara para familiarizar-se com a nota da alma e permite que a cura se inicie. O segundo mostra a você como fazer soar o som sagrado OM na nota da sua alma para dissipar qualquer matéria densa ou doente e acelerar a cura com a matéria mais sutil que essa nota traz até você. Quando começar essas viagens, disponha-se a descobrir a nota da sua alma. Mesmo que não ouça sons interiores ou uma vibração específica, se a sua intenção é captar e responder à sua nota, ela ressoará através do seu sistema nervoso e entrará na sua corrente sangüínea para purificá-la. A nota de cura vibrará dentro de todo o seu corpo e começará a reconstituí-lo com uma qualidade de luz superior.

A cura com a nota da alma

Para começar, pense no problema de saúde no qual está trabalhando no Templo da Cura. Talvez o seu metabolismo esteja ficando mais lento ou o seu raciocínio não esteja tão aguçado e tão claro quanto você gostaria que estivesse. Talvez queira curar uma dor muscular ou outra dor qualquer. Esses objetivos podem não parecer muito espirituais, mas são essenciais para criar um instrumento que a sua alma possa utilizar. Aumentar o metabolismo significa fazer seu organismo absorver mais oxigênio em cada respiração; assim as células serão mais bem nutridas, a digestão melhorará e o sistema imunológico funcionará com mais eficiência. Todos os sistemas se beneficiarão. Desse modo, você também pode aumentar a sua capacidade de concentração e a sua criatividade.

1. Sinta novamente a quietude interior que alcançou na primeira sala do Templo da Cura e simplesmente relaxe. Quando sua mente ficar tranqüila, imagine ouvir os sons dos carrilhões do templo, pássaros cantando, uma queda-d'água distante e o farfalhar de folhas agitadas pela brisa.

2. Tome uma ducha de cores no pátio interno do Templo da Cura. Então, ingresse na Sala do Som e sente-se em qualquer lugar que aprecie. Pode fechar os olhos para sentir os sons cósmicos interiores soando através dessa sala. Faça uma pausa e feche os olhos enquanto visualiza a sala e os sons ao seu redor.

3. Agora, crie o triângulo de luz dourada com o anjo solar e a alma e funda-se com a energia deles para que assim possa sentir e responder aos sons de *dentro* dessa sala. Esses sons estão soando no seu ouvido interior. Em vez de ouvir algum som, talvez você sinta uma mudança sutil dentro da sua cabeça ou do seu corpo, quando este responder à nota da alma. Eles estão em tal harmonia que você se sente mais feliz e mais leve, mesmo que não esteja consciente da nota que vibra em seu corpo. Essa é a nota vibrante da alma, que revela a sua identidade, seu estado evolutivo e sua medida de amor.

4. O anjo solar amplificará a nota da alma, que está fora do alcance da audição humana. Não espere ouvir essa nota da mesma maneira como você ouve música. A nota não será captada pelos seus ouvidos, embora vibre com clareza em seus corpos sutis. Peça ao anjo solar que intensifique essa nota de modo que ela vibre em todo o seu corpo e em sua personalidade. Você pode senti-la com o ouvido interior. Mais tarde, você pode fazer com que ela vibre na sua mente, nas suas emoções e no seu corpo.

5. A alma afeta diretamente as células. Imagine a nota da sua alma reverberando agora dentro do seu coração e da sua cabeça. Você provavelmente a sentirá como uma onda de energia.

6. Tente baixar a nota da sua alma até uma oitava que você possa alcançar com a voz, e então entoe essa nota várias vezes. Use os sons de vogais que você aprendeu na Sala do Amor, A-El-I-O, quando começar a cantar a nota da alma. Se não está seguro de que nota usar, experimente três ou quatro notas, e selecione aquela que o faz sentir-se em harmonia com a alma.

7. Agora você está pronto para usar essa nota para curar. Entoe a nota da alma e traga a vibração dela até a área que você quer curar. Você pode curar as emoções assim como o corpo — qualquer coisa que esteja bloqueando a liberdade do seu espírito e a sua alegria natural.

8. O anjo solar é quem comanda os anjos da cura. Não é necessário saber que grupo de agentes da cura está ajudando a harmonizar a região doente com a vibração superior da alma. Às vezes, mais de um grupo de trabalhadores angélicos se apresenta.

9. Visualize os anjos da cura usando o som e a vibração da nota da alma para curar e restabelecer a área sobre a qual você está trabalhando. Elas mudam a substância molecular para colocar sua vibração em harmonia com a alma.

10. Imagine que as vibrações da cura estão sendo irradiadas para a sua corrente sangüínea, a cada batida do seu coração. Enquanto isso os anjos da cura estão eliminando as células de freqüências mais baixas e substituindo-as

por novas células. Imagine que as células estão captando essas mensagens e ativando o seu poder de regeneração.

11. Quando você sentir que o trabalho está completo (isso dura somente alguns minutos), deixe que uma onda de gratidão emerja de seu coração. Ela será bem recebida.

12. Entoe a nota da sua alma várias vezes ao longo do dia. Comece observando a reação do corpo a essa nota e sua resposta emocional. Ela estimula a vontade de ficar curado e de aumentar a luz das células até um nível superior de liberdade. Crie uma canção com essa nota, ou entoe-a, e sinta a leveza de espírito que daí nasce.

(Se quiser pode usar um teclado para descobrir qual som corresponde à nota da sua alma. Desse modo poderá facilmente encontrá-la de novo batendo a tecla dessa nota. Ou pode comprar um diapasão numa loja de instrumentos musicais e conservá-lo consigo para trazer a nota de sua alma para dentro do corpo.)

A cura por meio da palavra sagrada OM

Mesmo que você já tenha entoado a palavra sagrada durante anos, a vibração dela é muito mais poderosa quando soada na nota da sua alma. Quando entoado nessa nota, o OM tem o poder de dissipar qualquer negatividade ou doença do seu corpo, das suas emoções ou da sua mente. Você aprenderá nesta viagem a deixar que a alma entoe a sua nota à medida que pronuncia o OM.

1. Entre na Sala do Som e erga os olhos para a sua alma. Deixe a alma entoar a sua nota através de você, à medida que você respira. A vibração começará a harmonizar os seus corpos etérico, emocional e mental com a alma.

2. Sinta a vibração interior sendo transmitida para você a partir da alma. Sua percepção responderá a essa energia vibratória.

3. Agora, ligue-se com o anjo solar e com a alma num triângulo de luz. Imagine que está respirando no ritmo da sua alma e que a energia dela está fluindo para dentro de você. Procure amplificar essa energia curativa à medida que ela flui para dentro de você. Deixe a alma entoar sua nota três vezes por meio da sua voz.

4. Na primeira vez, diga, muito suavemente, a palavra sagrada OM na nota de sua alma, e com ela envolva a sua mente e os seus pensamentos. À

medida que você transmite a energia do OM aos seus pensamentos e crenças, deixe a energia fluir através do cérebro, do pescoço e do sistema nervoso.

5. Na segunda vez, pronuncie o OM um pouco mais alto e o dirija para as suas emoções. Deixe as vibrações tocarem o seu corpo emocional, conduzindo-o a um estado sereno e harmonioso. Essas freqüências soltam e liberam qualquer emoção negativa que esteja bloqueando o seu caminho para a cura e para a regeneração.

6. Na terceira vez, diga OM com mais força e dirija-o para o corpo físico. Aja como um transmissor consciente das vibrações sutis de felicidade para as células do corpo. Deixe que essas freqüências de cura especiais fluam para dentro do seu corpo e comecem a limpar todas as congestões e doenças. Deixe que a palavra sagrada que você está entoando na nota da sua alma penetre na sua estrutura celular e elimine todas as células de vibração baixa ou doentes, substituindo-as por partículas de luz mais sutis. Focalize por um segundo a parte do corpo que você está curando e imagine que a nota da alma está se deslocando para essa área e transmutando-a para uma nota superior.

7. Agora, deixe-se apenas ser — sem objetivos, nem expectativas, nem pedidos. Se um pensamento surgir, simplesmente aceite-o e deixe-o ir. Se um pensamento persistir na sua cabeça, repita a nota da alma. Se um sentimento surgir, aceite-o como um sentimento e deixe-o ir. Se um sentimento se demora, repita novamente a nota da alma a partir do coração. Entoando o OM, sua alma o fará entrar na energia dela, para que assim essa energia possa penetrar profundamente no seu ser e insuflar mais luz em qualquer parte que você queria desenvolver.

CAPÍTULO 10

Para Evocar o seu Agente Interior da Cura: A Sala da Sabedoria

Na Sala da Sabedoria, você se ligará com o seu agente interior da cura. Esse agente interior mantém a sabedoria do corpo e comanda todos os sistemas. Ele traduz os padrões de luz, de cor, de vibração e de amor numa sabedoria que pode ser aplicada. Ele conhece as suas atividades cotidianas, as necessidades do seu corpo, as áreas que precisam de mais luz e as que têm luz em demasia. O agente de cura é gentil, sábio, compreensivo — e sempre prático. Ele tem uma visão completa da sua vida, conhece o seu passado e sabe quão promissor e rico será o seu futuro.

Um estoque de sabedoria

Esse agente da cura está dentro de você. Ele é um vasto estoque de sabedoria e de experiência; tem respostas para as suas perguntas sobre o seu corpo e pode mostrar a você como agir em face de uma doença e como acrescentar luz às células. O agente interior da cura está sempre empreendendo a difícil tarefa de coordenar a regeneração dos seus sistemas, das suas glândulas, dos seus órgãos e das suas células. Ele é responsável pela divisão celular na medida em que distribui a energia pelo seu corpo. O agente interior da cura é demasiado complexo para que você consiga compreendê-lo plenamente, e, não obstante, é capaz de mostrar-lhe com clareza e simplicidade o que você pode fazer para ajudar no processo de cura. Você pode ficar surpreso ao ver como podem ser benéficos os conselhos dele, e como se mostram corretos depois de postos em prática. Se está imaginando uma austera figura de pai, que julga e desaprova, ou a figura de uma velha que agita o dedo em sua direção quando você comete erros, demonstra fraquezas ou carece de força de vontade, você se surpreenderá. Seu agente interior da cura se manifesta por meio do esforço que você está fazendo agora, da sua boa vontade para ouvir e para agir. Ele não apenas o aceita; ele o respeita e encoraja.

O agente interior da cura coordena a cura e a evolução do seu corpo, da sua mente e das suas emoções quando você começa a trabalhar com o anjo solar e com a alma. Ele atua como um agente moderador entre você e a sua alma, oferecendo conselhos e sugestões que demonstram clareza e visão. Essas sugestões podem ajudar em qualquer tipo de problema, quer ele se origine no corpo físico ou nos corpos emocional ou mental. O agente interior da cura pode dizer a você quais salas do Templo da Cura serão mais úteis e com quais métodos de cura você deve trabalhar quando apresentar sintomas ou enfrentar doenças. Ele só o aconselha depois que faz uma série de cálculos em muitos níveis. Dotado de uma inteligência superior, ele possui um grande estoque de conhecimento e pode manipular bilhões de informações ao mesmo tempo.

Um tesouro de conselhos práticos

Quando o agente interior da cura lhe fala, você se sente valorizado e encorajado. Você sabe que é compreendido e amado. Esse agente da cura fala a partir de um ponto muito profundo do seu ser, que talvez você ainda não conheça. Às vezes, as mensagens dele podem ser transmitidas com perspicácia e bom humor. Elas mostram caminhos que você ignorou, dissolvem medos que o impediam de seguir em frente e renovam o seu prazer de estar vivo. Ele não o ameaça com previsões terríveis. Calcula probabilidades numa minúscula fração de tempo e lhe mostra novas opções. A compaixão e a compreensão dele são mais profundas do que você pode estar acostumado a receber. Às vezes, seu conselho pode ser o de um sábio; outras vezes, pode estar salpicado de bom humor. Acima de tudo, o agente interior da cura é prático; ele aponta algumas das coisas mais importantes que você pode fazer exatamente agora — e também a longo prazo.

Uma vez que o agente interior da cura é pragmático, ele traduz a orientação da alma de uma maneira que você possa aplicá-la na sua vida. Um homem perguntou a seu agente interior da cura como poderia obter as vitaminas e a alimentação de que o seu corpo carecia, a fim de abandonar um vício. Seu agente interior da cura disse-lhe que seu corpo estava recebendo as vitaminas e a nutrição adequadas. "Aquilo de que o seu corpo está precisando agora é de mais oxigênio. Suas células estão sedentas de oxigênio. Caminhe, caminhe,

caminhe pelo menos uma vez por dia durante uma hora, e você descobrirá o equilíbrio pelo qual o seu corpo está ansiando." Quando o agente interior da cura lhe diz o que fazer, ele atua por meio de comunicação instantânea, que chega até você telepaticamente vindo de outra parte de você mesmo. É importante saber que as respostas estão quase sempre bem aí dentro de você, e que é um grande alívio, e também uma causa de alegria, compreender o quanto essa parte mais sábia de você conhece.

A cura por meio do médico interior

Outra pessoa que estudava a cura com a luz e continuava tendo erupções de pele, queria que seu agente interior de cura lhe mostrasse como livrar-se delas. Em vez disso, ele transmitiu-lhe esta mensagem: "Esta é a maneira natural de o seu corpo se livrar das substâncias químicas de certos alimentos aos quais ele é alérgico. Seja grata pelo fato de o seu corpo ter uma maneira de se livrar dessas substâncias. Descubra os alimentos aos quais você é alérgica e evite-os. Então você não terá mais erupções." Essa estudante descobriu que era alérgica a algumas substâncias e, aos poucos, eliminou da sua dieta todos os alimentos que as continham. As erupções desapareceram quando ela identificou esses produtos e deixou de consumi-los.

Uma estudante de cura com a luz que se cansava facilmente pediu ajuda ao seu agente interior da cura. Foi-lhe dito que o seu corpo estava recebendo vitaminas e outros nutrientes em quantidade suficiente, mas não estava tendo o sono profundo de que necessitava para que a reparação das células ocorresse durante a noite. Com essa informação, ela passou a adotar um padrão regular de sono. Descobriu músicas que a ajudavam a relaxar e começou a fazer exercícios antes de ir para a cama. Mentalizou o triângulo dourado e imaginou estar ligada ao anjo solar e à sua alma ao longo de toda a noite. Logo recuperou a saúde e hoje tem mais energia do que jamais teve.

Outro estudante perguntou ao seu agente interior da cura como curar uma dor nas costas. Foi-lhe dito que suas emoções haviam criado o problema e que ele se sentia sobrecarregado, com excesso de responsabilidade. O agente interior da cura sugeriu que ele se dedicasse a alguma atividade que lhe fizesse sentir alegria a cada dia. Ele passou a nadar várias vezes por semana e recuperou a alegria que conhecera quando criança. Esse estado de ânimo mais alegre permitiu que ele comprasse uma cadeira melhor para o seu escritório. Ele já não sente mais dor nas costas.

Você não precisa ficar sentado e esperar que um problema apareça para se encontrar com o seu agente interior da cura e conversar com ele. É importante estabelecer uma boa comunicação agora, mesmo que a sua saúde seja perfeita. Checando-a periodicamente, você não será surpreendido por alguma doença; seu agente da cura o alertará quanto a qualquer problema em potencial que avulta no seu futuro e lhe dirá como evitá-lo. Ele também pode dar-lhe sugestões a respeito de como elevar o seu corpo a um nível ainda maior de bem-estar e aumentar sua capacidade de concentrar luz.

Uma viagem para falar com o seu agente interior da cura, Parte 1

Antes de começar, coloque duas cadeiras, uma em frente da outra. Sente-se numa delas, e o seu agente interior da cura se sentará na outra. Coloque uma caneta e um papel, ou um gravador, perto da sua cadeira. Este exercício tem duas partes. Na Parte 1, você fará perguntas ao seu agente interior da cura. Na Parte 2, trocará de cadeira e emprestará sua voz para o seu agente interior da cura, respondendo a essas perguntas com uma sabedoria intemporal. É melhor gravar essa sabedoria intemporal manifestada através de você enquanto agente interior da cura. Registre o que você diz (em fita ou em papel), e escute ou leia suas palavras depois de alguns dias para ver como são sábias as sugestões do seu agente interior da cura. Muitos descobriram que ele nunca repete as instruções. Por isso é importante gravar o que ele diz e colocar seus conselhos em prática, um de cada vez.

1. Transporte-se até a Ilha da Regeneração, tocando sua testa com os dedos. Imagine-se vagueando pelo jardim no pátio interno do seu templo, respirando o aroma das flores. Deixe cada respiração purificar a sua mente à medida que o ar flui pelos seus pulmões. Lembre-se do sentimento de profunda paz e quietude interior que você desfrutou na Sala da Quietude Interior enquanto limpava o seu campo energético com uma ducha de cores.

2. Entre na sala do Agente Interior da Cura e sente-se em uma das duas cadeiras que estão ali. Aproxime-se do anjo solar e da sua alma e forme o triângulo de luz. Preencha o triângulo com um belo matiz amarelo a fim de criar um espaço de boas-vindas para que os seus anjos da cura do raio amarelo o ajudem a se ligar com o agente interior da cura.

3. Olhe para a cadeira à sua frente, feche os olhos e imagine que o seu agente interior da cura está sentado nela, captando todos os seus pensamentos. Conte-lhe sobre algumas das mudanças que você tem feito nos últimos anos.

Descreva alguns dos passos que você deu recentemente para tornar o seu corpo mais saudável e livre de energias densas. Fale do seu profundo desejo de ser útil ao mundo e de ser uma força positiva para os amigos e para a sociedade. Reconheça honestamente qualquer resistência que o impeça de se aceitar como você é. Seu agente interior da cura tem a sabedoria necessária para trabalhar intimamente com você, dando-lhe todas as informações de que você necessita para criar um corpo mais sutil. É importante que ele saiba até que ponto a sua percepção é aguçada, para que ele possa aumentar a sua compreensão. Ele só lhe dirá o que você ainda não sabe nem compreende.

4. Imagine que está se dirigindo ao seu agente interior da cura nos seguintes termos, ou então use suas próprias palavras. Procure dar informações gerais acerca do seu estilo de vida antes de mencionar problemas específicos: "Honorável Agente Interior da Cura, agradeço-lhe a sua presença aqui. Ofereço-lhe o meu mais profundo respeito como meu consultor e agente interior da cura. Quero emprestar-lhe a minha voz e aprender a ter um corpo mais saudável, capaz de concentrar e expressar mais luz. Agente Interior, com sua sabedoria a brandura, sugira-me, por favor, o estilo de vida que expresse o meu eu mais criativo e saudável."

Depois de proferir essas palavras, você pode manter-se um tempo em silêncio, enquanto o agente interior da cura considera o seu pedido. Conceda a ele tempo suficiente para transmitir todas as informações. Você pode fazer quantas perguntas quiser. Seja direto e fale sinceramente, de dentro do seu coração. Confie no fato de que o agente interior da cura está ouvindo cuidadosamente cada pergunta. Cada uma das perguntas será respondida. Não há pergunta sobre a qual ele não possa acrescentar algum ponto de vista ou não possa oferecer ajuda.

5. Agora, peça outras informações. Você obterá respostas sinceras. Faça suas próprias perguntas ou então use as sugestões abaixo:

- Como posso libertar minha vontade dinâmica de estar completamente bem e criar um corpo mais sutil?
- Como curo este _______________ (cite qualquer problema com o qual esteja trabalhando)?
- O que posso fazer para revitalizar o meu corpo? Sono, ar fresco, exercício?
- O que esta doença está me ensinando? Que dádivas de compaixão, de paciência, de conhecimento, de compreensão, de clareza ou de mudança ela está me oferecendo?
- Algum dos sistemas do meu corpo físico — sistema nervoso, sistema imunológico, sistema circulatório, sistema respiratório ou sistema endócrino — precisa de mais energia e luz?

- Minha alimentação está suprindo as necessidades nutricionais do meu corpo?
- Como posso fortalecer a capacidade de me curar e de reconhecer que estou progredindo?
- Se há uma situação ou um relacionamento que está drenando a minha energia, você pode revelá-lo a mim sem, no entanto, me julgar?
- Quais são as emoções que mais aumentam a minha vitalidade e como posso fortalecê-las?
- Como posso encontrar amigos que me apóiem nessas mudanças?
- Há certos medos que estão drenando a minha energia e a minha vitalidade?
- Como posso ficar mais bem disposto e mais confiante?
- Que pensamentos me trarão mais equilíbrio e vitalidade a cada dia?
- Que tipos de atividade ou de exercício serão mais benéficos para mim agora?
- Há alguma coisa que eu possa fazer exatamente agora?
- Como eu posso contribuir com o trabalho dos anjos da cura? (Se você precisa de tratamento médico, pergunte sobre o melhor profissional de saúde. Pergunte onde encontrará informações a respeito dos vários métodos de cura para os sintomas que você apresenta.)
- Qual é o meu próximo passo no desenvolvimento do meu corpo e das minhas células para que concentrem mais luz?

6. Agora, você está pronto para se sentar na outra cadeira e fazer o papel de agente interior da cura.

Uma viagem para falar com o seu agente interior da cura, Parte 2

1. Depois que os anjos da cura das tonalidades amarelas tiverem limpado a sua mente superior, prepare-se para deixar o seu agente interior da cura falar através de você.

2. Quando se sentir pronto para assumir o papel do agente interior da cura, levante-se e sente-se na cadeira colocada à sua frente. Enquanto se levanta e se encaminha até ela, tome a expressão de um sábio agente da cura. Imagine que a energia do sábio agente da cura está formando um manto de luz ao seu redor. Ao sentar-se na cadeira, assuma a postura de uma pessoa sábia e zelosa. Olhe para a outra cadeira e imagine que o seu outro eu ainda está ali, ouvindo enquanto você fala.

3. Respire e sinta o ar subindo até o topo da cabeça e ligando-o com o

seu agente interior da cura. Pronuncie a palavra sagrada OM e inale ar fresco para limpar a voz. Você pode sentir um formigamento ou ter uma sensação de calor ao começar a falar.

4. Enquanto representa o sábio agente da cura, você conhece as respostas às perguntas que formulou antes. Comece a falar e responda a cada uma das perguntas. Imposte a voz, como se ela pertencesse a um consulente sábio e cheio de experiência. Suas palavras transmitem uma combinação maravilhosa de sabedoria e amor. Você poderá ficar surpreso com a sabedoria intemporal, e ao mesmo tempo prática, das suas respostas! Mesmo assim, analise, usando a lógica, todas as informações antes de colocá-las em prática.

5. Mesmo que sinta que está forjando as respostas, diga o que lhe vier à mente, sem censurar nem mudar nada.

6. Se, por acaso, uma parte da sua personalidade tentar fingir que é o agente interior da cura, você poderá reconhecê-la de imediato. Ela terá uma voz um tanto anasalada, aguda e áspera, e fará críticas ou julgamentos. Ela pode querer ajudá-lo, mas representa apenas uma pequena parte do seu passado e não pode ter a visão mais ampla de quem você é na dimensão superior. Volte a representar o seu verdadeiro agente interior da cura e prossiga com o trabalho.

7. Quando tiver respondido a todas as perguntas, volte para a primeira cadeira, na qual fez as perguntas. Pense sobre as respostas que lhe foram dadas. Se não as gravou, tome nota agora das sugestões que você deu enquanto agente interior da cura.

8. Decida quando encontrará novamente o agente interior da cura e marque a próxima entrevista. Marque-a na sua agenda e respeite essa data. Volte quantas vezes quiser. Cada vez que se sentar na cadeira do agente interior da cura, a ligação entre vocês será mais forte e a comunicação será mais profunda e mais rica.

Se não obteve todas as respostas que queria do agente interior da cura, não fique desapontado. Às vezes é necessário mais de uma sessão para você descobrir tudo o que quer. Peça a um amigo para estar presente nas sessões e para registrar o que você diz enquanto faz o papel de agente da cura. (Coloque na sala três cadeiras, muito próximas uma da outra, formando um triângulo. O seu amigo é alguém que o apóia silenciosamente, ouvindo e registrando cuidadosamente o que você diz. É importante que você não olhe para o seu amigo nem fale com ele depois de ter começado a sessão. Você deve se concentrar na cadeira do agente interior da cura enquanto faz as perguntas, e na sua cadeira vazia, quando é você o agente da cura.

CAPÍTULO 11

Para Criar o Holograma da Cura: A Sala das Imagens

A Sala das Imagens é uma sala com cem espelhos que refletem a sua imagem de corpo inteiro — todos eles reproduzindo suas imagens interiores. Quando você ingressar nessa sala, verá que os espelhos refletem diferentes imagens que você tem de si mesmo e do seu corpo. Traga consigo a nota e a cor da sua alma para preencher essa sala e fazer com que esses espelhos passem a refletir as imagens cintilantes da sua alma. Eles lhe mostrarão como pode ser bela a sua vida e como o seu corpo pode se tornar mais jovem e saudável. Essas imagens radiantes, aos poucos, substituem as velhas imagens que você tem de si mesmo. Você não pode fazer nada exceto reconhecer como eram ilusórias e insignificantes algumas das suas auto-imagens. Ao entrar nessa sala, proponha-se a deixar as velhas imagens se desvanecerem à medida que for abraçando as poderosas imagens da alma, que revelam o propósito superior da sua vida. Veja essas imagens e as aceite, dizendo: "Estou pronto para compreender a imagem maior de quem eu sou. Estou pronto para ajudar a criar a realidade mais alta de minha alma em minha vida e em meu corpo."

A partir desse momento você se torna co-criador, com o anjo solar, da saúde e da longevidade de que você precisa para realizar o seu verdadeiro destino. As velhas imagens dão lugar às novas cada vez que você se vê repleto de amor, de alegria e da radiância da alma.

As imagens da alma que você vê refletidas nos espelhos são tridimensionais. Essas imagens se tornarão o seu holograma da cura. Elas lhe mostram o eu que você pode ser — saudável, cheio de energia e pleno de vida, com abundante vigor e entusiasmo para fazer tudo que você veio fazer aqui e para divertir-se mais durante esse processo. Ver e aceitar a imagem holográfica tridimensional que sua alma tem de você aumenta o poder de cura que os anjos e a alma podem realizar. Se a mente tem uma imagem negativa do corpo, isso pode bloquear o poder que as imagens da alma têm de curá-lo. Quando as imagens em sua mente cintilam com a luz da alma, a cura e a transformação são aceleradas.

O uso correto da imaginação ajuda-o a reter na memória as imagens superiores. Ela determina como você pensa e sente. À medida que passa a energizar o futuro com as imagens da alma, você também passa a ter autoridade sobre o seu corpo, ordenando que ele se proteja de uma virose, por exemplo. Todas as suas ordens serão obedecidas, a não ser que você não mantenha os compromissos que assumiu com o agente interior da cura. Nesse caso, o corpo deixa de reconhecer a sua autoridade e pára de obedecer aos seus comandos. Se usar corretamente a sua imaginação e cooperar com o processo de cura, não negligenciando as necessidades básicas do corpo (boa alimentação, sono regular, luz solar e exercícios), você pode ter esperança de que a sua doença será breve, e isso realmente acontecerá. Visualize a si mesmo totalmente curado em doze horas ou em 24 horas e observe essa imagem tornando-se verdadeira.

A observação dos efeitos dos seus pensamentos

Na Sala das Imagens, você treina a mente para perceber os reflexos que a visão da alma oferece a você. É a maneira mais rápida de se recuperar de qualquer doença e de desenvolver o corpo, pois ao fazê-lo, você está energizando o propósito da alma. O primeiro passo consiste em notar os efeitos dos seus pensamentos. Cada um dos seus pensamentos produz algum resultado. Lembre-se dos pensamentos que você teve quando acordou hoje de manhã, e observe de que forma eles afetaram o seu dia. Qual foi a mensagem que esses pensamentos enviaram ao seu corpo? Como o seu corpo está respondendo a essas mensagens? Procure observar se os seus pensamentos cintilam com a luz dos anjos da cura e da sua alma. Se descobrir que está inconscientemente preparando-se para o pior, habitue-se a freqüentar essa sala para deixar que as imagens radiantes de sua alma sejam refletidas pelos espelhos. Treinando a mente para fixar a imagem que a alma tem do seu destino, você abrirá a porta para a alma e para o agente interior da cura, que o ajudarão a tornar essas imagens uma realidade. Todas as imagens que transportam luz solar são incrivelmente poderosas.

Como as imagens da alma reformulam a sua vida

Reformulação emocional

As imagens da alma magnetizam os melhores momentos da vida e lhe mostram como expandi-los. Por exemplo, quando seus momentos de alegria lhe vêm à mente, a centelha dos anjos da cura começa a produzir uma alegria maior no seu futuro. Seu agente interior da cura recebe a energia da alegria como um padrão vibratório de vitalidade e envia esse padrão para todo o seu corpo. Esses padrões, automaticamente, se infiltram nas células a fim de curá-las e purificá-las. Suas células regozijam-se com você, e milagres de cura podem acontecer.

Reformulação mental

As imagens da alma atuam como um funil que verte as idéias na sua mente para que você possa tornar seu corpo mais saudável e cheio de luz. Essas imagens refletem a luz do seu triângulo e estão impregnadas de poder espiritual. Elas se tornam o seu holograma da cura. Quando estão carregadas com a energia dos anjos da cura, ordenam às minúsculas entidades responsáveis pelas doenças que abandonem o organismo. Elas ajudam a purificar a substância do corpo físico, conduzindo-o até um nível mais elevado. A cada nível o seu corpo se torna mais feliz, mais cheio de energia, mais saudável. Isso significa que você começa a atrair pensamentos mais positivos, em vez de pensamentos mais densos. Nessa sala, você pode começar a concretizar as imagens da alma na sua mente e no seu corpo, as quais tornarão a vida mais alegre e o corpo mais resistente às doenças.

Reformulação física

A nova imagem ajuda o agente interior da cura e os anjos da cura a incorporar células saudáveis em cada órgão, glândula e sistema do corpo. A imagem que sua alma tem de você — seu holograma da cura — irradia energia anímica através do cérebro, da respiração, da corrente sangüínea e do coração. O sistema nervoso recebe e transfere a energia dessa imagem para o sangue. Este, enriquecido com a imagem, passa a mensagem às células. Cada sistema reage a essa energia e começa a melhorar. Células que não se ajustam ao holograma são transmutadas ou descartadas. Seu holograma é especialmente poderoso quando você insufla vida nele, visualizando-o e energizando-o com freqüência. Então, a imagem atrai para as células novos “tijolinhos”, que não estavam disponíveis quando você nasceu. Ela ajuda a eliminar impurezas da corrente sangüínea e altera a química do sangue de modo que ele reproduza a imagem da alma. O corpo sempre foi capaz de fabricar essas substâncias químicas, mas só recebeu o comando para fabricá-las quando começou a receber as novas mensagens. Essas novas células sangüíneas são formadas por uma substância mais sutil, que corresponde à qualidade luminosa da imagem tridimensional.

Os hologramas e a cura angélica

Criar um holograma até que ele adquira vida é uma das mais elevadas leis da cura angélica. Uma professora com 35 anos de idade sofria de depressão. (Esse é um problema comum entre almas evoluídas, que podem antever tantas possibilidades que se sentem esmagadas.) Ela pensava em simplesmente desistir e acabar com a sua vida. Os pensamentos eram tão persistentes que a saúde dela começou a deteriorar-se. A depressão lhe deu a ilusão de que ela não estava progredindo na vida e que ninguém se importava com ela. Cercada por essas imagens de um futuro sem felicidade nem saúde, ela, mesmo que caminhasse numa alameda de laranjeiras carregadas de belas flores, não se daria conta do seu doce perfume. Caminharia perto de uma criança que sorri para o pai e não se comoveria com essa cena enternecedora.

Ela decidiu se sentar na Sala das Imagens até que pudesse imprimir na sua mente as imagens que a sua alma guardava para si. Fazia isso durante dez minutos, duas vezes ao dia. Finalmente, a imagem viva e vibrante da sua alma tornou-se mais nítida e ganhou vida. A professora começou a se sentir mais otimista e passou a cuidar da sua saúde com a ajuda dos anjos da cura. O holograma da cura forneceu-lhe um lugar onde os anjos da cura a alcançariam. As velhas imagens que ela tinha de si mesma se desvaneceram, e ela está, aos poucos, equilibrando seu estado emocional e harmonizando-o com a sabedoria amorosa da alma.

Se você quiser saber como os pensamentos o afetam, crie uma imagem de você mesmo e terá uma surpresa agradável ainda hoje. Torne a imagem suficientemente vívida a ponto de você conseguir senti-la no seu corpo. As batidas do coração ficarão um pouco aceleradas, os músculos do rosto se suavizarão e um princípio de sorriso poderá aparecer em seus lábios. Coloque esse pensamento no triângulo de luz e não pense mais nele. No fim do dia, observe o que aconteceu.

A criação do seu holograma magnético

Quanto mais atenção você dedica ao seu holograma, mais ele pode ajudá-lo. O holograma tem tanta energia quanto você incorpora nele. Você pode construir um holograma tão magnético que ele atrairá para você as experiências que correspondem à sua energia vibratória. As velhas imagens do envelhecimento em que a pessoa aos poucos perde a flexibilidade, a graça ou a força se desvanecerão. Quando você se concentra na luz das imagens da alma, qualquer pensamento nocivo à saúde desaparece, pois você não lhe dá atenção. Congratule-se todas as vezes que usar a imaginação dessa maneira criativa. Logo, você poderá ver sinais externos de que o corpo está reagindo.

Cada imagem é uma semente de luz

Cada imagem é uma semente de luz que atrai mais luz para si. Sua alma é a fonte de toda a inspiração. A mente concentrada é o fotógrafo. As imagens são impressas em luz. A câmera tira uma foto da imagem que a mente captou. Essas fotos são em seguida impressas num lugar onde são constantemente exibidas para a mente subconsciente. Essa parte da mente olha para a imagem várias vezes, absorve seus padrões e em seguida volta para o mundo a fim de fazer com que a realidade corresponda a essa imagem. Assim como você pode desfrutar uma casa muito bem iluminada sem entender de eletricidade, também pode brincar com os padrões cósmicos de luz nessa sala sem compreender exatamente como a imagem que a sua alma tem de você é capaz de acionar essas correntes.

Comece decidindo que, mesmo não sabendo como isso é possível, você está querendo brincar com a ativação da imagem superior que a sua alma tem de você. Quando essa imagem, ou holograma, se torna mais estável nos planos sutis da mente e da emoção, onde você lhe deu uma forma e a energizou, ela pode então começar a irradiar energia no plano físico. A carga positiva que ela contém envia a você ondas contínuas de energia. O holograma, aos poucos, funde a saúde e a vitalidade perfeitas, que lhe são próprias, com o seu corpo.

Padrões de amor

Os padrões de amor do holograma penetrarão no seu coração e se tornarão você. Qualquer coisa que você sinta ou invente na sala das Imagens é amplificada pelo anjo solar. O tempo que o seu holograma cintilará depende de quanta energia você lhe infundiu. Mesmo que você esteja fazendo isso por brincadeira, sua mente e seu coração começam a entrar numa bela ressonância com a alma e captarão ainda mais a sua luz. Deixe o seu foco criativo se abrir e aceitar mais do que você tinha antes. Qualquer coisa que você imagine aqui com relação à alegria, à saúde e à felicidade penetrará na sua mente e no seu corpo e se tornará "você".

Uma senhora visualizou o tumor benigno que tinha no seio diminuindo e desaparecendo à medida que os anjos da cura trabalhavam com ela. Em poucas semanas, o médico verificou que o tumor de fato diminuíra de tamanho. Outra senhora tinha um excesso de peso, mesmo depois de ter feito dieta durante anos. Ela voltou repetidas vezes à Sala das Imagens para visualizar imagens de si mesma esbelta e em plena forma física. À medida que o tempo passava, ela se sentia mais esperançosa e inspirada. Quando sofria a tentação de voltar aos velhos hábitos, imaginava, refletidas nos cem espelhos da sala, as imagens cintilantes que a sua alma tinha de si mesma. Ela não podia se rebelar contra essa imagem. Ela começou a fazer exercícios e a se alimentar ao mesmo tempo em que fazia tratamentos para dissolver a gordura. Aos poucos, seu corpo começou a corresponder à imagem. Seis meses mais tarde, ainda estava perdendo os quilos que a ajudariam a se ajustar à imagem de si mesma que via nos espelhos celestes da sala.

Volte com freqüência a essa sala para aperfeiçoar seu holograma e fazê-lo captar mais perfeitamente a imagem que a sua alma tem de você. Ele o ajudará a reestruturar o seu corpo a fim de que ele passe a vibrar numa freqüência superior. Ele afetará a maneira como você pensa, a maneira como você expressa as emoções e a maneira como o seu corpo funciona, mudando à medida que você muda. Mais coisas lhe serão reveladas. A imagem da alma finalmente revelará a sua imagem como uma pessoa radiante e dinâmica. Honre o seu holograma da cura; deixe-o tornar-se um mensageiro de toda a alegria e amor da sua alma e dos anjos da cura. Deixe-os trazer continuamente nova energia para dentro do seu corpo e da sua mente. Um dia você poderá compreender que as imagens que pensava estar forjando, até mesmo as mais exorbitantes, lhe foram, todas elas, inspiradas pela sua alma e estão acontecendo agora. Elas se tornam na realidade a expressão da beleza, do amor e da alegria dos anjos. Muitas pessoas estão descobrindo que é isso mesmo o que acontece!

O desenvolvimento da capacidade de visualização

Algumas pessoas acham que não conseguem visualizar; a verdade, porém, é que visualizam muitas coisas todos os dias. Você visualiza o seu destino todas as vezes que sai de casa para ir ao mercado ou para fazer um serviço. Você sabe em que ruas entrará porque visualiza o mercado e o lugar onde ele se situa. O ato de apanhar uma bola que alguém lhe atira é precedido por uma sensação e uma imagem imediatas dessas ações. Antes do ato de lançar uma bola para alguém, você tem uma experiência sensorial imediata da bola em sua mão, da pressão de seus dedos ao redor dela, do ato de levantar o braço para lançá-la em direção ao alvo pretendido.

No trabalho de cura você não precisa realmente “ver” uma imagem na tela da sua mente. Muito poucas pessoas o fazem. Em vez disso, simplesmente imagine como o seu corpo seria se estivesse saudável, revitalizado e regenerado. Para dar mais força à sua imagem, imagine o que você sentiria se estivesse *naquele* corpo — como você passaria o seu tempo, o que você faria e como a sua vida poderia ser diferente. Visualize a si mesmo caminhando numa bela praia, esfregando os pés na areia, sentindo uma onda quente quebrando sobre você e o movimento da onda embalando o seu corpo. Agora, acrescente uma sensação de prazer e de bem-estar. Mude a cena, e imagine você caminhando pela vizinhança com a mesma sensação de confiança e de prazer. A energia positiva de uma imagem que você cria e energiza com a imaginação fala para as células com um poder maior do que mil palavras.

Você ficará surpreso ao perceber que consegue imprimir com clareza essas imagens na sua mente e é capaz de retê-las por mais tempo do que imaginava. Eis duas práticas que podem tornar a experiência na Sala de Imagens um instrumento de cura muito poderoso.

A visualização de cores e de padrões geométricos

1. Imagine um círculo azul a cerca de um metro à sua frente, na altura dos olhos.

2. Coloque um triângulo dourado dentro do círculo.

3. Quando puder visualizar esse triângulo dourado dentro do círculo azul, acrescente um ponto de luz branca no centro do triângulo. Mantenha essa imagem firme em sua mente. Se ela vacilar ou desvanecer, abra os olhos, para limpar a tela da mente, feche-os e recomece. Quando conseguir visualizar uma imagem mais nítida, acrescente um losango verde ao redor do círculo e procure fixar esse conjunto de formas e cores na sua mente.

A visualização de números

1. Visualize uma série de cinco números, tais como 37293, escritos nitidamente com giz num quadro-negro. Escolha os números que preferir e imagine-os escritos com um traço espesso de giz, para que se destaquem do quadro-negro.

2. Acrescente outro número e veja quantos números você consegue visualizar ao mesmo tempo na mente.

3. Agora, leia os números de trás para a frente. Treinando a sua mente para manter em foco padrões e números, você estará aumentando sua capacidade de se concentrar na imagem que a sua alma tem de você, e de receber a cura que advém dessa imagem.

Seu holograma da cura: A imagem da alma para você

1. Na Ilha da Regeneração, fique de pé no centro do pátio interno do Templo da Cura e tome um banho completo de luz e cores.

2. Entre na Sala das Imagens e olhe para os espelhos. Há centenas de espelhos nessa sala, todos eles refletindo as imagens que você tem de si mesmo. Passe alguns minutos olhando para os espelhos, observando os reflexos das imagens que você tem do seu corpo, da sua saúde e da sua vitalidade.

3. Construa o triângulo de luz com o anjo solar e com a alma e traga a luz dourada do triângulo para dentro da cabeça e do coração. Deixe essa luz preencher a Sala das Imagens. Ela transformará os reflexos nos espelhos em imagens que a sua alma conserva para você. Elas serão tridimensionais, e não bidimensionais. Terão profundidade e forma.

4. Deixe a sua alma lhe mostrar uma imagem que ela tem do seu destino almejado. Será um destino mais grandioso do que qualquer outro que você tenha antes imaginado. As imagens refletidas pelos espelhos são totalmente coloridas. Olhe para os espelhos e veja nas imagens o seu corpo plenamente revitalizado e saudável — o rosto radiante com um sorriso interior, músculos firmes, corpo flexível e postura ereta e altiva. Procure observar todas as imagens refletidas nesses espelhos — imagens de você mesmo em perfeita saúde, forte e resistente a doenças. Acrescente a essas imagens, cores e sons — sons da natureza, música ou vozes.

5. Se está trabalhando na cura de uma área específica do corpo, deixe a sua alma lhe mostrar como estará essa área quando for plenamente saudável. Visualize essa área livre de qualquer doença. Veja o que poderia fazer de

diferente se ela estivesse sã. Acrescente-lhe as freqüências do amor. Respire profundamente, retenha essa visão e capte as imagens no filme da sua mente. Elas são as primeiras imagens que desencadearão mudanças no seu corpo. Se está trabalhando para libertar a sua vontade de se curar, deixe que as imagens da alma revelem como a sua vida pode se tornar dinâmica quando sua vontade for livre.

6. Imagine que você pode ver imagens tridimensionais do seu corpo já desenvolvido, capaz de reter mais luz de sua alma. Grave essas imagens na tela mental para mantê-las com você — cheias de graça, de equilíbrio e de espírito luminoso.

7. Em seguida, olhe para o seu rosto nos espelhos — confiante e descontraído, com um sorriso interior. Veja o seu rosto brilhando com amor; veja a beleza do seu eu divino brilhando através dos seus olhos. Capte outras imagens de você mesmo — amando alguém, brincando com um animal de estimação ou com uma criança, espreguiçando-se, criando algo, estudando alguma coisa nova e sentindo-se muito feliz e saudável.

8. Olhe novamente para os espelhos e deixe que venham até você outras imagens que lhe tragam energia e saúde. Agora, deixe essas imagens se fundirem numa figura tridimensional que corresponda perfeitamente à imagem que a sua alma tem do seu futuro. Imagine essa poderosa imagem única da alma refletida em todos os espelhos. Esse holograma tridimensional é feito de luz e de belas cores.

9. Aproxime esse holograma de você. Note o brilho luminoso nos olhos do seu eu futuro e o gentil sorriso em seu rosto. Imagine-se caminhando ao redor dele para vê-lo de todos os ângulos. Essa forma viva de si mesmo é um símbolo radiante de você no futuro. Daremos a esse holograma o nome de holograma da cura.

10. Considere esse holograma como uma imagem do seu "eu" futuro. Deixe a energia dele fluir para o interior do seu corpo. Peça ao anjo solar e à sua alma para torná-lo mais nítido e rico em detalhes ao longo das próximas semanas, de acordo com seu mais elevado potencial.

11. Mentalize o holograma da cura sobre o coração e ligue-se com ele para receber energia purificadora e benéfica. Pouco a pouco, sua mente, suas emoções e seu corpo absorverão cada detalhe dessa imagem viva que a sua alma tem de você.

Cada vez que visualiza seu holograma, você lhe dá energia — e, indiretamente, também aumenta o seu próprio nível de energia. Use-o quando precisar de uma motivação extra para seguir uma dieta de cura, quando se sentir desanimado, quando quiser saber como usar melhor sua energia ao longo do dia e quando quiser aumentar sua vitalidade e força em geral. Se quiser mais felicidade ou alegria, concentre-se no rosto estampado no holograma e deixe a radiância e o sorriso desse rosto fluírem para dentro de você.

Entregue o holograma de volta para a alma à medida que adormece, para que ele seja aperfeiçoado durante a noite. Focalize-o nitidamente para que ele deixe uma marca em suas células, e peça para despertar com idéias sobre como manifestar a vitalidade, a beleza e a saúde desse holograma em seu corpo. Prontifique-se a colocar em prática essas idéias para tornar real essa imagem. Marque uma data para começar a agir e dê o primeiro passo. A luz que há dentro do holograma da cura se tornará mais magnética e mais poderosa. Dedique-se a qualquer coisa que acenda a chama do seu coração. No momento, essa é a ação mais benéfica e regeneradora para você.

Você agora trabalhou com todas as freqüências da cura espiritual. Pode não compreender o quanto aprendeu desde que começou a ler este livro. No momento em que pensar sobre a Sala da Quietude Interior, já estará lá. Você sente a liberação da tensão, enquanto uma quietude silenciosa desce sobre sua mente e seu corpo. Sente a luz dourada de seu anjo solar fluindo para dentro de você. Quando pensar sobre a Sala da Luz, você estará lá, banhando-se em luz solar e encontrando-se com sua alma. Você tem usado muitas vezes o seu processo espiritual principal e banhado o corpo na luz dourada vinda do triângulo formado com o anjo solar e a alma. Basta pensar nos anjos da cura na Sala das Cores, na Sala do Amor e na Sala do Som, e esses agentes da cura estarão com você. Quando pensar no agente interior de cura, esse agente da cura estará presente. Quando pensar no holograma de cura que sua alma tem de você, poderá sentir a energia dele fluindo em seu coração e em sua cabeça.

Assim que decidir resolver um problema de saúde, o agente interior da cura sugerirá as salas onde os anjos serão capazes de ajudá-lo melhor. Ou poderá simplesmente escolher a sala onde sua alma ou os anjos da cura lhe dão a sensação de estar mais perto de você. Uma das salas pode levantar firmemente o seu ânimo e tornar-se a sua favorita. Se estiver trabalhando com um problema de saúde mais sério, é aconselhável fazer sessões regulares no Templo da Cura — duas vezes por dia, ou uma ou duas vezes por semana.

Nem todas as viagens produzem um milagre. Mas cada viagem lhe dará *algo valioso* que é parte do seu processo de cura. Uma viagem poderá dar a você uma sensação serena de paz interior. Outra poderá lhe proporcionar uma nova revelação ou quebrar um padrão de medo e angústia. Todas as respostas às suas perguntas apresentarão soluções práticas, imediatamente ou numa ocasião posterior. Esteja preparado para obter curas novas e mais profundas quando você se encontrar com os diretores dos sistemas do corpo e para perceber os ajustes necessários que eles farão no holograma de cura da sua alma. Sua viagem está apenas começando!

Parte Três

A Cura e o Desenvolvimento dos Sistemas do Corpo

Sobre a Parte Três

Agora você está pronto para curar e desenvolver, com a ajuda dos diretores dos sistemas, qualquer sistema do seu corpo que esteja com problemas ou não esteja funcionando bem. Cada sistema do corpo, como, por exemplo, o circulatório, o nervoso, o respiratório, o imunológico e o endócrino, tem um diretor que atua sobre o corpo etérico ou corpo energético, onde muitas energias se reúnem. Por meio do triângulo de luz você conduz os anjos da cura até esses diretores a fim de curar e purificar os sistemas. Os diretores, por sua vez, lhe mostrarão como você pode colaborar com o trabalho deles. Eles responderão às suas perguntas e assim você poderá fornecer-lhes o material de que necessitam. Uma vez que se ligou a eles, basta pensar no diretor, estabelecer novamente a comunicação, e perguntar o que quer saber. No final desta seção do livro, você já terá começado a elevar cada sistema do seu corpo até um nível superior.

Por meio de cores, de sons e de luz, os anjos da cura ajudarão a colocar os seus sistemas em harmonia com a alma e uns com os outros. Com a ajuda dos diretores e do seu agente interior da cura esses anjos aperfeiçoarão as células desses sistemas, desintoxicando as células e distribuindo a energia que flui para o corpo etérico de modo que cada sistema receba tudo de que necessita.

CAPÍTULO 12

A Ligação com os Diretores dos Sistemas

Ao longo da Parte Um e Dois deste livro, quando recebeu a luz de cura dos anjos da cura, você provavelmente esteve trabalhando com um problema específico do seu corpo. Agora você está pronto para trabalhar a partir de um nível mais profundo a fim de ajudar na cura e na regeneração de todo o sistema onde esse problema começa. O diretor é a inteligência que comanda cada sistema. Os diretores são responsáveis por todas as células que funcionam sob o seu comando. Eles treinam, guiam e dirigem essas células.

Os diretores trabalham a partir do corpo etérico, a teia dourada de luz que circunda e interpenetra o corpo físico. Quando o corpo etérico é saudável e livre de bloqueios, a energia dinâmica da alma e do anjo solar pode fluir livremente para os diretores dos sistemas. Esses diretores podem usar essa energia sem que isso necessite de qualquer atenção da sua parte. Os nutrientes que os diretores enviam aos seus sistemas corrigem desequilíbrios, reparam lesões e reconstituem o que for preciso nesses sistemas. O corpo etérico não é apenas a fonte da energia vital e a morada dos diretores. Essa teia luminosa é, na verdade, parte da teia cósmica de luz que liga todas as almas. Seus minúsculos fios de luz ligam você a tudo e a todos — desde o reino mineral, de vibrações mais lentas, o reino vegetal, o reino animal, o reino humano, o reino angélico, de vibrações rápidas, até o reino de Deus ou do Amor Universal. O corpo etérico liga você ao Coração do Sol e à grande inteligência e amor de bilhões de estrelas e outros planetas em nosso Sistema Solar. Você é mais afetado pelas energias etéricas das pessoas com as quais se relaciona. Entretanto, à medida que desenvolve o corpo e a mente, você também poderá receber uma grande iluminação dos reinos superiores.

O corpo etérico: Onde a cura começa

Os diretores dependem inteiramente da energia que recebem do seu corpo etérico.

O corpo etérico é o arcabouço do corpo físico. Suas minúsculas fibras de luz formam a base do sistema nervoso e estabelecem as ligações que formam esse arcabouço energético. Ele está de posse do "projeto arquitetônico" do seu corpo físico. Um corpo etérico saudável e equilibrado mantém os sistemas fortes e saudáveis. Ele recebe todas as energias que provêm da alma, dos pensamentos, das palavras, dos sentimentos, do ar que você respira, do alimento que você ingere, das outras pessoas e do meio ambiente — e as converte em substâncias que nutrem o corpo físico. Todas essas substâncias são transportadas em diferentes correntes vibratórias de energia. O nível de saúde e de vitalidade são determinadas pelo corpo etérico. A doença se instala primeiramente nele. Se o corpo etérico está desvitalizado, o corpo físico também apresenta essa falta de energia. Se o corpo etérico está vitalizado, você terá toda a energia de que precisa. A evolução do corpo físico deve começar no corpo etérico, e não no corpo físico. Toda a cura deve ocorrer primeiro nesse corpo energético, com a ajuda amorosa da alma, do anjo solar e dos anjos da cura.

Irina Tweedie, conhecida líder de uma seita religiosa londrina, descreveu o corpo de energia sutil de uma maneira que pode ajudá-lo a imaginar como ele é. À medida que for lendo a descrição que ela fez, visualize os milhões de minúsculas fibras de luz que se localizam na base do sistema nervoso e nutrem o corpo físico:

> De início, pensei que meu sangue estivesse ficando luminoso, e via a circulação dele através de todo o meu corpo. Porém, logo percebi que não era o sangue. A luz branco-azulada estava fluindo ao longo de outro sistema que não poderia ser o dos vasos sangüíneos. Pois eu também podia ver os vasos sangüíneos; eles estavam pulsando com cada batida do meu coração, cumprindo a sua tarefa de fornecer sangue aos tecidos. No entanto, não eram eles os portadores de luz. Essa luz estranha e não terrestre, vista claramente num corpo semitransparente, utilizava outros canais. Mas é claro! Subitamente, compreendi. Estava fluindo ao longo dos nervos! Todo o sistema nervoso estava claramente visível, e a luz circulava por ele, assim como o sangue circula nos vasos sangüíneos. Ao contrário do sangue, essa luz não se limitava ao nível da pele; ela ultrapassava esse limite, projetando-se num raio de uns vinte centímetros, em torno do meu

corpo. (Flutuava, aumentando e diminuindo em clarões semelhantes a erupções brilhantes.) Saía do corpo e nele penetrava novamente, em outro lugar. Havia pontos, como vórtices de luz, em muitas partes do corpo, e a luz saía por um deles e entrava por outro. Como o número desses pontos parecia incontável, seu conjunto assemelhava-se a uma teia luminosa que envolvia o corpo, dentro e fora dele. Era linda, a Teia do Universo, pensei, e fiquei fascinada com a inusitada e belíssima visão.
[Extraído de *Daughter of Fire* (Nevada City, CA: Blue Dolphin Pub., 1986), pp. 127-28.]

Mesmo que você não possa ver o corpo energético como Irina Tweedie o viu, você pode aprender a perceber a sua energia e a reconhecer quando ele precisa de mais vitalidade ou quando está fora de equilíbrio. Pode aprender se a energia não está bem distribuída — com excesso de energia congestionando uma área e energia insuficiente em outra área.

Toda a energia que entra no corpo etérico é transmitida aos diretores dos sistemas. Essa energia flui da corrente espiritual de luz, da corrente mental, da corrente emocional e da corrente de energia física. Essas quatro correntes é que determinam a qualidade do corpo etérico e também como você vê e vivencia o seu mundo. O fluxo dessas correntes de energia é afetado pelas experiências, lembranças e crenças. A doença ocorre quando a energia proveniente de uma dessas quatro correntes é bloqueada de alguma maneira.

O corpo etérico que você tem agora é o resultado de todas as escolhas que fez no passado e dos pensamentos e sentimentos que teve ao longo do dia. O corpo etérico que você terá no ano que vem será diferente, como resultado das escolhas que você está fazendo hoje, que fará amanhã e durante todo o ano. As escolhas provêm dos pensamentos e das emoções, e cada pensamento ou sentimento flui com uma cor, vibração ou som próprios. As cores e os padrões do corpo etérico mudaram desde que você começou este capítulo. Vão continuar mudando à medida que for lendo esta página. Cada momento é único e novo. O seu pensamento e as suas emoções atuais no coração neste momento levam consigo sua própria cor e seu próprio som. Os pensamentos permeados de luz cintilante acrescentam beleza e vigor ao corpo. As emoções repletas de amor acrescentam-lhe vitalidade. Você aumenta a vitalidade e a inteligência dos diretores do corpo etérico ao trazer mais luz para os pensamentos e para as suas emoções. Você lhes concede a essência de energia vital por meio do triângulo de luz formado com o anjo solar e a alma.

Os principais centros de energia

Os diretores dos sistemas trabalham a partir dos centros de energia do corpo etérico. Cada centro tem um vórtice de energia e funciona como uma peça vital de todo o sistema energético. Você talvez já conheça os nomes desses centros: básico, do sacro, do plexo solar (ou plexo do poder), do coração, da garganta, frontal (também conhecido como centro ajna, ou do terceiro olho) e da coroa. Eles estão localizados ao longo da espinha, com exceção do centro frontal, que se situa entre as sobrancelhas, a uma distância de mais ou menos dois centímetros do corpo, e o centro da coroa, localizado imediatamente acima do topo da cabeça. Cada vórtice rodopiante de energia tem uma cor e uma freqüência próprias. À medida que esses centros de energia se desenvolvem, eles começam a se harmonizar com a cor e a freqüência da alma. É essa harmonia que cura, desenvolve e protege você de doenças. A harmonia nos centros de energia confere aos diretores poder para aperfeiçoar os sistemas. Os reflexos naturais dessa harmonia no corpo físico são saúde e vitalidade. Você pode desempenhar um dos papéis principais no aperfeiçoamento dos sistemas atendendo às necessidades dos diretores sob a orientação da alma e do agente interior da cura.

Os centros superiores de energia

A cura com a luz é dirigida para os quatro centros superiores: o centro do coração, o centro da garganta, o centro frontal e o centro da coroa. Esses centros recebem luz diretamente do anjo solar e da alma. À medida que os centros superiores se desenvolvem, podem manipular mais luz. Os centros superiores só começam a despertar quando você está ávido para dar significado à sua vida, para saber quem você é e para realizar seu propósito mais elevado. À medida que os centros superiores ficam mais desenvolvidos, eles transmitem mais luz. Esse desenvolvimento se inicia quando você começa a expressar o espírito amoroso e a criatividade da alma, independentemente da forma que essa expressão possa assumir. Essa atitude pode começar na relação com a família, no amor ou aprendendo algo que você gosta. Você pode voltar a fazer algo que sempre quis aprender, até que lhe disseram que tinha de crescer e ganhar a vida. Seus centros superiores desenvolvem-se mais à medida que você cultiva a boa vontade, a compreensão, a honestidade com relação à vida e às pessoas à sua volta, e outros traços de caráter inspirados pela alma.

Quando os centros superiores se desenvolvem e se tornam capazes de

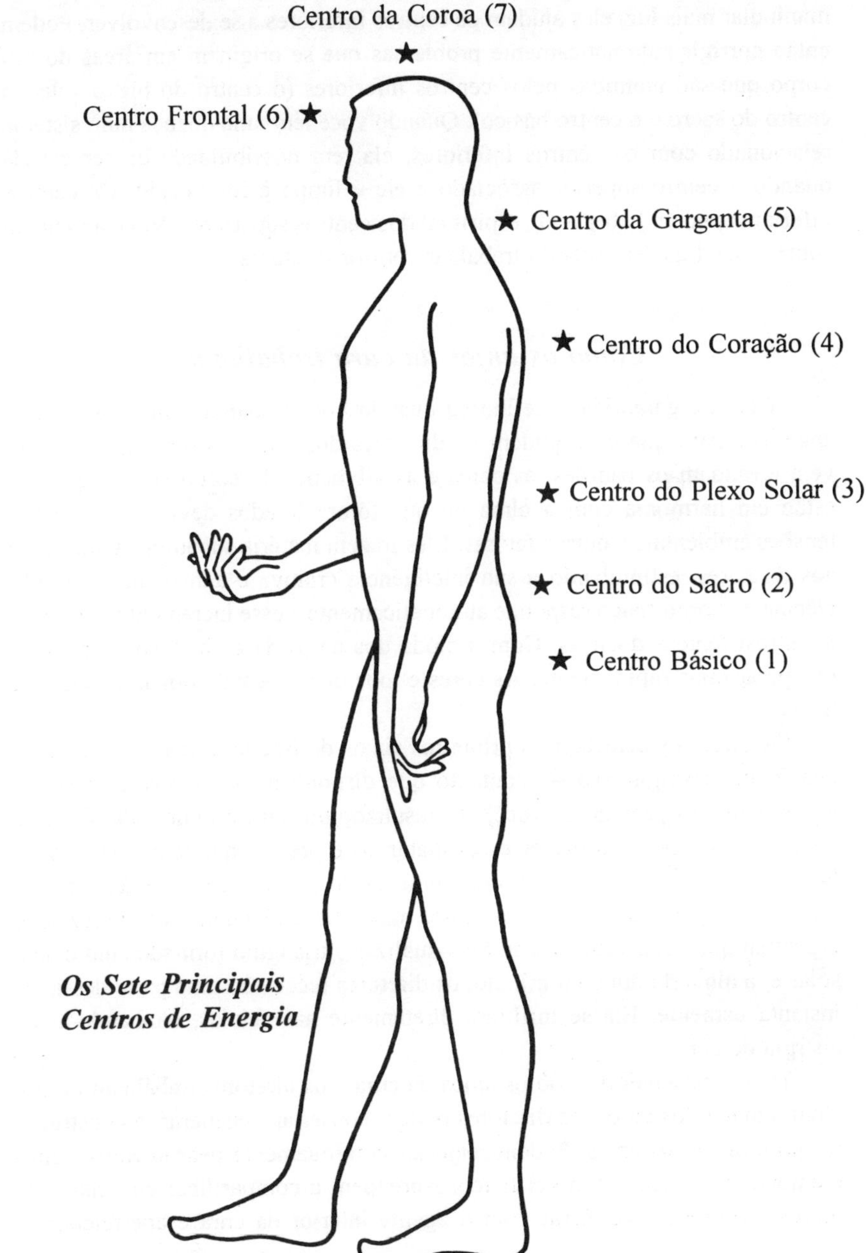

Os Sete Principais Centros de Energia

manipular mais luz, eles ajudam os centros inferiores a se desenvolver. Podem então corrigir automaticamente problemas que se originam em áreas do seu corpo que são mantidas pelos centros inferiores (o centro do plexo solar, o centro do sacro e o centro básico). Quando você tem uma doença num sistema relacionado com os centros inferiores, ela tem possibilidade de ser curada quando o centro superior associado a ele é limpo e fortalecido. Os centros inferiores podem beber a luz espiritual dos centros superiores. Você aprenderá sobre essas ligações quando trabalhar com os diretores.

Como os anjos da cura trabalham

A cura é garantida e definitiva quando você trabalha com os auxiliares angélicos para que eles ajudem os diretores dos sistemas. Os anjos da cura vêm e mudam os padrões, as cores e as vibrações do corpo etérico que não estão em harmonia com a alma ou que foram lesados devido a acidentes, tensões ambientais e outros fatores. Eles trazem matéria subatômica mais sutil aos diretores, estimulando a sua inteligência criativa e aumentando sua eficiência. O corpo físico responde automaticamente a esse incremento e torna-se mais resistente a doenças. Com a ajuda dos anjos da cura, o corpo pode se recuperar mais rapidamente. As cores e tons dos sistemas tornam-se claros e belos.

Os diretores detectam os primeiros sinais de fraqueza nos sistemas e sabem como corrigir isso — contanto que disponham dos materiais básicos. Esses materiais provêm de você, são resultado do seu estilo de vida. Ou seja, para que você possa fornecer esses materiais é preciso que tenha hábitos salutares como dormir bem, ter uma alimentação saudável, fazer exercícios físicos e se expor aos raios solares. Esses materiais também provêm da luz solar espiritual que você atrai para si. Se visualizar o triângulo formado com o anjo solar e a alma durante um minuto, os diretores receberão uma parte dessa luz instantaneamente. Ela se infiltrará diretamente nas células, banhando-as de energia de cura.

Tudo é possível quando os anjos da cura e os diretores trabalham juntos. Com a ajuda dos anjos, os diretores podem consertar, regenerar, reconstruir e reequilibrar os sistemas. Podem reajustar continuamente pensamentos, sentimentos e atividades no nível físico. Aprendem a compartilhar energias com outros diretores, a cooperar com o agente interior da cura e aperfeiçoar os sistemas corporais. Num certo sentido, cada um deles torna-se um superdiretor da cura e do desenvolvimento do sistema pelo qual é responsável.

Como o agente interior da cura fornece ajuda

O agente interior da cura é o diretor-geral que ensina e coordena os diretores dos vários sistemas. O diretor de cada um desses sistemas — circulatório, nervoso, respiratório, imunológico, endócrino, muscular, ósseo, digestivo, reprodutor e urinário — opera sob a direção do agente interior da cura. Este se encarrega de todo o projeto, enquanto os diretores se concentram nos sistemas que estão sob a responsabilidade dele. O agente interior da cura pode lhe trazer instruções e sugestões enquanto você trabalha com os diretores.

O agente interior da cura é também o diretor-geral das glândulas e dos órgãos. Está ciente de tudo o que ocorre no corpo. Está, inclusive, trabalhando com você agora, enquanto lê este capítulo, para lhe mostrar o que é necessário para a sua completa cura e restabelecimento. Depois de se ligar com cada diretor, o agente interior da cura poderá mostrar quais os passos práticos que você deve dar em seguida. Também poderá chamar os anjos para ajudá-lo enquanto está dormindo.

O seu papel

Seu papel na criação da cura consiste em aprender a sentir o que cada diretor precisa revitalizar, curar e desenvolver em seu sistema. Em geral, essas são necessidades muito simples, como o que você deve comer, como deve se exercitar, durante quanto tempo deve dormir e como deve manter o seu estado mental de forma que propicie a cura e o desenvolvimento desse sistema em particular. Não espere instruções complicadas. A maior parte das idéias que lhe virão será tão simples que você poderá se perguntar se não foi você mesmo quem as criou. Às vezes, você pode ter uma idéia que se aplica apenas àquele dia. Pode ter a sensação de que deve vestir roupas de determinada cor para ajudar um diretor a equilibrar o seu sistema, ou pode simplesmente ser inspirado a invocar um anjo da cura e a formar o triângulo com a alma e com o anjo solar. Se um diretor precisa de uma assistência profissional, você pode receber idéias sobre como escolher o melhor médico ou agente de cura, e que terapia lhe será de maior ajuda. Você pode ter vontade de ler bons livros e artigos sobre as necessidades do sistema sobre o qual está trabalhando. Os diretores e o agente interior da cura podem lhe trazer dados importantes, mas todas as informações obtidas por meio da intuição precisam de um "campo de pouso", ou seja, uma mente aberta e conhecimento a respeito desse sistema.

Como prevenir os problemas de saúde

Quando há bloqueios ou desequilíbrio energético no corpo etérico, um dos diretores precisa de ajuda. Ele pode estar trabalhando duro, mas, embora seja um perito em fazer funcionar o seu sistema, pode não estar obtendo o material necessário para realizar essa tarefa. Os diretores têm condições de superar, por um dia ou dois, o *stress*, as emoções violentas, uma sobrecarga tóxica, o excesso de açúcar e o ataque de parasitas, mas os sistemas entrarão em colapso se qualquer um desses males continuar por muito tempo. Antes que qualquer sintoma apareça, os diretores precisarão da assistência proporcionada pelos anjos da cura e pelo agente interior da cura. Você pode não saber nada a respeito desses problemas até que se materializem no corpo físico sob a forma de doença ou de esgotamento. Porém, uma vez que os problemas no corpo físico começam, na verdade, no corpo etérico, eles podem ser interrompidos aí mesmo, antes de somatizarem no seu corpo físico.

Há muitas coisas que você pode fazer para ajudar. Pode visualizar anjos da cura em torno do diretor, transmitindo amor espiritual; pode ajudar o diretor a receber as cores translúcidas de que ele necessita, pode trabalhar com os anjos para mudar as freqüências e os sons que estão fora de tom; pode enfim, mostrar ao diretor seu holograma da cura e ver em que medida esse diretor precisa se aproximar desse holograma.

Se você tem uma fraqueza num dos sistemas do corpo, esse diretor precisa de assistência para criar um sistema mais saudável, mais forte e mais flexível. Se quiser desenvolver esse sistema, procure conhecer o que o diretor precisa para trabalhar com uma freqüência de luz mais elevada. Quando se familiarizar com as funções de cada diretor, poderá sentir um problema antes mesmo que os sintomas apareçam e descobrir como impedir que esse problema evolua para algo mais grave. Quanto antes você perceber uma disfunção em potencial, mais fácil será interrompê-la. Você poderá enviar um "projeto arquitetônico" de um sistema forte e saudável para cada diretor, e este fará tudo o que puder para corresponder a essa visão. Se alguma coisa essencial estiver faltando ou criando um desequilíbrio, você, intuitivamente, saberá o que é necessário antes que qualquer sintoma apareça. Uma vez que os diretores dependem uns dos outros, quando um deles é fortalecido, todos os outros também são. Quando uma disfunção num sistema é corrigida, os outros sistemas ficam mais saudáveis. Cada sucesso significa um corpo mais saudável e um espírito mais leve. Em conseqüência, você pode pensar melhor e sentir-se melhor — mental e fisicamente.

Como captar idéias enviadas a você

As informações que você recebe intuitivamente podem durar apenas um ou dois segundos. Você pode aprender a "agarrar" essas imagens quando elas lampejam na tela da mente. No diário de cura, escreva tudo o que *sente*, mesmo que pense estar inventando tudo. Tome notas quando perceber que as informações vêm de um dos diretores. O sucesso provém do fato de você escrever tudo e de posteriormente checar a utilidade e a precisão das informações. À medida que escreve, mais detalhes vêm à sua mente. O ato de escrever o que você recebe, mesmo que sejam apenas algumas palavras ou frases, desencadeia a liberação de mais informações. Se você não consegue ser claro, encontre-se com o diretor várias vezes, até obter uma sensação clara daquilo que ele precisa. Algumas das mudanças podem parecer óbvias, mas talvez você não soubesse delas antes. Essas mudanças podem abrir caminhos para que a cura aconteça. Não importa se essas mudanças e idéias são simples ou não: escreva-as no diário. Pare para refletir sobre elas e cheque cada uma com o agente interior da cura. Se um sistema não está funcionando bem, você pode verificá-las a cada semana até que os reparos estejam completos. Excelentes informações podem também chegar até você na forma de artigos, de livros e de outras pessoas. Preste atenção aos seus sonhos. Às vezes, o agente interior da cura e o diretor podem mostrar-lhe, por meio de um sonho, qual é o próximo passo para o aperfeiçoamento de um determinado sistema.

A criação de um "projeto arquitetônico" mais detalhado para cada diretor

Você criará o seu holograma da cura com maiores detalhes quando começar a se encontrar com os diretores. Você desenvolverá uma "planta", ou "projeto arquitetônico", para cada sistema, e o usará como um novo modelo. Uma vez que souber o que precisa fornecer, mudar ou eliminar, e o fizer, o diretor do sistema poderá encarregar-se do restante. Ele convocará a presença das substâncias químicas e dos hormônios necessários, e eles aparecerão onde foram chamados — enzimas, proteínas e outros elementos que correspondem à luz que há no "projeto arquitetônico", que é parte da visão do holograma vinda da alma.

Todas as vezes que você pensar no seu holograma de cura, a luz que dele provém fluirá para dentro do seu corpo etérico a fim de alimentar o diretor de cada sistema. Quando os diretores são estimulados dessa maneira, eles imediatamente começam a estabelecer padrões mais elevados para os sistemas. As células inferiores, precárias em cor e em vibração, serão atiradas fora, e as melhores serão elevadas a um nível superior de luz.

Quando você está fazendo tudo o que pode

Se você fazendo tudo o que sabe fazer e ainda assim um determinado sistema não está funcionando bem, fale com o diretor para ver se há algum tipo de bloqueio emocional. O problema pode surgir de uma lembrança dolorosa, o hábito de criticar a si mesmo ou de uma emoção negativa. Olhe sinceramente para você mesmo a fim de descobrir a emoção que está criando o problema nesse sistema. Suas emoções afetam muito os diretores. Preocupação, medo e ansiedade lhes criam obstáculos. Imagens positivas, gratidão, sentimentos de amor, bom humor, alegria, deleite e esperança ajudam os diretores. Isso é tão importante que, mesmo se tiver de retroceder dez anos para se lembrar de algo que o fez sentir gratidão, ou de algo que o fez sorrir, vale a pena fazer isso a fim de fortalecer os diretores. Por exemplo, uma mulher que apresentava uma dor crônica na garganta compreendeu que esse problema tinha origem no fato de ela reter o que tinha vontade de dizer, mesmo quando queria expressar amor. Praticou muitas vezes o exercício de falar livremente enquanto estava sozinha e, quando aprendeu a expressar livremente o que sentia, a dor na garganta desapareceu. Logo descobriu muitas oportunidades para falar com os outros a respeito dos assuntos mais importantes para ela. Agora, ela interpreta suas raras dores de garganta como uma mensagem de que é hora de expressar sua vontade ou de respeitar suas prioridades. Escute as palavras que está dizendo para si mesmo. Cada palavra tem o poder de curar ou de ferir o corpo. "Essas pessoas estão me deixando louco; esse grupo está me comendo vivo; essa situação está me deixando doente; ver essa criança me dá uma dor no coração; não posso suportar essa situação; esse ar está envenenado." Eis alguns exemplos de frases habituais, que, quando repetidas, são levadas a sério pelos diretores e pelo seu corpo.

A vontade de se curar

Você depende dos sistemas para ter um corpo saudável e uma mente clara.

Os diretores dependem de você para continuar existindo e para realizar o propósito de construir e de manter seus sistemas saudáveis. É aí que entra a vontade de ficar completamente bem. Ela lhe dá força para manter seu compromisso de ajudar o diretor na reconstituição do sistema e na sua recuperação. Se estiver tentado a recair nos velhos hábitos de maltratar o corpo, mentalize o holograma à sua frente e imagine que ele está lhe enviando energia. Seu holograma da cura torna-se mais poderoso quando você pensa nele. E quanto mais poder ele tiver, mais apoio ele dará aos diretores.

Pequenas mudanças — grandes diferenças

Seus diretores têm muito conhecimento a lhe oferecer, conhecimento que você pode pôr em prática imediatamente. Pense cuidadosamente nas ações que vai empreender. Fazendo uma mudança por vez, você avançará rapidamente. Por exemplo, talvez tudo o que você precise seja de mais horas de sono. Isso garantirá que o processo de cura seja concluído a cada noite. O fato de decidir repousar mais mostra que você encara seriamente a tarefa de cura. Se por acaso se sentir cansado em determinado momento do dia, você pode fazer uma pausa, mesmo que seja apenas por dez minutos. Congratule-se por adotar um novo hábito. Se o diretor precisa de determinados alimentos para curar as suas células, você pode se dispor a aprender quais alimentos são os mais apropriados nesse caso. Vá até uma loja de produtos naturais, uma livraria, a uma biblioteca ou consulte uma rede de informações sobre saúde para ficar a par de todas as informações acerca do assunto que lhe interessa. Procure bons livros para leigos. Uma ou duas pequenas mudanças podem fazer uma grande diferença.

Qual sistema curar ou desenvolver em primeiro lugar

Sistema respiratório

O sistema respiratório precisa de ajuda se você tem dores de garganta, rouquidão, dificuldade para engolir, bócio, bronquite, tosse, asma, alergias, torcicolo ou resfriados freqüentes. Dores de ouvido, dor de dente, problemas nas gengivas, gripe e sinusite são outros sinais de que o diretor do sistema respiratório está com excesso de trabalho. Se não tiver nenhum problema, você poderá melhorar o funcionamento desse sistema. O diretor lhe mostrará o que é necessário para trazer até ele a luz do triângulo com o anjo solar e a alma. Enquanto estiver desenvolvendo esse sistema, você talvez note uma mudança na sua respiração que o coloque em contato com a alma durante todo o dia. Ao mesmo tempo, você poderá se tornar mais criativo. As coisas que apenas sonhou em fazer poderão tornar-se possíveis à medida que o nível de criatividade for aumentando.

Sistema circulatório

O diretor do sistema circulatório precisa de ajuda se você tem uma doença cardíaca, alta taxa de colesterol ou arterosclerose, que bloqueia a circulação. Eis outros sintomas relacionados com esse sistema, e que você poderá curar com a ajuda angélica: má circulação, mãos e pés frios, falta de resistência, fraqueza, fadiga crônica, baixa imunidade a doenças e envelhecimento. O diretor do sistema circulatório precisa de um canal muito limpo para receber dos anjos do amor divino e da alma o que lhe é necessário para curar e melhorar o sistema. Quando o seu centro do coração começar a receber a energia vital de que necessita, todo o sistema circulatório será curado e revitalizado. Se não tiver nenhum problema nesse sistema, você poderá desenvolvê-lo e eliminar inquietações e mágoas, expandir o alcance do seu amor e transmiti-lo a outras pessoas. Os anjos do amor divino virão para ajudá-lo.

Sistema nervoso

O diretor do sistema nervoso precisa de ajuda se você tem dores de cabeça, nervosismo, dores, perda de memória, ou se você se sente apático, confuso, tenso, apreensivo, preocupado, ou então se reage de modo exagerado aos problemas cotidianos. Outros sinais de que você precisa trabalhar com esse diretor são os seguintes: visão deficiente ou outros problemas de visão, esclerose múltipla, dificuldade para se concentrar, insônia, epilepsias ou problemas nas glândulas pituitária e pineal. Alguns sintomas podem exigir a colaboração de dois ou mais diretores. Mais uma vez, você trabalhará com o agente interior da cura e com os anjos da cura a fim de ajudar o diretor do sistema nervoso. Se não houver problemas nesse sistema, você pode começar a desenvolvê-lo. Isso significa que você poderá atingir mais facilmente o anjo solar e a alma, pensar com mais clareza e ter maior poder de concentração, reconhecer o seu propósito superior e desenvolver uma intuição mais aguçada.

Sistema imunológico

O diretor do sistema imunológico não está sendo capaz de protegê-lo suficientemente se você tem uma infecção em algum lugar do corpo ou se você tem infecções recorrentes, recuperação incompleta de doenças, pneumonia, herpes ou infecções por fungos. Esse diretor precisa de atenção se você tem câncer, estomatite, tumores, resfriados freqüentes, doenças ou febres agudas, depressão, AIDS, fadiga crônica ou tuberculose. Se você tem uma deficiência imunológica, como por exemplo, esclerose múltipla, lupo ou artrite, esse diretor precisará de padrões de luz e de cor inteiramente novos. Se não há nenhum problema com seu sistema imunológico, você poderá começar a desenvolvê-lo para eliminar as toxinas das células, limpar a pele, aumentar seu nível de resistência às doenças e retardar o envelhecimento.

Sistema endócrino

O diretor do sistema endócrino precisa de assistência se você tem problemas com o pâncreas ou atividade excessiva ou insuficiente das glândulas pineal, pituitária, tireóide, timo, reprodutoras ou supra-renais. Outros sinais que indicam que esse diretor precisa de ajuda são os tumores que afetam uma glândula; um distúrbio da pituitária ou do hipotálamo, que controlam muitas outras glândulas; endometrite; diabetes ou hipoglicemia; baixo metabolismo; vertigens; transpiração excessiva; irritabilidade e fraqueza. O diretor do seu sistema endócrino está relacionado com os sete principais centros energéticos e com as glândulas produtoras de hormônios. Mesmo que você não tenha nenhum problema nas glândulas endócrinas, desenvolvendo o sistema endócrino seu temperamento se tornará mais equilibrado, e suas emoções menos intensas, seu metabolismo também será ativado e você ficará mais bem disposto e otimista.

Sistema digestivo

Se você tem flatulência, inchaço ou problemas na vesícula biliar, no fígado ou no estômago, problemas digestivos ou no cólon, ou se tem um pâncreas superestressado, desequilíbrio no nível de insulina, instabilidade no teor de açúcar do sangue, problemas de eliminação, fadiga ou pressão alta, o diretor do sistema digestivo está com excesso de trabalho. Medos, ansiedades e preocupações constantes são também sinais de que esse diretor precisa de algum alívio em face do excesso de energia que está sendo vertido nesse sistema. Se quiser melhorar esse sistema, poderá usar o medidor para calcular até que ponto é preciso purificá-lo, e em seguida trabalhar intimamente com os anjos da cura, com o diretor e com o agente interior da cura para realizar essa purificação.

Sistema ósseo

Se você tem osteoporose, ou seja, ossos porosos; um número insuficiente de glóbulos vermelhos, uma fratura, dores nos ossos ou nas articulações ou dor nas costas, o diretor do sistema ósseo está com excesso de trabalho e precisa de assistência. O trabalho desse diretor está relacionado com o centro básico. Se não há problemas no seu sistema ósseo, você pode desenvolvê-lo para estar seguro de que os ossos poderão sempre sustentar o seu corpo e fornecer a base para uma postura perfeita durante toda a sua vida.

Sistema reprodutor

O diretor do sistema reprodutor precisa de ajuda se você tem problemas nos ovários, nos testículos, problemas de esterilidade, menstruais ou relacionados com a menopausa, câncer no útero ou na próstata, herpes ou outras inflamações nos órgãos reprodutores. Esse diretor trabalha a partir do centro do sacro. Se você tem problemas nesse sistema, pode desenvolvê-lo levando um pouco dessa energia até o centro criativo superior, o centro da garganta. Com isso, aumentará o poder do seu eu criativo para expressar-se e ser ouvido no mundo.

Sistema urinário

O diretor do centro básico precisa de ajuda se você tem problemas nos rins ou na bexiga, fraqueza geral, urina descorada ou freqüente, pedras nos rins, lesões nos rins devido à pressão alta, infecções causadas por obstruções urinárias ou por drogas, inchaços ou infecções na bexiga. Esses sintomas são um chamado do diretor pedindo ajuda. Se não há problemas nessa área, você pode melhorar o sistema graças aos anjos da cura, que o ajudarão a limpar o sangue e expelir perfeitamente todos os resíduos, mantendo elevada a sua energia e jovem o seu corpo, ano após ano.

Sistema muscular

Dirija-se ao diretor do sistema muscular se você tem músculos tensos, inflamados ou doloridos, fraqueza muscular, espasmos musculares, maxilar enrijecido, dores nas costas ou uma rigidez crônica no pescoço, nos ombros ou nos quadris. Desenvolvendo esse diretor, você poderá aperfeiçoar esse sistema de modo a manter os músculos fortes e flexíveis. Assim eles conseguirão apoiar com firmeza o seu esqueleto e todo o seu corpo, e você poderá fazer exercícios e ter um corpo flexível independentemente da sua idade.

Os benefícios do aperfeiçoamento dos sistemas

Imagine o tipo de corpo que você terá quando se curar, desenvolver e aperfeiçoar todos os seus sistemas! Imagine ter um corpo tão suscetível à influência da luz angélica e solar que o levará a atingir um alto grau de intuição e a receber com maior clareza mensagens da alma. Imagine novos atalhos que tragam os anjos da cura até o seu cérebro para incorporar matéria mais sutil às suas células. Imagine-se tendo emoções calmas e equilibradas que conservam o foco e a energia e tragam mais luz a cada célula. São esses os passos que criam uma vida mais longa, jovial e produtiva. Eles lhe proporcionam a sensibilidade para saber quando os sistemas e os centros energéticos precisam de mais luz, quando precisam ser curados e quando estão prontos para ligar-se uns com os outros e construírem novos caminhos de ligação com o anjo solar e com a alma.

Agora, você está pronto para começar a trabalhar com a alma, com o anjo solar e com os anjos da cura a fim de aperfeiçoar e de curar cada sistema do seu corpo. Você pode escolher o sistema com o qual quer trabalhar primeiro, ou pode seguir a ordem apresentada no livro. Escolha primeiro aquele que, a seu ver, poderá efetuar as maiores mudanças à medida que os anjos da cura o ajudam. Escolha o sistema cujo diretor pode manifestar a mais alta inteligência a fim de levar até você uma saúde vibrante, rejuvenescimento e mais luz. Em vez de trabalhar com todos os sistemas de uma só vez, leia esses capítulos ao longo de vários dias para aproveitá-los ao máximo. Você pode começar a Parte Quatro enquanto reserva mais tempo para aperfeiçoar cada sistema.

CAPÍTULO 13

Como Captar Energia Angélica para o Sistema Circulatório

O sistema circulatório (também chamado sistema cardiovascular) é o que fica mais perto da alma. Sendo o âmago da vida, ele controla as batidas do coração e o sangue que circula, levando a vida a cada célula. O diretor desse sistema cuida para que todos os tecidos e células do sangue obtenham a cada segundo um novo suprimento de oxigênio e de nutrientes.

O diretor do sistema circulatório, cujo trabalho está ligado ao do centro do coração, purifica e revitaliza a corrente sangüínea. Esse diretor precisa de um fluxo constante de luz vinda do anjo solar e da alma para ser vibrante e vigoroso, para limpar as artérias e para empreender a regeneração das células. Quando os anjos da cura trabalham com esse diretor, eles ativam o timo e, desse modo, fortalecem a imunidade às doenças e retardam o envelhecimento.

Esse diretor sabe qual é o seu próximo passo evolutivo: transmutar a vibração da alma numa substância que cura e que rejuvenesce completamente o corpo. Esse diretor anseia por enviar a energia vivificante do amor até o âmago de cada célula de seu corpo.

O desenvolvimento do centro do coração

O desenvolvimento do centro do coração também atinge o diretor do sistema circulatório e todas as células desse sistema. Quando o centro do coração concentra mais luz, não apenas o sistema circulatório funciona com mais eficiência como também as inquietações, as mágoas, a solidão, a tristeza e a depressão podem desaparecer. Você começa a sentir o amor superior do anjo solar, que transporta energia de cura. Esse amor atinge os seus olhos e mãos a fim de que você se torne um agente de cura para si mesmo e para as outras pessoas. Você passa a se relacionar com os amigos com mais compreensão e compaixão. Cada pensamento ou ato de amor, por menor que seja, ajuda a equilibrar a pressão sangüínea, põe fim à angina, reduz o *stress*, cura as doenças do coração, retarda o envelhecimento e abre a sua vida para mais felicidade e alegria. Assim como você pode desenvolver os músculos levantando pesos, também pode trazer nova energia vital ao coração e às artérias expressando amor por alguém ou por alguma coisa. Todas as vezes que fizer isso, você tornará o diretor mais apto para regenerar esse sistema. Quando esse amor sublime o leva a ajudar outra pessoa, um grupo, um animal ou uma planta, você entra em sintonia com a vibração desse diretor. Até mesmo o amor pelas estrelas, pelo sol e pelo misterioso universo vivo desenvolverá esse sistema.

Eis algumas das doenças que se originam das fraquezas desse sistema: doença do coração, pressão alta, angina, respiração ofegante, alta taxa de colesterol e artérias entupidas. Outros problemas são derrames, má circulação, mãos e pés frios, falta de resistência, fraqueza, fadiga crônica, doenças do fígado, baixa imunidade e envelhecimento prematuro. (No caso de problemas circulatórios ou cardíacos crônicos ou agudos, como em todos os casos de problemas mais sérios, procure um diagnóstico profissional e siga a orientação médica além de trabalhar com os anjos da cura.)

A viagem seguinte dará a você uma idéia da natureza miraculosa do sistema circulatório. Também o ajudará a comunicar-se com o diretor desse sistema.

Uma viagem pelo sistema circulatório

À medida que lê este parágrafo, imagine que está fazendo uma viagem através do sistema circulatório para desfrutar o milagre da eficiência desse sistema e para sentir se alguma parte dele precisa de mais luz ou de mais amor. Comece sentindo as batidas de seu coração — cada batida lhe dá vida. Enquanto o coração recebe oxigênio dos pulmões, viaje através do ventrículo esquerdo à medida que ele bombeia sangue nas artérias. Atravesse todo o corpo, penetrando na rede das minúsculas veias capilares dentro dos tecidos e das células do seu tórax, subindo pelo pescoço, penetrando na cabeça e descendo pelos braços e ombros. Siga essa energia descendo pelo tronco, penetrando no estômago, a região pélvica, passando pelos quadris e pernas e indo até os pés. Sinta essa nova energia vital atingindo mais de 60 trilhões de células a cada segundo. Observe como cada célula se enche de oxigênio vivificante e como ele libera rapidamente todos os resíduos que se acumularam desde a última batida do coração, cerca de um segundo atrás. Agora, viaje de volta através das veias que transportam o dióxido de carbono até o coração e para dentro dos pulmões a fim de receber um novo suprimento de oxigênio. Sinta o ritmo desse sistema — recebendo, enviando, repousando — recebendo, enviando, repousando. Esse é o ritmo ideal para o corpo e para a vida.

A purificação do centro do coração para fortalecer o sistema circulatório

O centro do coração é a âncora da alma. Você deve desenvolver esse centro para que o coração possa, a cada batida, transmitir sem distorções o som e a vibração da alma. Se você por algum motivo fechou o coração — por ter sido ferido ou maltratado — você pode ter construído inconscientemente um escudo protetor ao redor do coração que impede que a energia da alma o atinja. Se você sente que fechou, total ou parcialmente, o coração e o sistema circulatório, faça um longo exame do fato que provocou essa situação. Reflita se vale a pena bloquear o seu fluxo de energia e assim diminuir a sua *vitalidade, impedindo que a luz da alma chegue até você.* Os escudos que protegem o centro do coração também impedem que você e o diretor do sistema circulatório recebam a parcela que lhes cabe do amor incondicional dos anjos da cura — e de todas as pessoas que você conhece. Assim que reconhecer os lugares onde o centro do coração está bloqueado por um escudo protetor, você poderá tomar a decisão de que nada — nenhum medo, nenhum ferimento, nenhuma raiva — vale o preço que você está pagando. Tanto o ferimento como a raiva podem ser passos fundamentais no caminho para a cura, mas é a boa vontade para liberar esses sentimentos — uma vez que já foram vivenciados — que aumenta a vontade de cura e de receber mais luz dos anjos da cura.

A cura e regeneração do sistema circulatório

1. Toque a testa com os dedos e transporte-se para a o Templo da Cura, na Ilha da Regeneração. Tome uma ducha de luz e deixe as gotas coloridas permearem todo o seu campo energético, limparem-no e revigorarem-no, reorganizando os padrões e acrescentando cor onde ela for necessária.

2. Dirija-se à Sala do Amor e reserve um momento para sentir a quietude interior. Encontre-se com o anjo solar e com a alma e visualize o resplandecente triângulo de luz.

3. Deixe essa iluminação fluir para dentro do centro do coração e sobre o diretor do sistema circulatório. Quando essa luz dourada tocar o centro do coração, sinta o suave pulsar do amor da alma.

4. Imagine o centro do coração como uma flor que desabrocha e cujas pétalas são feitas de luz e cor. Entoe três vezes a palavra-chave do amor angélico, pronunciando cada sílaba do A-EI-I-O com cuidado e atenção. Imagine esses sons vibrando e fazendo com que as pétalas ao redor do centro do coração comecem a se abrir.

5. O anjo solar está trazendo os anjos da cura do amor divino em resposta a esse chamado vindo do coração. Um ou vários anjos virão através do triângulo e pairarão ao redor do seu centro do coração para ajudar a dissolver os escudos que o protegem dele e para fortalecer o poder do diretor do sistema circulatório. Imagine ondas pulsantes de amor entrando no centro do coração, num ritmo que começa suave e vai aumentando num crescendo de energia luminosa, à medida que vai limpando seu centro do coração. Sinta essas ondas fazendo as pétalas de luz vibrar e se abrir ainda mais.

6. Os anjos do amor divino usam um belo matiz de rosa para regenerar e desenvolver o diretor do sistema circulatório. Imagine essa cor fluindo ao seu redor e em direção ao diretor para eliminar as fraquezas ou problemas que se acumularam ali ao longo dos anos. Eles também podem usar uma segunda cor, de nuanças douradas, para desenvolver o centro do coração e para fortalecer o diretor do sistema circulatório. Como resultado, você pode sentir uma leveza no centro cardíaco que se abre ao contato dessas cores angélicas.

7. Agora os agentes da cura estão usando sons angélicos para soltar e dissolver bloqueios, causados por fatores que separam você do amor da alma. Esses sons são seguidos por uma música celestial, nos planos interiores, que está aumentando a vibração desse centro. Imagine toda a aflição ou dor que já tocaram o seu coração sendo dissolvidas por essas notas. Você poderá aprofundar seu efeito benéfico entoando a palavra sagrada OM, como aprendeu na Sala do Som. Imagine que está entoando essa palavra para o diretor do centro cardíaco. Você poderá ter a sensação de que uma substância está sendo retirada do centro do coração e substituída por uma nova energia.

8. Quando o centro do coração é purificado e energizado, o diretor do sistema circulatório é investido de poder para curar e desenvolver esse sistema. Se você pretende se curar ou conseguir melhorar o estado geral do coração, das artérias, das veias, do sangue ou da corrente sangüínea, pense em como se sentiria se esse problema fosse curado. Mesmo que você tenha algum tipo de problema cardíaco, mesmo que esteja acostumado a sentir um peso no

coração quando tem certas lembranças, você não terá de viver com eles. Isso pode ser curado! Faça uma imagem de tudo que você poderá fazer com um coração forte, que sempre o servirá; faça uma imagem de como a sua vida seria se você tivesse o coração, as artérias e o sistema circulatório jovens e saudáveis. Imagine que terá muito mais energia quando a corrente sangüínea for purificada e banhada de luz solar. Imagine que ela está recebendo o amor jubiloso que os anjos trazem. Mostre essas imagens ao diretor e ao agente interior da cura. Elas são o seu "projeto arquitetônico" para um sistema circulatório perfeito e para um centro do coração belo e em evolução:

9. Pergunte o que você pode fazer para ajudar. Recorra ao agente interior da cura, que é o diretor-geral. O agente interior da cura é sábio, compreensivo e muito pragmático. Ele tem uma visão completa da sua vida e sabe de quão longe você vem e quão rica sua vida se destina a ser. Esse agente de cura representa um vasto tesouro de sabedoria e experiência. Ele responde às suas perguntas e lhe mostra como superar uma doença ou desenvolver esse sistema para que ele concentre uma luz mais sutil. Juntos, o agente interior da cura e o diretor do sistema circulatório podem dar as respostas às perguntas que você tem em mente. Eles percebem quais são as perguntas antes mesmo que você as formule; eles ouvem essas perguntas no momento em que você as faz. As respostas podem surgir antes que você termine de expressá-las, ou podem vir amanhã, quando você menos esperar. Proponha-se a fornecer qualquer coisa de que o diretor do sistema circulatório necessitar. Eis algumas áreas em que você pode ajudar:

- Pergunte por novas maneiras de expressar amor, gratidão e apreciação ao longo do dia. Também pergunte quantas horas de sono você precisa diariamente para que o seu coração possa se refazer melhor à noite.
- Pergunte que tipo de exercício físico, incluindo atividades aeróbicas ou caminhadas, contribuiria para fortalecer esse sistema. Pergunte com que freqüência você deve praticar esses exercícios e quantos minutos deve durar cada sessão.
- Pergunte que tipo de vitaminas ou outros suplementos alimentares fortificarão esse sistema.
- Pergunte sobre que alimentos você precisará acrescentar ou eliminar da sua dieta.
- Peça para aprender como expressar o amor que a alma e o anjo solar estão irradiando sobre você.
- Peça para reconhecer e para aproveitar cada oportunidade de dissolver

medos — o medo da rejeição, o medo do fracasso e o medo dos erros passados — por meio da irradiação do amor da alma e dos anjos da cura.

- Peça ajuda para conseguir se relacionar com o seu próprio eu e com o seu corpo com amor e gratidão.

10. Imagine os anjos ajudando o diretor a limpar e rejuvenescer o coração e o sistema circulatório. Visualize artérias saudáveis, que tragam abundância de oxigênio para revitalizar as células. Visualize o sangue num estado saudável e equilibrado. Visualize uma teia de luz criando um padrão para as células sangüíneas serem revitalizadas pelo anjo solar. Veja as células sangüíneas cintilando com a luz solar.

11. Veja todo o seu corpo com uma aura de saúde e de vitalidade. As imagens das mudanças que você está visualizando estão sendo transmitidas ao diretor. Essas mudanças continuarão a ocorrer por um longo período.

12. O sistema circulatório vai evoluindo à medida que você passa a circular mais livremente nas dimensões superiores do amor e da compaixão. Imagine uma maneira de fazer circular esse amor superior quando está com os amigos. Imagine que, nesta semana, você fez amizade com uma ou duas pessoas. Pense num ato de amor que pode realizar hoje e que seja totalmente inesperado.

13. Desenvolva um código com o diretor. Deixe claro que você quer saber quando está sendo excessivamente sério e se esquecendo de fazer circular amor pelo seu corpo e para os amigos. Peça para lembrar-se das bênçãos que está recebendo e para enviar sentimentos de gratidão aos anjos da cura. Combine um sinal especial com o diretor para que ele lhe mostre quando você precisa dar a si mesmo uma merecida folga a fim de dedicar-se ao lazer de ouvir música, de fazer exercícios ou de dormir.

14. Não se esqueça de que o agente interior da cura e o diretor do sistema circulatório estão constantemente transformando luz solar em energia para curar e para desenvolver todas as células do sistema.

15. Tome nota das idéias que lhe ocorrerem durante os próximos dias. Procure saber o que poderá fazer para prosseguir na cura iniciada pelos anjos. Você poderá sentir vontade de ler um certo livro ou artigo ou de assistir a uma conferência sobre a saúde do coração, alimentação saudável ou sobre exercícios físicos. Leve em conta essas idéias intuitivas a respeito do amor superior e da abertura do coração à luz de cura da alma.

Agora, você começou a trabalhar para eliminar todas as obstruções ao redor do centro do coração e a desenvolver o diretor do sistema circulatório, de modo que o seu corpo possa se curar com os anjos do amor divino. Deixe esse amor circular pelo mundo ao seu redor por meio no ritmo harmonioso do seu coração curativo.

CAPÍTULO 14

A Revitalização da Mente e do Sistema Nervoso

Quanto mais desenvolvidos e sensíveis estiverem o cérebro e o sistema nervoso, mais aguda poderá ser a sensação de dor — e com mais intensidade você poderá sentir alegria e felicidade. O sistema nervoso é o depósito de informações e o sistema de controle do corpo. Sua função é reunir dados a respeito do ambiente e do estado geral do corpo a fim de analisá-las e de reagir apropriadamente. As reações básicas de sobrevivência, como os tremores de frio para gerar calor e a retração para afastar-se de algo quente, são funções automáticas do sistema nervoso. Seus desejos criam processos mais complexos — o desejo de felicidade, de prazer e de aprendizado, ou o desejo de evitar a dor, a ansiedade e a frustração. O sistema nervoso responde automaticamente a muitos programas nele incorporados; no entanto, ele pode evoluir muito se aprender novos processos.

Todo o sistema nervoso é organizado como um sistema de computador que controla uma máquina altamente complexa. Pense no sistema nervoso central como o computador que controla toda a rede. Isso inclui o cérebro e a espinha, com bilhões de neurônios, ou células nervosas, interligadas. As instruções motrizes dirigem-se aos músculos do esqueleto, aos músculos que controlam a fala, aos órgãos internos e às glândulas, e também às glândulas sudoríparas da pele. Os cabos que transportam essas informações são os nervos que, do sistema nervoso central, se espalham por todo o corpo. Toda a atividade nervosa baseia-se na transmissão de impulsos através dessas intricadas redes de neurônios. Sob essas redes estão os minúsculos fios de luz do corpo etérico, que transportam os impulsos da alma e dos anjos da cura juntamente com os pensamentos e sentimentos. Esses nervos etéricos constituem o elo de ligação com o futuro e com a radiância que eles guardam para você.

O desenvolvimento do sistema nervoso

O diretor do sistema nervoso trabalha a partir dos centros frontal, da coroa e do plexo solar. É o diretor mais complexo e mais evoluído. Ele é tão sofisticado que suas funções não podem ser reproduzidas nem mesmo rastreadas com os mais aperfeiçoados programas de computador. À medida que esse sistema se desenvolve, ele inventa novos caminhos para as células cerebrais, que trazem a sabedoria da mente superior e da alma até a mente consciente. Você se torna mais inteligente, mais habilidoso e mais criativo cada vez que a luz dourada do anjo solar e da alma fluem para dentro dos centros da coroa e frontal.

Quando você desenvolve esse sistema, consegue atingir mais facilmente o anjo solar e a alma, pensar com mais clareza e concentração, reconhecer o seu propósito superior e desenvolver sua intuição. Você pode receber ajuda da grande inteligência da sua alma. O diretor do sistema nervoso começa a trabalhar em conjunto com a vontade superior da alma e faz com que você fique a par dessa vontade, por meio da intuição. Sua mente se torna mais lúcida, organizada e concentrada. Com um sistema nervoso desenvolvido e equilibrado, você não é mais vulnerável às emoções e ao pensamentos das outras pessoas. A mente evoluída e iluminada pode estabilizar sua vida emocional, libertá-lo do apego excessivo às pessoas e às coisas e permite que você controle as situações. Você fica livre para saber quem você é e por que está aqui. Sua vontade não ficará mais subjugada nem reprimida pelos planos alheios.

Problemas do sistema nervoso

Alguns dos problemas desse sistema são a perda de audição, problemas de visão, dores de cabeça, nervosismo, sensibilidade excessiva às dores físicas e emocionais, perda de memória, pensamento confuso, dificuldade de concentração, problemas de sono, nevralgia, suor excessivo nas palmas das mãos, sensação de calor excessivo, preocupação, ansiedade e pensamentos obsessivos. Esse diretor também está encarregado das glândulas pituitária e pineal. Os problemas mais sérios são lesões nos nervos, esclerose múltipla, derrames cerebrais e tumores.

Pense a respeito do sistema nervoso e sinta a inteligência do diretor. Você sente que esse sistema precisa de repouso e de restauração ou sente que ele precisa de mais estímulo? Um sistema nervoso excessivamente estimulado é sentido como algo dissonante, como se os circuitos estivessem sobrecarregados com pressões, tensões e pensamentos. Pensamentos obsessivos e uma mente agitada e cheia de preocupações criam esgotamento mental e indicam um sistema nervoso superestimulado. Poluição sonora, ênfase excessiva nas atividades intelectuais ou conversas demais podem manter a mente presa a pensamentos dos quais ela quer se desligar. Quando o diretor do sistema nervoso está com excesso de trabalho, você pode se sentir irritado com coisas insignificantes ou ficar muito sensível a críticas. Então, é hora de chamar os anjos da cura e sentar-se tranqüilamente com eles. Quando você leva esse sistema a se equilibrar, o diretor desse sistema e os anjos podem ajudá-lo a criar um ímã que se torna um centro magnético para a sabedoria e para a inteligência da alma.

Siga o conhecimento interior

Outro desafio do sistema nervoso pode surgir quando o coração ou a alma estão em conflito com a mente. Se isso ocorre com você, pergunte-se se esse conflito se deve a alguma decisão que tomou muito tempo antes de começar a ouvir sua intuição superior. Olhe para a sua vida e veja se você deixou as crenças ou os desejos de outras pessoas o dominarem em vez de priorizar o seu próprio plano de vida. O preço por ignorar a orientação da própria alma e do agente interior da cura fica mais alto à medida que você evolui. Seguir o conhecimento interior elimina o conflito gerado quando a mente tenta seguir dois mestres — os desejos da personalidade e a percepção superior do plano da alma. Imagine como a vida poderia ser diferente se você seguisse a intuição superior. Fique com o diretor até saber qual é essa intuição. Você pode trabalhar com o agente interior da cura para que ele o ajude a libertar-se de qualquer decisão que não honre o conhecimento interior, e então siga em frente fazendo uma escolha mais sábia.

Decisões que limitam a mente esclarecida

Algumas pessoas descobriram, por meio do diretor, que certas decisões tomadas por elas quando ainda estavam no colégio as estavam bloqueando. Elas mudaram deliberadamente essas decisões, como "não sou tão inteligente como esses rapazes; nem adianta tentar aprender muito", e adotaram novas decisões tais como "vou vencer na minha profissão, posso aprender qualquer coisa em que eu realmente me concentre". Começaram a liberar a energia criativa suprimida pelas decisões anteriores.

Um homem compreendeu que, quando tinha 14 anos, decidira viver uma vida medíocre sendo um aluno cujo desempenho era apenas razoável. Sentia-se mais seguro dessa maneira do que se tivesse atingido o nível mais alto. Mais tarde mudou essa decisão e informou a todos a respeito da nova decisão. Agora, o diretor do sistema nervoso dele está atuando conforme a sua nova decisão e revelando como ele é inteligente, brilhante e criativo. Você poderá mudar qualquer crença que coloque um teto artificial sobre a sua mente criativa. Foi você que a incorporou, e o agente interior da cura e o diretor do sistema nervoso são os únicos que podem mostrar a você como incorporar um novo programa nesse sistema.

Se você decidiu inconscientemente que poderia ficar doente, ou enfraquecido, ou sentindo dor por um longo tempo, se decidiu que sua mente não está funcionando com tanto vigor, e que sua memória está falhando; se está com medo de alguma doença genética ou de perder seu raciocínio brilhante à medida que envelhece, você poderá tomar uma nova decisão. Uma vez que tenha, conscientemente, escolhido outro caminho, poderá incorporar esse novo caminho em seu "projeto arquitetônico". Quando o diretor entrar em ação, será a partir de uma perspectiva muito mais ampla. Ligando-se com esse diretor, você vai descobrir com que facilidade a mente dá vida a qualquer coisa em que se concentre.

Como abrir caminho para uma mente brilhante

Há várias pistas para curar e para reequilibrar o sistema nervoso. Pergunte como você poderá transformar esforços esporádicos num esforço constante e persistente. Pergunte como poderá criar uma vibração superior a partir da qual você viverá. As perguntas abrem caminho para que a corrente de energia espiritual chegue até o sistema nervoso. Elas lhe permitem acabar com a agitação mental e a reequilibrar o sistema nervoso. Esse equilíbrio confere ao diretor a oportunidade (que ele espera há muito tempo, quem sabe) de curar e de regenerar o sistema nervoso.

Se sentir que o cérebro precisa de mais nutrientes e que você está ficando esquecido, tacanho ou rígido, pode descobrir a causa disso. Um estudante ficou surpreso ao aprender com o diretor do sistema nervoso que sua mente era preguiçosa porque o sistema digestivo estava sobrecarregado. As dores de cabeça que ele tinha não resultavam do fato de ele pensar demais; provinham do superaquecimento causado por excesso de combustível no estômago e no intestino grosso. O agente interior da cura sugeriu que ele comesse menos e se alimentasse principalmente de saladas e de legumes cozidos. Ele eliminou o excesso de carboidratos e de açúcar e acrescentou mingaus leves e sucos. Desde essa ocasião, não teve mais dores de cabeça, pôde pensar com mais clareza e seu temperamento tornou-se calmo e animado.

A cura do sistema nervoso por meio da atividade lúdica

Ao se comunicar com o diretor do sistema nervoso, você talvez descubra que atividade lúdica e relaxamento são os únicos "remédios" de que esse sistema necessita. A recreação tem um poder terapêutico; ela proporciona equilíbrio a todos os nervos acima e abaixo da espinha. O relaxamento por meio da atividade lúdica pode ser a única terapia eficaz para o sistema nervoso, mais até que do que qualquer comprimido à venda nas farmácias. Esse sistema necessita de trabalho, de lazer e de repouso para aplicar a luz que flui para dentro dele. A recreação dá tempo ao cérebro para interligar as novas vias que o diretor do sistema nervoso tem de construir. Ela dissolve as teias de aranha e desanuvia os seus pensamentos. Você talvez perceba que as melhores idéias que já teve chegaram por meio da atividade lúdica. É possível criar uma atmosfera maravilhosa para revitalizar a mente, relaxando-a por meio da recreação. Sua percepção do que é trabalho e do que é recreação pode mudar. É muito provável que a maneira como você se relaciona com os outros, especialmente com as pessoas que conhece melhor, mudará automaticamente. Essas mudanças terão impacto positivo sobre os diretores dos sistemas digestivo, circulatório, respiratório e muscular. Eles podem servi-lo melhor quando você traz luz e bom humor à sua vida.

A criação de novas imagens para rejuvenescer a mente

A imaginação é uma grande aliada para inventar diferentes modalidades de cura para o sistema nervoso. Imagine como você poderia expressar o artista criativo que existe dentro de você — por meio da escultura, da pintura, do desenho, do drama, da música, da escrita ou da poesia. Acrescente brilho às imagens que você constrói em sua mente. Faça-as cintilar com luz e cor. Acrescente os sons da sua voz, e também música. Crie uma imagem de si mesmo praticando uma atividade lúdica, cantando ou compondo músicas apenas por prazer, e pinte essa imagem num enorme cartaz. Imagine que está colocando esse cartaz num lugar onde todos os que o conhecem possam ver. Pense nas pessoas que você preferiria que não vissem essa imagem de você tão feliz, praticando uma atividade lúdica. Chame os anjos para ajudá-lo a resolver qualquer coisa que iniba a sua capacidade de cantar e de brincar com um espírito jubiloso.

A busca de pequenos prazeres para liberar a tensão mental

Uma senhora que estava sofrendo dos nervos e de insônia imaginou um cartaz de si mesma praticando uma atividade lúdica e em perfeito equilíbrio. Ela compreendeu que, dentre todas as pessoas que ela conhecia, era a mãe quem ela não gostaria que a visse dessa maneira. Compreendeu que estava tentando fazer sua vida ajustar-se à imagem que a mãe tinha dela. Estava seguindo fielmente as imagens da mãe ("Mãos preguiçosas tornam as mentes preguiçosas.") em vez de seguir a intuição superior. Seu ritmo de trabalho era o ritmo da mãe, embora elas vivessem a três mil milhas uma da outra. Era um ritmo tão doentio que a mãe quase morrera de um ataque cardíaco quando tinha exatamente a idade da filha. Não obstante, em algum recôndito na mente da filha, ainda estava presente a imagem que fazia com que ela, todos os dias, se levasse à exaustão. Assim que reconheceu essa compulsão para submeter a mente e o corpo a um excesso de trabalho, ela começou a planejar passeios para relaxar, tais como piqueniques e longas caminhadas com amigos. Ela e os amigos iam até um lago, uma montanha, um parque ou qualquer lugar onde pudessem estar em contato com a natureza. Essas excursões traziam de volta lembranças de situações lúdicas e ajudavam-na a libertar-se da compulsão interna de ser alguém que ela não era.

Essa senhora fez uma lista de mais de trinta pequenos prazeres e, sempre que começava a sentir um forte impulso interior para fazer mais e mais depressa, ela pegava sua lista e escolhia uma atividade relaxante e reequilibradora para pôr em ação naquele dia. Essa prática simples está funcionando tão bem que a voz dela se tornou suave e amável. No diário de cura, comece a fazer uma lista das pequenas coisas que lhe proporcionam prazer. Imagine seu corpo se dedicando a um desses prazeres quando estiver tenso e rígido — ou apenas sente-se e não faça absolutamente nada.

Eis algumas sugestões para liberar a tensão e o *stress* do sistema nervoso. Escolha uma ou duas de sua preferência e experimente esta semana.

- Flexione suavemente a espinha para dar mais espaço aos milhões de minúsculos nervos desse sistema. Abra espaço para o sistema nervoso respirar e se expandir. Se puder fazer isso com facilidade, caminhe com os pés e as mãos sobre o chão por um minuto diariamente para ajudar a reequilibrar o sistema nervoso.
- Siga uma rotina simples de alongamento ou caminhe, nade, pule de um lado para o outro, ande de bicicleta, dê um passeio de barco, reme ou suba escadas até que consiga sentir energia alimentando seu cérebro.
- Esqueça, por um momento, que você é um ser humano. Ligue-se com uma vida que não seja humana — com o Sol, com uma árvore, com uma flor, com uma montanha ou com um rio. Todo contato com essa beleza natural está curando o sistema nervoso.
- Brinque com os sons. Sente-se junto a um córrego ou rio e escute o barulho da água. Aprenda a se tornar parte dos sons da água e de outros sons da natureza que têm poder de cura e de regeneração.
- Toque diferentes sinos e descubra as notas que são mais benéficas para você. Toque um instrumento ou escute a música que o deixa mais relaxado.
- Escolha um jogo dinâmico que não tenha vencedor nem perdedor — algo que você jogue apenas por prazer.
- Brinque com cores — aquarela, canetas hidrográficas, tintas acrílicas, pastéis, tinta para tecidos. Concentre-se nas cores que acalmam e que equilibram a mente.
- Coloque um pano frio e úmido sobre os olhos e imagine que você está ao lado da queda-d'água na Ilha da Regeneração.
- Envie energia mental para um determinado grupo ou país, visualizando a luz fluindo para as mentes e corações de todas as pessoas.
- Quando se sentir especialmente bem, ofereça a uma mãe agradecida uma tarde de repouso enquanto você leva o filho dela para brincar com você e com os seus próprios filhos, se você os tem. Pode fingir que está ensinando as crianças, quando, na verdade, são elas que o estão ensinando a brincar, a relaxar, a sorrir, a gargalhar, a construir castelos de areia e a escavar túneis para a água passar. Você sabe quem são os verdadeiros professores, os espectadores sabem, a criança sabe — todos sabem! Mas finja assim mesmo que é você o professor. Juntos, todos vocês podem rastejar, pular, marchar, saltar e rir, usufruindo a alegria e humor da vida naquilo que ela tem de melhor.

A cura do sistema nervoso

1. Tome uma ducha de luz e deixe as gotas de cor permearem todo o seu campo energético, purificando-o e revigorando-o.

2. No Templo da Cura, crie o triângulo com o anjo solar e a alma e deixe a luz dourada fluir sobre o diretor do sistema nervoso.

3. Traga essa luz até as células do sistema nervoso, incluindo o cérebro e os sistemas simpático e parassimpático, que se localizam de ambos os lados da espinha. Faça a luz escorrer do topo da sua cabeça até a área que cerca a espinha, e dirija-a para a parte de baixo das costas até o centro básico. Deixe que células nervosas se banhem nessa sabedoria e absorva a luz dourada da alma. Imagine uma névoa de ouro formando-se ao redor dos nervos e dos neurônios. Agora, faça a luz dourada escorrer de volta para o sistema nervoso e para dentro da cabeça. Visualize o diretor sendo iluminado por bilhões de partículas de luz dourada.

4. Imagine como seria se a sua mente e a sua memória fossem absolutamente claras, criativas, concentradas e organizadas. Pense nas vezes em que você sentiu um ritmo perfeito enquanto trabalhava. Visualize o sistema nervoso entrando em equilíbrio — alternando períodos de descontração com períodos de trabalho criativo e produtivo.

5. Crie uma imagem do que você quer no futuro, imaginando como se sentaria, respiraria, falaria e andaria se tivesse um sistema nervoso perfeitamente estável e equilibrado. E se o cérebro estivesse perfeitamente sincronizado com a alma? E se a mente começasse a ter pensamentos e imagens dinâmicos de um corpo revitalizado e regenerado? E se o diretor do sistema nervoso se tornasse tão receptivo à luz proveniente do triângulo com o anjo solar e com a alma que essa luz entrasse no núcleo das células cerebrais e as iluminasse? E se o diretor do sistema nervoso começasse a transmitir a imagem superior da alma (o holograma de cura) para todas as células desse sistema? Imagine o que essas mudanças significariam em sua vida.

6. Agora é a hora de os anjos da cura começarem a eliminar as células que não podem sustentar a luz superior e estão, assim, criando, bloqueios. Para substituí-las, os anjos trarão novos blocos subatômicos para reconstituir as células de pensamento. Os anjos do amor divino da cor rosa estão aqui, em primeiro lugar, para construir uma ponte entre o diretor do sistema nervoso e o diretor do sistema circulatório. Imagine uma linha de luz ligando esses três centros — centro da coroa, o centro frontal e o centro do coração. Imagine que anjos da cura o estão circundando com uma névoa de luz rosa prateada.

Essa luz leva continuamente nutrientes ao sistema nervoso para trazer-lhe paz, serenidade e quietude interior.

7. Os anjos que trabalham com o cérebro estão nos raios de luz solar amarelos e dourados. São altamente evoluídos. Estão eliminando do cérebro o carbono, que provoca fadiga. Assim as células cerebrais poderão receber mais oxigênio. As cores que estão usando ajudam a reorganizar os padrões para que eles possam ressoar com a alma. Os anjos estão acrescentando cor onde é necessário e intensificando as cores pálidas. Os anjos violeta, rosa e verde também podem vir para eliminar o sintoma com o qual você está trabalhando.

Se o sistema nervoso for excessivamente estimulado pelo meio ambiente, os anjos da cura usarão um belo matiz verde ou azul para levá-lo ao equilíbrio. Se a criatividade foi bloqueada por alguma crença eles tocarão a mente e o seu olho interior com um tom amarelo prateado, para que você possa ver com a alma, e possa reter a visão que transporta a luz da alma. Isso também pode melhorar a visão dos seus olhos físicos.

8. Agora, esses anjos estão usando freqüências sonoras para eliminar velhas crenças, padrões de pensamento obsoletos e lembranças — qualquer coisa que o esteja bloqueando. Você pode ajudar nessa cura liberando os sons que não foram plenamente expressados. Suspire, gema, entoe ou grite qualquer som que quiser. Esses sons podem começar com um tom triste e zangado, ou com um tom lamurioso. Porém, à medida que as freqüências mais densas vão sendo eliminadas dos sons, eles passarão a ter uma freqüência mais sutil e se tornarão cada vez mais belos. Ficarão tão puros que farão eco aos sons que os anjos da cura fazem quando trabalham com o diretor do sistema nervoso.

9. Imagine o ouvido interior sendo estimulado a ponto de você conseguir ouvir as mensagens da alma. Sinta os sons da cura angélica circulando pelos hemisférios esquerdo e direito do cérebro. Sinta-os penetrando pelo topo da cabeça e alcançando as profundezas do seu cérebro, até alcançar a rede de minúsculos fios de luz que fica sob cada plexo nervoso. Repita esse processo duas ou três vezes. Sintonize agora os sons mais puros do universo e escute uma bela nota que a sua alma lhe transmite.

10. Imagine os bilhões de células nervosas que ficam de cada lado da espinha iluminando-se como se estivessem recebendo uma suave carga de energia. Desde a base da espinha até o topo da cabeça, sinta os anjos da cura trabalhando. Envie essa energia de cura para o cérebro, faça-a descer pelo pescoço e pelos ombros, em seguida pela espinha, até alcançar a última vértebra. Faça a energia descer pelas pernas até os pés e para dentro da terra.

11. Peça ao diretor para começar a desenvolver o sistema nervoso para que ele entre em sintonia com o ritmo da alma. Deixe o diretor harmonizar o cérebro com a vibração da alma. Imagine-se caminhando como a alma, pensando como a alma, falando como a alma. Imagine agora que esse diretor está sendo iluminado com a luz que é irradiada pelo anjo solar e pela alma. Imagine que esse diretor é capaz de mantê-lo em contato com a alma e com o anjo solar.

12. Visualize no corpo etérico, acima da cabeça, a imagem de uma flor de lótus com mil pétalas. Imagine a luz dourada do anjo solar e da alma fazendo vibrar essas pétalas à medida que trabalham com o diretor para ajudá-lo a desenvolver-se. Imagine apenas o que aconteceria se o sistema nervoso estivesse em perfeito equilíbrio e o cérebro estivesse servindo como um potente receptor para a alma e para a sabedoria do universo. Imagine o que você poderia fazer com uma mente lúcida que usasse seu conhecimento de maneira criativa e ajudasse muitas e muitas pessoas. Quanto a sua vida mudaria se o futuro se revelasse à sua frente! Imagine como essas mudanças acrescentariam significado e propósito à sua vida.

13. Agora, leve o diretor do sistema nervoso para se encontrar com o agente interior da cura a fim de trazer até você a visão que a alma tem da sua mente evoluída. Retenha na mente imagens de um sistema nervoso evoluído, de modo que elas possam lhe dar idéias e sugestões do seu papel na criação dessas mudanças. Eis aqui algumas perguntas que você pode fazer.

- Pergunte que mudanças no estilo de vida o ajudarão a ter uma memória melhor, mais concentração e uma ligação mais íntima com a alma.
- Pergunte onde você está desperdiçando energia atualmente. O uso correto da energia, dia após dia, dará ao diretor o maior apoio possível na cura, no equilíbrio e no desenvolvimento do sistema nervoso.
- Pergunte quais alimentos nutrirão o cérebro, e se ele precisa de suplementos especiais, especialmente se você tem mais de 45 anos.
- Pergunte sobre os tipos de atividade que serão mais benéficas para o cérebro e para a mente. Peça também orientação sobre a quantidade ideal de exercícios, de luz solar e de sono.
- Peça para que você tome consciência das decisões que possam dificultar o trabalho do diretor no sistema nervoso.
- Peça ao agente interior da cura e ao diretor do sistema nervoso para mostrarem a você qual deve ser o próximo passo para harmonizar o cérebro com a mente superior e a alma.

14. Abra-se para um profundo sentimento de gratidão pela luz que está sendo mantida sobre você para estimular a mente e elevá-lo até um nível acima.

15. Combine um sinal com o diretor para que ele lhe mostre as ocasiões em que você está se deixando levar pela agitação mental. Peça a ele que o avise se você permanecer demasiadamente sério e se esquecer de rir, ou se você deixar de perceber a beleza dos cintilantes raios de sol que dançam pela Terra e ao seu redor. Tenha em mente a maneira como você reorganizará os seus horários quando receber esse sinal. Não importa se você decidiu relaxar ouvindo música angélica, praticando uma meditação orientada ou simplesmente sentando-se junto a uma fonte e ouvindo o barulho da água jorrando, desde que você honre o compromisso de fazer alguma coisa para relaxar.

CAPÍTULO 15

A Cura do Sistema Respiratório

O sistema respiratório fornece à vida saúde e vitalidade exuberantes, enviando oxigênio novo para o sangue a cada segundo. O oxigênio atravessa as minúsculas membranas dos pulmões, passa para o sistema circulatório e em seguida viaja para dentro de cada tecido e de cada célula através da corrente sangüínea. As células absorvem oxigênio e liberam dióxido de carbono, assim como você. Você pode expandir a capacidade dos seus pulmões para absorver mais oxigênio e assim manter seu corpo jovem e cheio de energia ao longo de toda a vida. O oxigênio revitaliza o corpo, elimina bloqueios, retarda a decomposição dos colágenos e impede o envelhecimento prematuro. Por meio do oxigênio, carregado de energia vital da alma, o corpo é purificado e os resíduos são eliminados de maneira eficaz. Germes, vírus, parasitas, fungos, fermentos e obstruções nas artérias são suprimidos. O oxigênio pode melhorar ou curar a preguiça, a estomatite, os edemas, as doenças cardíacas, os tumores e as doenças do sistema imunológico. Um bom sistema respiratório pode eliminar a depressão e trazer vitalidade para a mente e para o corpo. Ele acaba com a inanição crônica de oxigênio nos tecidos e nas células, mal de que muitas pessoas sofrem.

Quando você desenvolve o sistema respiratório enviando luz para o diretor do sistema e para as células, você passa a ter um núcleo interior de energia que o alimenta, e descobre a confiança para falar o que sente e expressar-se com desenvoltura, e torna-se uma pessoa equilibrada e em paz com o mundo. Você pode se tornar altamente criativo e falar com amor e com força interior, de maneira a curar a si mesmo e aos outros. Pode desenvolver seus dons artístico se começar a pintar, desenhar, compor ou escrever.

Quando o diretor do sistema respiratório precisa de ajuda

Os problemas neste sistema são as infecções no trato respiratório superior e as disfunções no nariz, na garganta, nos seios da face e na laringe. As infecções mais corriqueiras são o resfriado comum, a amigdalite, a laringite, tosses ou crupe. As infecções no baixo trato respiratório afetam a traquéia, os brônquios e os pulmões. Elas podem causar pneumonia, bronquite e asma. Outros problemas respiratórios são a respiração superficial, a respiração rápida e a respiração ofegante. Se você tem garganta dolorida, voz rouca, dificuldade para engolir, bócio, bronquite, tosse, asma, alergias ou resfriados freqüentes, o diretor do sistema respiratório precisa de ajuda. Dores de dente, problemas nas gengivas, gripe, pescoço rígido, hipo ou hipertireoidismo são outros sinais de que o diretor do sistema respiratório está com excesso de trabalho.

Para curar problemas nesse sistema, os anjos o ajudarão a ter coragem de agir com base na intuição superior e de expressar seus sentimentos superiores de modo que sejam ouvidos. Essa coragem lhe dá a liberdade de respirar de maneira consciente, com alegria e amor, de maneira a diminuir a congestão dos seus pulmões e dos brônquios. Respire várias vezes, profunda e lentamente, exatamente agora; reafirme a sua vontade de ser tão saudável quanto puder imaginar e sinta que o seu nível de energia começa a subir.

A respiração da cura

Para comunicar-se com o diretor do sistema respiratório, você usará a nota da alma. Você vai respirar de modo que essa nota celeste seja irradiada pelo anjo solar e reverbere através dos pulmões e de todo o sistema respiratório. À medida que lê, imagine que a nota da alma está permeando a sala onde você está sentado agora e está invocando a presença dos anjos da cura.

Duas circunstâncias ajudam a curar o sistema respiratório. Em primeiro lugar, o corpo precisa de ar puro, o mais limpo que você possa encontrar. Tosses crônicas, inflamação na garganta e asma podem diminuir quando você respira um ar não contaminado com poluentes. O ar ideal deve estar livre de produtos químicos, emitidos pela indústria e por automóveis e de toxinas provenientes dos medos e das ansiedades das pessoas. Depois do ar, o agente revitalizador mais importante para o sistema respiratório é a criação de uma essência mais sutil para o ar. Isso permite que cada respiração o energize e regenere mais plenamente.

Como encontrar ar saudável

Um cientista da Nasa, de 50 anos, se considerava muito velho para correr, mas quando se mudou de uma área metropolitana para uma tranqüila região rural, onde o ar era muito puro, descobriu que podia correr tanto quanto quando era mais jovem. O problema era o ar tóxico da cidade, e não a capacidade dos pulmões para levar oxigênio para o corpo e para o cérebro. A atmosfera mental tóxica, repleta de medo e de preocupações das massas, também desempenhava o seu papel. Pense sobre o ar que você está respirando; será que ele é puro e saudável ou é cheio de impurezas físicas ou emocionais? Imagine o que você pode fazer para melhorar a qualidade da atmosfera em que vive. Se está vivendo ou trabalhando numa área altamente poluída, comece a visualizar a sua vida num local onde o ar é mais puro. Essas imagens abrirão um caminho para você viver onde o ar é melhor. Tenha em mente uma imagem de pessoas e indústrias reduzindo a poluição no mundo inteiro, de maneira que todos nós possamos respirar um ar mais limpo.

Passe o máximo de tempo que puder fora de casa. A Terra tem um campo magnético muito benéfico e revitalizante. Um fim de semana, ou até mesmo uma hora, em contato com a natureza podem estimular muitos níveis de cura. Estar em meio à natureza é especialmente revigorante nos casos de fadiga ou dores de cabeça crônicas. Experimente se deitar no chão para absorver a energia da terra. O contato com a natureza purifica o sistema respiratório. Todas as plantas, árvores e flores saudáveis produzem energias de cura sutis. O ar é continuamente purificado e recarregado pelas plantas e pelas árvores. Envolva, com os braços, uma árvore imponente, e traga a energia dela para dentro do corpo. Se não puder estar em contato com a natureza no plano físico, ou se estiver vivendo numa área poluída, considere a possibilidade de usar um purificador de ar em casa.

A melhoria da qualidade do ar

O segundo aspecto da cura do sistema respiratório provém do amor pela alma e por todas as pessoas que estão se desenvolvendo por meio da luz, do amor e do serviço fraterno — sua extensa família de irmãos e irmãs espirituais. Um grande manancial de força penetra em você por intermédio desse amor. Por meio da respiração, ele faz nascer em você uma qualidade essencial que fortalece o sistema respiratório e amplia a vida ativa e saudável. Esse amor lhe permite extrair do ar as freqüências sonoras dos anjos do amor divino e do anjo solar. A respiração se aprofunda e, por si mesma, assume uma profundidade e um ritmo mais benéficos.

Uma artista teve, durante anos, uma tosse crônica, até que passou a trabalhar com o diretor do sistema respiratório. Ela aprendeu a tornar mais lenta a respiração e a olhar para a vida. Reconheceu que seu estilo de vida sujeito a muitas pressões fechara parte dos pulmões para que ela não visse o que não queria ver. Ela tinha medo de ouvir o agente interior da cura por temer que ele lhe aconselhasse mudanças que ela não estava pronta para fazer. Quando compreendeu que, se insistisse em manter esse estilo de vida, isso poderia resultar em sérias doenças respiratórias, percebeu quão profundamente amava sua alma e sua vida. Então resolveu agir. Recorreu à ajuda de um homeopata e trabalhou com um terapeuta para dissolver medos que estavam pondo em curto-circuito sua energia vital. Fez exercícios caminhando pelo menos meia hora por dia. Começou a passar algum tempo em solidão, para estar com a alma e para se ligar com os irmãos e irmãs espirituais (o grupo anímico) no plano interior. Sua tosse incômoda desapareceu, e ela está recebendo recompensas ainda maiores — mais produtividade com menos esforço, capacidade de ouvir e de honrar sua intuição e tempo para estar com aqueles que podem vê-la e honrá-la enquanto alma.

A cura do sistema respiratório

1. Vá até o bosque mais tranqüilo e revigorante que puder imaginar na Ilha da Regeneração. Entre no riacho da montanha e encha os pulmões com o aroma de lilases que florescem nas cercanias. Sinta a fragrância dos pinheiros e das laranjeiras silvestres. Sinta a textura do tronco de uma árvore e absorva sua energia e força. Perceba como as raízes são profundas e firmes, alimentadas pelos nutrientes da terra. Observe a árvore sintetizando a vitalidade do Sol para alimentar-se com luz.

2. Ligue-se com o anjo solar e com a alma para formar o triângulo de luz. Deixe essa luz cintilante fluir para dentro do centro do coração e do centro da garganta, até o diretor do sistema respiratório. Veja esses raios de luz dourada iluminando esse diretor, que é encarregado da criatividade superior e está estreitamente ligado com os diretores dos sistema nervoso e circulatório.

3. Os anjos do amor divino estão vindo agora, através do triângulo, para curar e desenvolver o diretor. Todo o amor iluminado que esse diretor recebe será enviado até a glândula tireóide, a laringe, os seios da face, a garganta e os pulmões a fim de regenerar as células e acrescentar luz. Sinta a presença

desses anjos ao redor dos centros da garganta e do coração à medida que trabalham com o diretor do sistema respiratório.

4. Outros anjos da cura estão vindo agora para acrescentar cores iridescentes ao sistema respiratório e à glândula tireóide. Deixe essas cores circularem pela sua garganta. Elas podem ser douradas, azuis, verdes, amarelas ou violeta — cada matiz é iridescente e ligeiramente prateado. Inspire essas cores para dentro dos seios da face e dos pulmões. Se você não tem facilidade para imaginar cores específicas, imagine uma luz branca que contém todas as cores.

5. Os anjos da cura trabalham, em seguida, com sons e vibrações. Imagine que você pode senti-los cantando em belos tons e em melodias celestiais, como apenas os anjos cantam. Imagine essa música entrando nos pulmões à medida que você respira, e fazendo circular vibrações de cura para dentro da corrente sangüínea e para cada órgão, tecido e célula do corpo.

6. Imagine como você pode ser criativo em regenerar sua energia vital e em usar essa energia para dar forma a algo muito importante para você. Imagine como aquilo que você cria cintilará e se tornará um feixe de luz. Visualize anjos limpando a sua garganta e seus seios da face congestionados, trazendo oxigênio às suas células. Veja esse oxigênio revitalizando e rejuvenescendo todo o seu corpo. Veja a si mesmo falando com confiança devido à energia vital que esse oxigênio lhe traz, expressando com desenvoltura seu conhecimento e sua sabedoria.

7. Visualize-se amando conscientemente a sua alma à medida que ela se aproxima de você e o ensina. Veja-se capaz de amar outras pessoas com sabedoria e compaixão. Veja-se ocupado com o trabalho que tem verdadeiro significado para você. Essas imagens criam o "projeto de obra" que faz parte do seu holograma da cura. Elas conferem poder aos anjos da cura e à sua alma para transformar o sistema respiratório e o centro da garganta a fim de que concentrem mais luz. Projete essas imagens para o diretor desse sistema e para o agente interior da cura.

8. Agora, reúna o agente interior da cura e o diretor do sistema respiratório para que respondam às suas perguntas e lhe mostrem o que você precisa fazer a fim de curar e desenvolver esse sistema. Pergunte tudo o que você precisa saber. Pense no problema com o qual você está trabalhando. Ele pode envolver a glândula tireóide, a laringe, os seios da face, a garganta e os pulmões. Os anjos ajudarão a curar esse problema antes de qualquer outro.

- Peça que a sua respiração seja livre e natural, e não bloqueada pelas emoções terríveis que a restringiram no passado. Peça que as lembranças ruins sejam apagadas para libertá-lo do passado e colocá-lo em contato mais íntimo com o seu propósito mais elevado para este ano.

- Peça para localizar as partes do seu corpo em que o fluxo de oxigênio está bloqueado.
- Peça que o diretor lhe mostre qual a maneira de respirar para que o ar penetre nas células levando energia vital, e para inalar a alegria dos anjos da cura.
- Peça para saber como você pode ajudar a revitalizar o seu sistema respiratório e que alimentos lhe serão benéficos. Descubra se alguns alimentos estão causando reações alérgicas.
- Peça para saber que tipo de exercício aumentará a capacidade respiratória dos seus pulmões permitindo que eles recebam mais oxigênio.
- Peça para saber em que medida o trabalho do diretor do sistema respiratório é afetado pelo fato de você deixar de dizer o que precisa ou pelo fato de você falar muito.
- Peça para saber sobre os benefícios dos momentos de solidão e pergunte quanto tempo você precisa passar com sua alma e com seu anjo solar para desenvolver melhor esse diretor.
- Peça para ver em que situação você pode usar palavras amorosas para você ou para outras pessoas.
- Peça para ver os conflitos internos que impedem seus pulmões de receber oxigênio suficiente. Peça para saber se você precisa procurar um profissional da área de saúde para ajudá-lo nessa cura.
- Pergunte que tipo de qualidade (vitalidade, contentamento, alegria, amor, energia, harmonia, beleza) ajudará os anjos da cura a revitalizar o seu sistema respiratório. Combine essa qualidade com o ar que respira a fim de levá-la até os pulmões. Você poderá ter uma sensação duradoura de leveza e de felicidade.

Enquanto você trabalhar com os anjos da cura para reequilibrar e desenvolver esse sistema, poderá notar que vêm à tona sentimentos há muito ocultos dentro de você. Se você deixar esses sentimentos surgirem e fluírem, sua respiração também voltará a fluir pelo corpo todo, como na sua infância. (A respiração tende a ficar constrita à medida que a pessoa envelhece, num esforço para suprimir aquilo que ela não quer saber ou sentir.) Observe como você se sente muito mais forte e mais corajoso quando se senta tranqüilamente e respira durante dez minutos, deixando os sentimentos reprimidos se manifestarem. Observe como esses sentimentos podem fluir rapidamente através de você, como folhas que esvoaçam de uma árvore num dia de inverno, para dar lugar aos novos brotos da primavera. ("Veja, lá se vai uma folha amarela, uma folha laranja, uma verde e amarela...") Não há necessidade de examinar minuciosamente essas folhas; simplesmente observe-as e em seguida passe admirar os novos brotos se formando. Da mesma maneira, tome a posição de um observador e permita que todos os sentimentos esvoacem para fora da sua mente e do seu corpo. ("Ah, olha um sentimento de raiva, um sentimento de superioridade, um feixe de sentimentos — ciúme, inveja, medo, egoísmo e assim por diante.") Em seguida, concentre-se nos novos sentimentos incipientes, que têm agora um lugar para brotar. Inspire o oxigênio cheio de luz que enche os seus pulmões. Não fique surpreso se notar uma sensação imediata de vitalidade e de otimismo com relação à vida. Você limpou o caminho por meio da respiração e abriu-se para um contato mais íntimo com a alegria pura dos anjos da cura.

CAPÍTULO 16

Como Fortalecer o Sistema Imunológico

O diretor do sistema imunológico trabalha com todos os centros energéticos para proteger o corpo de formas de vida microscópicas potencialmente nocivas, tais como bactérias, vírus e fungos. Se estes conseguem penetrar na camada externa da pele, os glóbulos brancos do sangue tentam destruí-los. Se essa linha de defesa não for bem-sucedida, uma segunda linha de defesa imunológica, denominada sistema imunológico adaptativo, reage para bloquear os organismos invasores. Esse sistema armazena a memória que retém de um invasor, de modo que as defesas possam ser instantaneamente convocadas no futuro. O diretor do sistema planeja uma estratégia para eliminar os invasores, enviar ordens às células imunológicas e passar à ação. Se os microorganismos retornarem, esses patrulheiros entrarão em ação rapidamente para cercar e digerir as células que estão fora de sintonia com o corpo. As células T fazem com que as moléculas do vírus entrem em colapso. Os invasores recuam quase tão depressa quanto chegaram. A estratégia das células T é rápida, limpa e concentrada.

O diretor do sistema imunológico está lhe prestando um verdadeiro serviço, sempre alerta para formar uma almofada protetora contra organismos invasores. Quando o sistema imunológico está em plena forma, a saúde fica tão bem protegida que a pessoa nem sequer toma conhecimento dos invasores em potencial e não tem sintoma nenhum, nem febre, nem mal-estar, nem dores. O diretor lida com a situação de maneira tão suave e rápida que o coração não falha nem mesmo numa só batida. Os patrulheiros e trabalhadores do sistema imunológico são produzidos em quantidade suficiente com amplas reservas para qualquer emergência. A harmonia entre o diretor e as equipes é muito clara. O diretor ativa o banco de memória para encontrar os anticorpos e as enzimas necessárias para digerir as novas bactérias invasoras.

Quando o sistema imunológico está imerso na luz da alma e do anjo solar, ele se torna ainda mais forte, e mantém o seu corpo tão limpo que ele não chega a sentir a tensão que acompanha a luta contra uma doença em potencial. Por isso, o corpo é pouco afetado pelos processos normais de envelhecimento.

Quando o diretor do sistema imunológico precisa de ajuda

Pode haver ocasiões em que o diretor precise da sua ajuda, e da ajuda dos anjos da cura. Por exemplo, os patrulheiros do sistema imunológico podem estar apagando muitos incêndios ao mesmo tempo, por isso não conseguem apanhar os invasores externos antes que eles se estabeleçam. A ação desses patrulheiros pode ser dificultada por antibióticos em excesso, metais pesados, materiais radioativos e doses acumuladas de remédios. Entre os sintomas de tensão do sistema imunológico estão as doenças, as indisposições, as viroses, as infecções por fungos e parasitas, o envelhecimento prematuro, a depressão, a fadiga, a irritabilidade e outras emoções negativas. Uma doença ou uma infecção só se agravam quando o sistema imunológico é incapaz de proteger o corpo. Em alguns casos, as células do sistema imunológico começam a atacar as próprias proteínas do corpo, classificando-as como substâncias "estranhas". Isso pode criar um distúrbio imunológico, tal como a artrite, as alergias, o lupo ou a esclerose múltipla. Se você está doente ou em vias de ficar doente, leve os anjos, em primeiro lugar, ao sistema imunológico.

Descubra as emoções que prejudicam o sistema imunológico

Qualquer emoção que bloqueie a felicidade pode enfraquecer o sistema imunológico. A infelicidade e os sentimentos negativos trabalham contra a saúde. Qualquer satisfação favorece o estado natural de saúde. Ambos os tipos de emoções, leves e densas, começam no nível emocional e então vão para o nível físico, fortalecendo ou enfraquecendo o sistema imunológico. A irritação é uma emoção que cria toxinas que podem enfraquecer esse sistema. Um temperamento explosivo, que faz a pessoa reagir com fúria quando as coisas não saem como ela quer, pode criar dores de cabeça e fazer a pessoa espalhar venenos na atmosfera. Essas toxinas sutis enfraquecem a resposta imunológica das outras pessoas, bem como a dela própria. Esse tipo de temperamento pode resultar do exemplo dos pais ou da má alimentação, de um estilo de vida pouco saudável e da falta ou excesso de sono.

As pessoas que se sentem maltratadas ou incompreendidas podem produzir toxinas no sangue. A energia reprimida, que surge quando se é obrigado a ficar em silêncio, ou a sensação de impotência também podem enfraquecer o sistema imunológico. A autopiedade pode esmagar a proteção imunológica natural, ocasionando problemas intestinais, indigestão e resfriados. A sensação de opressão, de estar sendo explorado podem causar infecções crônicas nos brônquios, úlceras no estômago e problemas nos dentes ou nos ouvidos. A introspecção excessiva pode causar problemas no fígado e indigestão. Na maior parte das vezes, essas reações emocionais são sutis. Podem estar ocultas nas células em vez de ser expressas. Em qualquer um dos casos, podem enfraquecer seriamente o sistema imunológico.

Os benefícios de expressar sentimentos profundos

O agente interior da cura pode ajudá-lo a encontrar um meio de expressar as emoções mais profundas e de libertá-lo do silêncio forçado. Quando você libera as emoções reprimidas e se habitua a agir sem se preocupar com a opinião alheia, você abre espaço para que os anjos da cura curem o seu corpo. Muitas vezes, corrigir esse tipo de tensão é a ação mais importante que você pode oferecer ao diretor do sistema imunológico. Essa maneira nociva de reagir às situações pode mudar de forma muito mais rápida e totalmente com a ajuda de um bom terapeuta. Não adianta a pessoa culpar a si mesma ou outra pessoa, insistindo para que ela mude seu comportamento. Com o auxílio de um profissional você pode eliminar padrões negativos de reação e incorporar padrões novos, positivos e saudáveis. Então, se a mesma situação ocorrer novamente em sua vida, você poderá reagir com base numa visão mais clara e serena do destino superior que a alma almeja. É provável que a doença não reapareça, pois o combustível, ou a energia que inflamava essas emoções dentro de você, está sendo agora canalizado para o seu triângulo de luz e transmutado numa energia mais sutil.

A revitalização do sistema imunológico por meio de emoções positivas

Se você quer conhecer novas maneiras de enfrentar situações desafiadoras, peça aos anjos da cura que trabalhem com o seu corpo emocional de modo a fortalecer o sistema imunológico. Emoções serenas, baseadas no desejo de não agredir ou ferir ninguém, somadas à vontade de ajudar e de curar o mundo, trazem a harmonia interior que fortalece esse sistema. Emoções joviais, confiantes, otimistas e encorajadoras curam as doenças; rejuvenescem todo o corpo. É improvável que você pegue doenças, até mesmo doenças corriqueiras como resfriados e dores de garganta, quando você se sente satisfeito e contente. O contentamento proporciona-lhe um espírito leve, senso de humor e uma expectativa positiva. Você ganha confiança para aceitar tudo o que possa lhe acontecer.

Mesmo quando você tem emoções equilibradas e suaves, ainda é importante para o sistema imunológico que você libere completamente a tensão por meio do prazer e da atividade lúdica. Acrescente prazer, riso e alegria a cada dia. Comece visualizando uma imagem nítida desses momentos felizes. Procure alguém que reconheça e honre o sol dentro do seu coração. Faça, nesta semana, uma coisa que você nunca fez antes. Saia da rotina para sentir o sol brilhando dentro de você.

A revitalização do sistema imunológico por meio de uma alimentação saudável

Além de criar uma base emocional estável, você pode ajudar o diretor do sistema imunológico mantendo uma alimentação saudável. Não há uma só dieta apropriada para todas as pessoas. Mesmo a alimentação de uma única pessoa muda em diferentes estágios da vida. Depois de decidir qual é a dieta correta para você agora, descubra os alimentos de melhor qualidade. Se possível, coma verduras cultivadas sem fertilizantes e defensivos químicos. Procure saber o dia em que elas chegam ao mercado e use-as nesse mesmo dia. O alimento que ainda retém as vibrações da terra e do sol possui energias de cura específicas. Os anjos podem transformar essa energia para que o corpo a utilize. Os alimentos industrializados têm quantidades muito pequenas de energia vital, e não podem ajudar o sistema imunológico a se desenvolver. Uma corretora de imóveis de 35 anos estava invocando, todos os dias, os anjos da cura através do triângulo de luz, mas, mesmo assim, ainda tinha dificuldades para curar lesões, infecções nos brônquios e um problema nas gengivas. Quando conseguiu se comunicar com o diretor, viu que substâncias tóxicas em suas células, provenientes de medicamentos prescritos pelos médicos, estavam prejudicando o sistema imunológico. O agente interior da cura mostrou-lhe que, se essas substâncias não fossem suprimidas muito rapidamente, o sistema imunológico ficaria sobrecarregado e o DNA das células seria afetado. O DNA é o código genético de cada célula. É semelhante a um programa de computador que determina o trabalho a ser feito por cada célula. Essa senhora compreendeu que os anjos da cura precisavam de materiais melhores para trabalhar, e que tinha de passar a comer alimentos e suplementos alimentares que ajudassem a eliminar essas substâncias tóxicas do seu corpo. Ao longo dos meses seguintes, o seu sistema imunológico se recuperou. Em primeiro lugar, ela estudou como os alimentos curam e, em seguida, adotou uma dieta macrobiótica constituída principalmente de cereais e de legumes. Todas as infecções desapareceram, e ela passou a se sentir uma nova pessoa.

A revitalização do sistema imunológico por meio da luz solar

O diretor precisa da substância angélica que provém do sol para ser plenamente revitalizado. Cada comprimento de onda dos raios solares contém nutrientes invisíveis que estão além da luz física do sol. A luz solar revitaliza o corpo etérico, que por sua vez revitaliza o corpo físico. Ela mantém sincronizados os ritmos hormonais, estimula a glândula pineal e revitaliza o equilíbrio metabólico e hormonal; penetra nos tecidos e irradia-se pelo sangue nas veias capilares, que ficam perto da superfície da pele. Também ajuda a estimular a produção de glóbulos vermelhos, influencia o metabolismo do fígado e aumenta enormemente a capacidade de eliminar substâncias tóxicas; ajuda a manter em equilíbrio os níveis de cálcio, de potássio e de insulina; e também ajuda a proteger os dentes. Além disso, pode baixar os níveis de colesterol, normalizar a pressão sangüínea e a prevenir a osteoporose. A depressão, assim como outras emoções nocivas, responde imediatamente à luz solar. Os raios do sol também estimulam a glândula pineal, fazendo com que secrete o hormônio melatonina, que faculta o sono profundo. Uma única exposição à luz solar pode fortalecer o sistema imunológico; no entanto, o ideal é tomar banhos de sol freqüentes.

Sempre que puder, saia de manhã e banhe-se na luz solar. Se sentir que o sol faz bem ao seu corpo, tome sol todas as manhãs. Uma vez que o corpo pode armazenar nutrientes da luz solar, tomar sol duas vezes por semana pode ser suficiente para manter o sistema imunológico saudável. Se o sol estiver muito forte, fique na sombra, debaixo de uma árvore.

A revitalização do corpo etérico por meio da luz solar

A substância angélica presente nos raios solares revitaliza o corpo etérico por meio de três pontos receptores localizados entre as omoplatas, acima do plexo solar e acima do diafragma. Esses pontos receptores podem se retrair se permanecer durante anos cobertos de roupas; no entanto, podem voltar a ser receptivos graças à exposição gradual ao sol. Para receber sua energia vital, deixe os raios solares atingirem diretamente esses pontos. Eles são mais receptivos quando a espinha está ereta. A postura é algo que você pode corrigir por meio de exercícios como a ioga ou com a ajuda de um quiroprático ou de outro profissional de cura.

Selecione com cuidado a hora do dia e a duração da exposição ao sol. Comece com períodos muito breves no começo do dia, e acrescente alguns minutos à medida que seu corpo for ficando mais receptivo. Quinze minutos diários de luz solar é um verdadeiro tônico. Evite a luz solar do meio-dia para não ficar com queimaduras. O excesso de sol pode enfraquecer o corpo etérico, fazê-lo perder a flexibilidade ou vibrar rápido demais. A teia etérica pode se tornar muito espessa para que o anjo solar e a alma alcancem o corpo físico.

Se você está trabalhando num escritório ou em outro ambiente fechado, use uma iluminação de espectro amplo. Independentemente da claridade oferecida pelas lâmpadas fluorescentes, elas não contêm os nutrientes essenciais para o corpo, pois sua luz não contém todas as cores do espectro, o que pode desequilibrar os sistemas.

A revitalização do sistema imunológico por meio do sono

Um sono repousante é outro fator essencial para um sistema imunológico saudável. Procure dormir num quarto silencioso e escuro. A glândula pineal precisa de escuridão total para secretar os hormônios que produzem um sono profundo e repousante. Durma ao ar livre sempre que possível, procurando se sentir confortável. O campo magnético da Terra é particularmente benéfico para o corpo. Dormir no chão ao ar livre é especialmente revitalizante, pois a vibração da Terra é mais fraca dentro de casa. Um homem cujo nível de energia era muito baixo aprendeu com o diretor do seu sistema imunológico e com o agente interior da cura que o seu sono não era suficientemente profundo para restaurar o seu corpo, e a sua mente estava muito agitada. Ele precisou reservar algum tempo para fazer longas caminhadas solitárias e de um quarto silencioso para encontrar-se consigo mesmo antes de ir para a cama. Essas mudanças se mostraram tão benéficas que ele resolveu fazer um retiro espiritual. Passou quatro dias dormindo ao ar livre, numa montanha nas proximidades da sua casa, e dando longos passeios durante o dia. Depois desse retiro passou a dormir melhor do que jamais o fizera. Sentiu-se completamente restabelecido.

Hoje ele faz retiros com alguma freqüência, para armazenar no corpo a energia pura das árvores, dos regatos da montanha, das flores silvestres e da luz do sol. Você não precisa ir até as montanhas para restaurar o sistema imunológico, mas se tiver uma oportunidade para estar junto à natureza, nem que seja por meia hora, poderá constatar que é capaz de sentir os anjos da cura com mais facilidade durante esses momentos de solidão e de beleza.

O sono é mais fácil quando mantemos uma certa regularidade, pois assim a mente e o corpo têm um tempo definido para se desligar de tudo o mais, à noite. Antes de ir dormir, visualize o triângulo dourado e encha o quarto com a sua luz. Peça, então, ao anjo solar que permaneça com você enquanto estiver dormindo. Se tiver dificuldade para dormir, ou se costuma acordar durante a noite, permaneça na cama e se ligue com os anjos da cura. À noite, os anjos curam o fígado, a vesícula biliar, a glândula pineal e outras glândulas nas primeiras horas de sono. Se você for dormir às 10 horas todas as noites, estará disponível para a cura promovida pelos diretores superiores e anjos da cura. Eles começam em torno de uma hora depois que você foi para a cama, quando já está em sono profundo, além do estado de sonho.

A revitalização do sistema imunológico por meio do oxigênio

O oxigênio purifica as células e destrói germes, vírus, parasitas, fermentos e placas nas artérias. Ele dá energia ao corpo e elimina bloqueios. As pessoas que têm excesso de peso ou estomatite, artrite, fadiga crônica, esclerose múltipla ou AIDS precisam de mais oxigênio nas células. A falta de oxigênio nas células pode provocar depressão e sensação de peso. Faça exercícios regularmente e visualize um suprimento maior de oxigênio circulando pela corrente sangüínea e atingindo as células. Assim você estará preparando um caminho de cura para que os anjos fortifiquem o seu sistema imunológico; estará dizendo a esses agentes angélicos da cura: "Penetrem agora, com suas cores e seus sons de cura, no centro de minhas células." Enquanto estiver fazendo exercícios, especialmente os aeróbicos, evoque os anjos da cura. Dessa forma o oxigênio extra que o organismo está processando dará a esses seres um excelente meio para curá-lo.

A revitalização do sistema imunológico por meio de atividades que trazem significado à sua vida

Para fortalecer seu sistema imunológico, além de alimento, de luz solar, de exercício e de sono, você precisa fazer o que traz significado à sua vida.

Você já aprendeu a descobrir as coisas que dão significado à sua vida quando trabalhou com a vontade de se curar, no Capítulo 2. Releia esse capítulo para obter novos esclarecimentos a respeito do objetivo que pretende atingir ao ganhar mais energia. Um homem com pouco mais de 50 anos pediu ao diretor que lhe mostrasse como fortalecer o sistema imunológico. Ele nadava e praticava exercícios numa quadra de esportes várias vezes por semana; não obstante, apanhava cada vírus que aparecia em sua comunidade. Ele imaginou o sistema imunológico como uma roseira. Quando visualizou a roseira, ficou surpreso ao perceber que não havia rosas. O agente interior da cura e o diretor do sistema imunológico sugeriram que ele saudasse o sol a cada manhã, quando os primeiros raios aparecessem. Fez isso, e descobriu uma nova e extraordinária ligação com o anjo solar. Sentia esse anjo vindo até ele por meio dos primeiros raios de sol. A seguir, ele dava tranqüilas caminhadas solitárias antes de ir trabalhar. Quatro semanas mais tarde, quando visualizou a roseira do sistema imunológico, viu vários botões de rosa se formando. Três grandes rosas vermelhas estavam plenamente abertas. O sistema imunológico reagira ao poder da saudação ao sol quando ele aparecia a cada manhã. Não precisava só dos exercícios para manter-se em forma; precisava da energia do sol nascente e da alegre solidão de caminhar de manhã bem cedo. Não apenas as lutas com os vírus terminaram como o espírito dele se iluminou. Uma pequena mudança, mas, ao seguir a simples recomendação que veio até ele, esse homem criou um sistema imunológico forte e uma vida mais feliz.

Meios para fortalecer o sistema imunológico de um grupo de pessoas

Uma executiva da área contábil passou a criar uma névoa de alegria e de amor ao redor dos seis membros da sua equipe de trabalho. A cada manhã ela preparava uma atmosfera cheia de belas cores. Selecionava cores calmantes ou energizantes, conforme as necessidades do grupo. Qualquer funcionário que se mostrasse irritado receberia a luz rosa quando essa senhora introduzia no ambiente os anjos do amor divino. Assim, a irritação se dissolveria. Ela deu a esse processo o nome de “amaciamento das auras”. O número de pedidos de licença por motivos de doença diminuiu substancialmente. A equipe passou a gostar de ir ao trabalho. Logo ficou evidente que as cores irradiadas no ambiente de trabalho por meio do triângulo de luz dessa senhora fortalecera o sistema imunológico dos funcionários. A presença dos anjos deu a cada um deles, naquele inverno, proteção contra os resfriados e os vírus que estavam se alastrando pelos outros escritórios. Tente aplicar esse procedimento simples em qualquer grupo para criar uma barreira de proteção grupal contra bactérias e emoções nocivas.

A cura e o desenvolvimento do sistema imunológico

1. Permaneça sob o sol no pátio interno do Templo da Cura e tome uma ducha de luz.

2. Visualize um triângulo de luz com a alma e o anjo solar e traga a luz do triângulo para dentro de si. Mentalize essa corrente espiritual de energia fluindo do triângulo e revitalizando o diretor do sistema imunológico. Imagine esse diretor absorvendo e integrando essa luz e tornando-se mais forte e mais sábio. Imagine-o criando células capazes de vencer qualquer bactéria invasora.

3. Imagine como seria se o sistema imunológico pudesse impedir todas as bactérias hostis de se multiplicar no corpo. Como seria se esse diretor tivesse os recursos necessários para purificar sem esforço a corrente sangüínea, o fígado, as glândulas e os rins, de modo que não se deteriorassem nem envelhecessem? Imagine o que você poderia fazer com a sua vida se estivesse sempre em excelente estado de saúde.

4. Os anjos do amor divino estão vindo até você para, em primeiro lugar, trabalhar com o diretor do sistema imunológico. Visualize esses anjos circundando o diretor, tocando cada um dos centros de energia e aperfeiçoando as células do sistema imunológico para mostrar-lhes um caminho superior rumo à saúde perfeita.

5. Muitos anjos estão trazendo agora cores translúcidas para limpar e purificar o sistema imunológico. Imagine um matiz laranja-dourado fluindo sobre o diretor e sobre todas as células do sistema imunológico. Visualize os anjos usando uma bela cor azul-violeta como anti-séptico para curar qualquer infecção, virose ou doença parasitária.

6. Sons angélicos estão agora alcançando o diretor para fortalecer o sistema imunológico. Cante ou entoe com vigor a palavra sagrada OM, a fim de ajudar esse diretor a eliminar qualquer parasita nocivo ao corpo. Entoe novamente o OM e visualize as células do sistema imunológico eliminando toxinas do corpo. Pronuncie OM uma terceira vez, muito suavemente, para ajudar os anjos a trazer ao diretor a substância necessária à criação de células imunológicas mais inteligentes e eficientes. Visualize os anjos da cura desenvolvendo o sistema imunológico de modo que este ofereça ao corpo total proteção.

7. Os trabalhadores angélicos aceitam as sugestões do "projeto arquitetô-

nico" que você lhes apresenta. Imagine como será o seu corpo quando ele estiver funcionando perfeitamente. Pense em como ele seria se tivesse resistência para fazer tudo o que é realmente importante para você. Visualize o seu corpo saudável e livre de qualquer infecção quando você tiver em torno de 90 ou 95 anos. Veja-o forte e vigoroso, alerta e flexível, permitindo que você trabalhe e viva bem. Imagine esse sistema sendo rejuvenescido ano após ano e trabalhando em perfeita harmonia com os outros sistemas.

8. Agora, leve o agente interior da cura até o diretor do sistema imunológico de modo que eles possam decidir sobre a melhor maneira de você ajudar a fortalecer e a desenvolver esse sistema para que ele se ajuste ao "projeto arquitetônico" que você está visualizando.

- Peça para que lhe indiquem alimentos que fortaleçam a imunidade às doenças, como, por exemplo, alho e cebola frescos, alimentos com zinco, etc.
- Pergunte a respeito do período ideal de sono para ter um sistema imunológico mais saudável. Mais uma vez, peça detalhes a respeito da quantidade de horas e do horário ideal para se deitar e se levantar de manhã.
- Pergunte a respeito de como obter mais oxigênio para as células. Se elas precisarem de mais oxigênio, pergunte a respeito de um programa de exercícios regulares para sanar esse problema.
- Pergunte sobre a melhor maneira de você obter a vitalidade e a imunidade que a luz solar direta oferece a você.
- Peça para saber quais são as reações emocionais que dificultam o trabalho do diretor do sistema imunológico.
- Descreva, para o agente interior da cura e para o diretor do sistema imunológico, o objetivo que dá sentido à sua vida. Pergunte como aperfeiçoar esse objetivo, tornando-o um agente de cura mais poderoso.

9. Deixe o diretor e o agente interior da cura comunicarem-se com você e tome nota do que eles dizem. Disponha-se a fazer tudo o que puder para fornecer os materiais de que o diretor necessita para fortalecer o sistema imunológico. Esteja atento para captar mais idéias durante a próxima semana.

10. Mentalize todo o seu corpo com uma aura de saúde e de vitalidade. As mudanças que você está visualizando estão sendo efetuadas à medida que você as envia ao diretor. Elas continuarão a ocorrer durante um longo período de tempo.

CAPÍTULO 17

A Cura do Sistema Endócrino

Neste capítulo, você estará trabalhando com os anjos para curar e regenerar o sistema endócrino. As sete glândulas desse sistema são os transmissores básicos da luz espiritual que passa do corpo etérico para o corpo físico. São o pâncreas, as gônadas, a pineal, a pituitária, a tireóide, o timo e as supra-renais. São elas que dão o tom para as suas experiências de vida. Ninguém tem um sistema endócrino perfeitamente evoluído a esta altura da evolução humana, mas você pode fazer muito para ajudar o diretor desse sistema a fortalecê-lo. Quando as glândulas tornam-se mais evoluídas e equilibradas, sua saúde melhora e você passa a sentir serenidade, entusiasmo, alegria e amor. Você terá um corpo emocional calmo e equilibrado, que mostra coragem e desejo de servir.

Como o sistema endócrino se desenvolve

A corrente de energia espiritual vinda da alma e do anjo solar ajuda a desenvolver esse sistema. Essas glândulas são as forças que regulam e impulsionam o corpo. Quando são saudáveis e equilibradas, emitem as freqüências da alma por intermédio dos hormônios. Secretam esses hormônios diretamente dentro da corrente sangüínea para enriquecer o sangue com uma energia vivificante. Não é necessário visualizar as glândulas para curá-las. Os anjos da cura fazem isso. A melhor maneira de curar e de desenvolver essas glândulas é ligar-se com o diretor do sistema endócrino e deixar que os anjos usem cores, sons e luz para realizar a cura. O diretor e o agente interior da cura lhe mostrarão o que fazer para ter um sistema endócrino dotado da luz cintilante do holograma da cura. Eles poderão pedir que você se ligue freqüentemente com os anjos do amor divino, mentalizando uma determinada cor ou uma bela música no ambiente em que vive. Poderão sugerir que você faça afirmações para ajudar a equilibrar essas glândulas. Ou, então, talvez você perceba que precisa ser totalmente honesto a respeito de quem você é e de por que está aqui. Você não pode enganar as glândulas do sistema endócrino. Deve ser completamente honesto para consigo mesmo e para com todas as outras pessoas a fim de manter as glândulas saudáveis.

O papel das glândulas endócrinas

Glândula pineal

A glândula pineal é uma glândula muito pequena em forma de cone, localizada bem no centro do cérebro, pouco acima do nível dos olhos. Uma glândula pineal ativa traz iluminação. Também possibilita maior imunidade a doenças, recupera o vigor da juventude e melhora o sono. Você tem estimulado suavemente essa glândula com o triângulo com o anjo solar e com a sua alma. Quando a luz dourada do triângulo flui através do centro da coroa, o diretor endócrino estimula essa glândula para que ela se torne mais ativa. Também a luz solar estimula a glândula pineal. Quando exposta à luz interior ou exterior, a glândula pineal produz a melatonina, que ajuda a fortalecer o sistema imunológico e a purificar a corrente sangüínea. Os problemas causados por uma glândula pineal inativa são a insônia e uma carência de intuição superior e de ligações espirituais. Se você acha que essa glândula precisa ser mais ativa, entoe o A-El-I-O para o amor e repita a segunda sílaba, "El", várias vezes. Isso ajuda a obter uma ligação direta com a fonte superior de luz. Desse modo, você ativa a glândula pineal em níveis muito sutis.

Glândula pituitária

A pituitária é uma glândula minúscula situada logo abaixo dos nervos ópticos, numa cavidade do crânio. É denominada glândula-mestra porque controla as atividades das outras glândulas endócrinas. A glândula pituitária secreta hormônios que estimulam as glândulas supra-renais, tireóide e reprodutoras. Na qualidade de glândula-mestra, a pituitária influencia toda a personalidade — corpo, mente e emoções. Ela trabalha com o agente interior da cura a partir do centro frontal. Se você tem problemas com as glândulas supra-renais, tireóide e reprodutoras, ou com os rins, isso pode ser um sinal de que é preciso, em primeiro lugar, fortalecer e curar a glândula pituitária. Se ela não estiver funcionando bem, peça ajuda ao diretor do sistema endócrino, durante a meditação orientada que apresentamos neste capítulo. Entoe, a partir do centro frontal, a terceira sílaba do A-El-I-O para estimular essa glândula. O diretor do sistema endócrino recebe essa vibração e a transmite à glândula pituitária, que produz hormônios e os coloca diretamente na corrente sangüínea.

Glândula tireóide

A glândula tireóide está localizada na parte da frente do pescoço, logo abaixo da laringe. Tem dois lados semelhantes a duas asas de borboleta. Ela é responsável pela produção de calor, pelo crescimento dos ossos, pelo equilíbrio do cálcio e pelo metabolismo. Também afeta o ciclo menstrual e a quantidade de fluidos no corpo. Se você está se sentindo sem energia, se está cansado, se tem pele seca, queda de cabelo, excesso de peso ou sensibilidade excessiva ao frio, essa glândula pode não estar sendo suficientemente estimulada. Se você sente que a sua vida é muito intensa, a glândula tireóide pode estar sendo estimulada demais. Uma tireóide excessivamente ativa pode causar ansiedade, ataques de pânico, palpitações, suor, perda de peso e diarréia.

O diretor do sistema endócrino trabalha com a glândula tireóide a partir do centro da garganta. Visualize essa glândula equilibrando a produção térmica, o crescimento dos ossos e o metabolismo. Imagine que ela está tão perfeitamente equilibrada que o metabolismo ocorre no ritmo da alma, trazendo a energia de que você necessita e aumentando a sua longevidade. Imagine que os hormônios penetram na corrente sangüínea e geram um calor interno no centro das células, o que lhes dá mais imunidade. Visualize a corrente sangüínea sendo permeada pela alta freqüência que esses hormônios lhe trazem. Ela viceja num estado emocional calmo e equilibrado, em palavras e pensamentos que transportam luz. Veja a glândula tireóide aguçando sua memória e o seu raciocínio. Se a glândula tireóide está fora de equilíbrio, concentre-se nela quando se encontrar com o diretor do sistema endócrino durante a meditação orientada. Quando os anjos trabalham com esse problema, ajudam a distribuir a energia de maneira mais uniforme entre o diretor do sistema endócrino e todos os outros diretores. Traga os anjos da cura até essa parte do sistema endócrino. Eles fornecerão mais energia por meio de cores e de sons. Concentre-se na última sílaba do A-El-I-O, entoando várias vezes o "O" para ajudar os anjos a estimular essa glândula.

O timo

A glândula do timo fortalece o sistema imunológico. Ela tem dois lobos e está localizada na parte superior do tórax, atrás do osso externo. Produz hormônios que desempenham um importante papel na defesa do corpo contra infecções. À medida que a corrente de energia espiritual aumenta, essa glândula é ativada com mais intensidade. Ela se desenvolve por meio do amor superior que flui através do centro do coração. Se essa glândula não for suficientemente ativada, concentre-se nela quando encontrar-se com o diretor. Traga os anjos do amor divino para dentro do centro do coração. Cante ou entoe A-El-I-O como se a alma estivesse se manifestando por meio da sua voz. Entoe a primeira sílaba, "A", a partir do coração, para estimular as pétalas do centro do coração a se abrir e energizar ou curar o timo.

O pâncreas

O pâncreas fica atrás do estômago e secreta enzimas digestivas para quebrar carboidratos, gorduras, proteínas e ácidos nucléicos. Produz também insulina para regular o nível de glicose no sangue. O açúcar, o álcool e as drogas podem prejudicar o funcionamento dessa glândula. O diretor do sistema endócrino trabalha com o diretor do sistema digestivo para curar e desenvolver o pâncreas. Se você tem problemas com a digestão ou com uma taxa alta ou baixa de açúcar no sangue, concentre-se nessa glândula durante a meditação orientada incluída neste capítulo. Traga os anjos da cura até o centro do plexo solar e visualize esses dois diretores curando o seu pâncreas, melhorando a digestão e mantendo os níveis de glicose e de açúcar no sangue totalmente equilibrados e saudáveis. Para ajudar a curar o pâncreas enquanto os anjos da cura trabalham com ele, entoe o A-El-I-O do amor divino e repita várias vezes a sílaba "A". Isso ajudará essa glândula a se ligar com o amor divino do anjo solar no centro do coração. Esse som vibratório alivia e acalma o pâncreas trazendo-lhe nova vitalidade.

As gônadas

As glândulas reprodutoras — os testículos nos homens e os ovários nas mulheres — são reguladas pelos hormônios liberados pela glândula pituitária. O diretor do sistema endócrino trabalha a partir do centro do sacro para regenerar essas glândulas. Se elas não estão recebendo energia suficiente ou são estimuladas em excesso, visualize-as na meditação orientada. Pergunte ao diretor do sistema endócrino e ao agente interior da cura o que você pode fazer para ajudar a revitalizar e a reequilibrar essas glândulas. Se está tentando engravidar e não consegue, ou se está tendo problemas menstruais, de menopausa ou na próstata, trabalhe com os anjos da cura repetindo várias vezes o "O", depois que entoar o A-El-I-O para ligar os dois centros criativos (da garganta e do sacro) e para ajudar a distribuir a energia entre as duas glândulas que correspondem a esses centros (tireóide e reprodutora) em perfeita harmonia.

As supra-renais

As glândulas supra-renais estão localizadas acima dos rins, no lado direito do corpo. Elas fornecem energia, mantêm a pressão sangüínea estável e equilibram o nível de sal no corpo. Se você esteve estressado durante um certo tempo, as glândulas supra-renais podem estar esgotadas. Para curar e restabelecer essas glândulas, leve os anjos da cura até o diretor do sistema endócrino nos centros básico e do plexo solar. Se você quer aumentar a luz nessas glândulas, peça aos anjos para ajudá-lo a retirar um pouco dessa energia do centro básico e elevá-la até o centro da coroa. Crie uma ligação entre o diretor do sistema nervoso e o diretor do sistema endócrino. Eles podem trabalhar com as glândulas supra-renais para curá-las e purificá-las. Para ajudar na cura, entoe a palavra do amor de cura, A-El-I-O, e concentre-se no "El", repetindo-o várias vezes à medida que trabalha com os anjos da cura. Assim essas glândulas ficarão em harmonia com o centro da coroa.

A cura e o desenvolvimento do sistema endócrino

1. Comece dirigindo-se à Ilha da Regeneração e ao Templo da Cura e tomando uma ducha de luz e de cores.

2. Crie um triângulo dourado com a alma e com o anjo solar. Traga essa luz dourada da parte de cima para a parte de trás da cabeça, fazendo-a descer pela espinha de modo a tocar cada centro de energia. Esses centros estão situados a cerca de dois centímetros das suas costas. O diretor do sistema endócrino usa os sete principais centros de energia para desenvolver as sete glândulas principais.

3. À medida que irradia a luz dourada para esses centros, visualize o diretor do sistema endócrino recebendo-a e transmitindo luz cintilante ao pâncreas, aos órgãos reprodutores e às glândulas pineal, pituitária, tireóide, timo e supra-renais. Visualize essas glândulas produzindo hormônios em perfeita

sincronia e na seqüência perfeita. Visualize os hormônios transportando a assinatura da alma — sua cor e sua nota. Mentalize a força vital da alma mantendo-o jovem e naturalmente saudável.

4. Lembre-se de qualquer problema glandular que você tenha e, em seguida, imagine uma nova energia e saúde fluindo para dentro de si a fim de equilibrar essa glândula com as outras. Visualize essa glândula, ou essas glândulas, apoiando ativamente os outros sistemas. Se todas as glândulas parecem saudáveis, imagine-as desenvolvendo uma vibração superior de energia e de luz.

5. Os anjos da cura estão vindo agora por intermédio do triângulo de luz para ajudar o diretor a revitalizar e a reequilibrar essas sete glândulas. Os anjos do amor divino aparecem à medida que você os atrai com os sons do amor espiritual, A-El-I-O. Traga esses sons, através do amor, até o coração, e os pronuncie em voz alta, suavemente, sete vezes, visualizando uma glândula de cada vez. Isso ajuda os anjos da cura a carregar essas glândulas com amor espiritual.

6. Em seguida emita cores angélicas para o diretor do sistema endócrino e para as glândulas. Quando os anjos da cura começam a trabalhar, usam um laranja-dourado para eliminar qualquer bloqueio nesses centros, de modo que as cores puras possam alcançá-los. Algumas glândulas estão agora recebendo cores estimulantes que trazem mais energia para desenvolvê-las. Outras glândulas estão recebendo cores revigorantes para colocá-las em equilíbrio e permitir que parte da energia seja usada por outro centro que necessite dela. Imagine cada glândula imersa na tonalidade perfeita — azuis e verdes radiantes para glândulas muito estimuladas, e rosa, amarelo-ouro ou laranja para glândulas pouco estimuladas. Se uma glândula está seriamente desequilibrada, os anjos da cura podem usar o violeta ou o amarelo. Deixe que essas cores purifiquem, curem e desenvolvam essas glândulas.

7. Freqüências e sons de cura estão sendo agora enviados a cada glândula. Entoe a nota da alma para tornar a mente e o corpo mais receptivos a essa cura angélica. Entoe a palavra sagrada OM silenciosamente ou em voz alta à medida que visualiza essa vibração de cura permeando cada glândula que dela necessita.

8. Imagine como seria se o seu sistema endócrino estivesse tão desenvolvido e equilibrado que seu estado de espírito, suas emoções e seus níveis de energia estivessem em perfeita sintonia com as freqüências espirituais que fluem para dentro de você. Imagine que você tem energia e um espírito calmo para fazer o que é importante, com equilíbrio entre o conhecimento proveniente

do intelecto e o amor proveniente do coração. Imagine o que você poderia fazer com a sua vida se as glândulas pineal e pituitária fossem plenamente ativadas e transmitissem a luz do anjo solar e da alma para a corrente sangüínea. Visualize como a sua vida poderia ser se a glândula tireóide estivesse sempre melhorando a sua disposição, se o timo estivesse provendo o coração e o sistema circulatório com amor espiritual e se o pâncreas estivesse recebendo amor do centro do coração e transmitindo esse amor por meio de hormônios para alimentar o corpo. Imagine como sua vida seria se os dois centros criativos estivessem ligados. Imagine o diretor do sistema endócrino ligando os órgãos reprodutores no centro do sacro com a glândula tireóide no centro da garganta, o centro criativo superior. Imagine como seria poderosa e produtiva a sua criatividade se ambas as glândulas estivessem em perfeito equilíbrio. Imagine a energia que você pouparia se as glândulas supra-renais estivessem completamente revitalizadas e saudáveis, iluminadas pela luz do anjo solar e da alma. Imagine-as capazes de protegê-lo numa emergência e, além disso, funcionando num equilíbrio tão perfeito que você não cultive medos que as estimulem excessivamente. Você enfrentaria todos os desafios com sabedoria e com um tranqüilo equilíbrio.

9. Visualize todo o sistema endócrino iluminado. Veja cada glândula relacionada com as outras, como numa família unida e amorosa. Mostre ao diretor do sistema endócrino a parte do seu holograma da cura que corresponde a um sistema endócrino perfeito. Reúna o agente interior da cura com esse diretor. Deixe que eles lhe mostrem o papel que é de sua responsabilidade nesse processo de cura e de desenvolvimento das glândulas endócrinas.

- Pergunte sobre a melhor dieta e os melhores suplementos para curar qualquer glândula do sistema endócrino. Se estiver trabalhando com uma glândula específica, pergunte a respeito dela.
- Pergunte como viver e pensar segundo o que você acredita ser verdadeiro.
- Pergunte como promover uma atmosfera que propicie a cura das glândulas — indague sobre o seu estilo de vida, seus objetivos e propósito da vida.
- Pergunte se você tem negligenciado alguma necessidade em especial.
- Se uma glândula não estiver funcionando bem, pergunte quais são as necessidades físicas dessa glândula. São necessários tanto a cura espiritual quanto um tratamento médico para curar e para regenerar qualquer sistema do corpo.

10. Imagine que cada uma das glândulas está sendo limpa, purificada e

rejuvenescida. Visualize o sistema endócrino trabalhando em perfeita harmonia com o propósito da alma

11. Você aprendeu que deve tomar providências para ajudar as glândulas endócrinas a se energizar e a ficar saudáveis. Procure saber quais são essas providências e esteja alerta para outras idéias que possam lhe ocorrer durante a próxima semana.

12. Demonstre gratidão pelo trabalho dos anjos da cura. As mudanças continuarão a ocorrer durante um longo período.

CAPÍTULO 18

A Cura e o Rejuvenescimento dos Outros Sistemas

Você agora já conhece os passos necessários para curar e desenvolver os diretores dos sistemas fundamentais e para ligá-los com os anjos da cura. Você já sabe como começar a obter as informações de que necessita para colaborar com toda a cura e purificação que os anjos estão estimulando. Você pode usar esses mesmos passos para se encontrar com os diretores dos outros sistemas, passando por cada uma das sete salas do templo e levando os processos espirituais de cura a cada diretor. Pode se encontrar com os diretores dos sistemas digestivo, muscular, ósseo, urogenital e excretor, e aprender com eles. Pode também trazer os anjos da cura até áreas mais específicas, como os olhos, os ouvidos ou a pele para aprender o que pode fazer para ajudar a curar essas áreas.

O sistema digestivo

O sistema digestivo inclui o fígado e o pâncreas, além dos órgãos digestivos. Se está tendo qualquer dificuldade nesse sistema, você pode ajudar ligando-se com o diretor e chamando os anjos da cura. O diretor do sistema digestivo pode estar oprimido, tentando trabalhar em meio às cores embotadas que a preocupação, a ansiedade e o *stress* trazem consigo.

O *stress* pode produzir uma sensação de fome mesmo quando o corpo não precisa de alimento. Pode ser fome da suave luz de cura do anjo solar, e não fome de alimento. Se você acha que está comendo mais do que o corpo realmente necessita, peça ao diretor do sistema digestivo para lembrá-lo disso antes de você consumir alimentos em grande quantidade. Peça ajuda para diferenciar a verdadeira fome do corpo da fome de amor e de luz espirituais. Ligando-se com o triângulo de luz antes de comer, a sensação de fome pode diminuir. Você também pode compreender que a avidez por alguns alimentos tem sido uma tentativa de encontrar substitutos para a experiência de amor profundo pela alma. Quando você aumentar o fluxo da alma dentro da mente e do corpo, poderá ficar surpreso ao constatar como o seu apetite se tornará moderado. Quando seu sistema digestivo estiver equilibrado, você vai passar a escolher os alimentos com base na quantidade de energia vital que eles contêm.

Siga a orientação do diretor

Se você consultar o diretor, poderá aprender quais alimentos têm força vital e nutrem o sistema digestivo. O diretor do sistema digestivo de um músico mostrou que ele estava comendo muito chocolate, uvas passas e açúcar. O agente interior da cura sugeriu verduras e arroz para uma eliminação gradual das toxinas provenientes de antibióticos que ele tomara e de carnes que continham antibióticos, que ele ingerira durante muitos anos. Depois de algumas iniciativas fracassadas, esse homem deixou de comer açúcar, chocolate e uvas passas, e os problemas digestivos foram completamente eliminados.

As reações alérgicas aos alimentos podem afetar mais o seu humor do que o corpo. Trabalhando com o diretor do sistema digestivo e com o agente interior da cura, você pode descobrir os alimentos que ajudam a curar esse sistema. Observe, escute e siga as orientações que receber. O holograma da cura contém um "projeto arquitetônico" para um sistema digestivo perfeito.

Os problemas digestivos são, com freqüência, um sinal de que há energia em excesso congestionando o centro de plexo solar. Se você tem problemas digestivos, poderá ajudar o diretor do sistema digestivo elevando a energia do plexo solar até o centro do coração. Isso o ajudará a se sentir calmo e centrado e a descobrir a força e o poder interior necessários para atingir o seu verdadeiro propósito. Se quiser desenvolver o sistema digestivo, faça uma ligação com o centro superior correspondente. Para conseguir isso, ligue a energia do plexo solar com o centro do coração enquanto pronuncia a palavra OM.

A transferência de energia do plexo solar para o centro do coração

1. Pronuncie OM ao inspirar, e imagine estar conduzindo a energia do plexo solar até o centro do coração. Esse centro contém a freqüência do amor mais benéfica para o centro do plexo solar.

2. Ao expirar, pronuncie OM uma segunda vez, e dedique essa energia ao serviço da evolução por meio da vibração do amor divino.

3. Repita esse processo. Não procure resultados imediatos. Se fizer isso todos os dias durante nove a doze meses, você produzirá mudanças em seu estado emocional e reduzirá a tensão em sua vida. Será capaz de viver com mais equilíbrio e serenidade, e conseqüentemente curará e rejuvenescerá o sistema digestivo.

O sistema reprodutor

Os órgãos reprodutores, os ovários nas mulheres e os testículos nos homens, são alimentados pela energia do centro do sacro. É desse centro que o diretor do sistema reprodutor recebe energia. Os problemas nesse centro podem causar dificuldade para engravidar ou problemas nos ovários ou nos testículos. Às vezes, a energia se acumula nesse sistema e causa congestões. Se quiser eliminar o excesso de energia ou aumentar a quantidade de luz nesse sistema, você poderá elevar a energia excedente até o centro da garganta. Quando se encontrar com o diretor desse sistema e com os anjos da cura, entoe a palavra sagrada OM e projete no centro superior correspondente a energia que você está trazendo. Não é necessário saber que forma essa energia criativa assumirá.

O sistema muscular

O sistema muscular não dá apenas mobilidade, destreza e expressão ao corpo; ele mantém os ossos no lugar. Esse diretor precisa introduzir oxigênio nas fibras musculares. Isso significa que a corrente sangüínea precisa estar sempre carregada com oxigênio. Os problemas nesse sistema podem provir de músculos pouco oxigenados ou incapazes de usar o oxigênio em quantidade suficiente para mantê-los flexíveis e fortes. Quando se comunicar com o diretor do sistema muscular, pergunte-lhe como exercitar os músculos de forma a manter esse sistema saudável. Se tiver problemas musculares ou músculos fracos, trabalhe com o agente interior da cura. Dê ênfase aos músculos em seu holograma e apresente-o a esse diretor. Peça aos anjos dos matizes violeta para ajudá-lo a curar e a fortalecer o sistema muscular. Se há qualquer infecção ou doença em seus músculos, convoque todos os anjos da cura através do triângulo de luz para que possam começar a curar e a regenerar o sistema muscular, complementando qualquer cura interior que você já esteja recebendo.

O sistema ósseo

O diretor do sistema ósseo fornece uma estrutura vigorosa, estável e móvel para o corpo e para os músculos. O sistema ósseo sustenta e protege os órgãos vitais, como, por exemplo, o cérebro, a espinha, o coração e os pulmões. Produz células de sangue na medula e atua como reservatório para minerais essenciais. Esse sistema pode ser afetado pelo câncer, pela osteoporose (perda da densidade óssea), por fraturas ou por dores. Os seres humanos tendem a desenvolver osteoporose na velhice, a menos que tomem medidas para impedi-la. Nesse nível mais denso do corpo, você deve fornecer os materiais necessários para ter ossos fortes — minerais, cálcio e exercícios diários de musculação. Os anjos da cura só poderão ajudá-lo quando você estiver fazendo a sua parte. Aprenda agora a manter os ossos fortes por toda a vida. Quando você atingir os 100 anos de idade, ainda poderá fazer longos passeios e estar ativo. Leia e descubra quanto é necessário caminhar e exercitar-se com pesos a cada semana para manter os ossos densos o suficiente para sustentar plenamente o corpo. Descubra o tipo de alimentação e a quantidade de minerais e de cálcio necessária para evitar a osteoporose. Comece agora. Se há casos de osteoporose na família, é muito importante que você tome providências agora. Visualize a si mesmo na idade de 95 anos com uma postura ereta. Encontre-se com o diretor do sistema ósseo e mostre-lhe uma imagem do seu corpo com ossos muito fortes durante toda a vida. Peça ao agente interior da cura e ao diretor que lhe mostrem o que comer e como exercitar-se a fim de manter os ossos fortes. A osteoporose raramente dá sinais de existência até que ocorra uma fratura. Esteja atento para novos estudos sobre a densidade óssea e ponha em prática as melhores idéias.

Com a orientação do agente interior da cura, uma senhora de 80 anos que apresentava sérios problemas ósseos foi capaz de aumentar a cada ano a densidade dos seus ossos por meio de caminhadas e do uso de progesterona natural e de suplementos de vitamina e de cálcio. Vários anos mais tarde, conseguiu obter a densidade óssea de uma pessoa de 40 anos. Outra senhora passou a caminhar 50 minutos por dia todos os dias porque o diretor mostrou-lhe que isso impediria os ossos de se tornarem porosos. Sua densidade óssea aumentou dramaticamente depois de um ano. Outra mulher mudou os hábitos de trabalho quando o diretor do sistema ósseo pediu-lhe que saísse do escritório e fizesse alguma atividade física. "Os ossos se fortalecem quando lutam contra a gravidade — caminhando, fazendo flexões abdominais ou flexões de braços (mantendo o corpo reto e apoiando o corpo nas mãos espalmadas e nas pontas dos pés). Pelo menos por algumas horas, faça pressão contra alguma coisa." Quando essa aluna passou a se comunicar com o diretor do sistema ósseo, ela parou de se preocupar e seguiu os conselhos do seu diretor. Começou a realizar exercícios de alongamento e caminhadas todas as tardes, durante 45 minutos, mesmo nos dias em que estava muito ocupada.

O sistema urinário

Os rins localizam-se abaixo do fígado e do baço. Sua função é filtrar o sangue e eliminar resíduos do organismo. Também controlam o equilíbrio ácido/alcalino, produzem os hormônios que regulam a produção e a liberação de glóbulos vermelhos do sangue pela medula óssea, convertem vitamina D num hormônio ativo, ajudam a regular a pressão sangüínea e promovem a reabsorção do sal e a excreção de potássio em seu corpo. Se você tem problemas nos rins ou na bexiga, trabalhe com o diretor do sistema renal. Se tem uma infecção nos rins, peça ao diretor que o ajude a encontrar o melhor profissional de cura para prestar-lhe assistência enquanto você trabalha pela cura e pela regeneração desse sistema. O diretor poderá ajudá-lo a determinar que tipo de profissional você deve procurar — por exemplo, um médico alopata, um acupunturista ou um homeopata. Chame os anjos da cura para que irradiem cores e sons de cura nos seus rins. Consulte o agente interior da cura e o diretor a respeito do que você pode fazer para ajudar a curar esse sistema. Pergunte sobre a água — quantos copos beber por dia, o grau de pureza adequado e em que períodos do dia ela deve ser ingerida. Pergunte como ajudar a desintoxicar os rins por meio da alimentação, de suplementos alimentares e outros nutrientes. Se você quer que os seus rins funcionem perfeitamente durante toda a vida, pergunte sobre o tipo de alimentação ideal, especialmente sobre a quantidade correta de açúcar e de sal que deve ingerir. Procure informações acerca dos mais novos tratamentos convencionais ou alternativos para os rins.

Agora você acabou de trabalhar com os diretores dos sistemas do corpo. Para criar sua própria viagem orientada para cada um dos sistemas neste capítulo, siga a seqüência das viagens pelo sistema circulatório e pelos outros sistemas. Você já está pronto para aprender a rejuvenescer o seu corpo, para se tornar mais jovem, mais vigoroso, mais sereno e mais equilibrado, de modo que possa concentrar-se naquilo que mais gosta de fazer.

Parte Quatro

Rejuvenescimento

Sobre a Parte Quatro

Você já sabe como curar os sistemas; está, portanto, pronto para conduzir o seu corpo a uma freqüência mais elevada de som e de cor, para rejuvenescê-lo — 20 ou mais anos a partir de agora.

Você aprenderá nestes capítulos a ver o seu corpo como os físicos quânticos o vêem — como minúsculas partículas materiais que se movimentam com a velocidade da luz, aparecendo e desaparecendo, mudando de forma de momento a momento. Os físicos vêem o corpo como um rio que está sempre fluindo e mudando; o corpo que você tinha quando começou a ler este livro é muito diferente do corpo que você tem agora. As minúsculas partículas (ou moléculas) que formavam então o seu corpo desapareceram, e novas partículas tomaram o seu lugar.

Rejuvenescer não é apenas *parecer* mais jovem para os amigos; é *ser* mais jovem a partir de dentro. Você planejará um programa pessoal de rejuvenescimento com o agente interior da cura. Esse programa poderá mudar o seu corpo no nível celular e transformar as células para que concentrem mais luz. Você aprenderá o que é necessário para ter uma vida longa e um corpo sempre saudável, flexível e em boa forma física. Você descobrirá como transformar as emoções e a mente em instrumentos eficazes, concentrados e criativos, que servirão ao seu verdadeiro propósito ao longo de toda a vida. Também aprenderá a reverter os danos provocados por acidentes, doenças ou por problemas crônicos.

CAPÍTULO 19

Escolhas que o Mantêm Jovem

A prática de técnicas externas não possibilita o rejuvenescimento. No entanto, quando a alimentação, a prática de exercícios e a ingestão de vitaminas seguem instruções recebidas por meio da inspiração e de uma visão superior do que sua vida poderia ser, eles podem desempenhar um papel importante no rejuvenescimento. As escolhas quanto ao modo que você cuida do seu corpo são muito mais fáceis de fazer quando provêm das revelações da alma. Essas revelações aumentam a vontade de assumir o controle e de fazer todas as mudanças sugeridas pela alma e pelo agente interior da cura para a corrente de energia que renova a vida.

O próximo passo para rejuvenescer nunca será um mistério. A alma se encarregará de colocá-lo bem à sua frente. Qualquer conflito que você esteja enfrentando justamente agora — num relacionamento, no trabalho, na família, na saúde ou na vitalidade — é o próximo passo para você ficar mais jovem. Comece com qualquer atrito que surja, e procure amenizar esse conflito. O processo para conseguir isso começa com a visão de novas opções e com a escolha do caminho de luz acima de tudo o mais.

Pense sobre uma ou duas escolhas importantes que você fez na vida e que foram muito bem-sucedidas. Pense por alguns minutos para perceber como você fez essas escolhas. Você levou muito tempo para decidir? Como soube que chegou à decisão mais sábia? Você tentou outros meios e só depois decidiu-se por essa escolha? Pediu outras opiniões e então colocou-as de lado para tomar sua própria decisão? Os resultados dessa escolha fazem uma grande diferença em sua vida? Você ficou entusiasmado quando começou a pôr em prática essa escolha? Sentiu-se inspirado? Criativo? Teve uma sensação mais intensa de estar controlando sua própria vida?

As escolhas que o inspiram são as escolhas com que a sua alma concorda e afiança. A alma traz a energia para fazermos o que for preciso para realizar nossas escolhas. Proporciona idéias e diretrizes por meio da intuição e oferece a coragem de que necessitamos. Se você está distraído, a alma o inspira e continua lembrando-o das escolhas que fez. Pôr em prática uma decisão que tomamos, como, por exemplo, a de ter um filho, de começar um negócio ou de estudar para uma nova carreira, é algo que poderá estender-se por muitos anos. Se a alma apóia essa decisão, você terá a perseverança e a coragem necessárias para continuar agindo com base nessa nova escolha. Também pode tratar-se de uma decisão que você é capaz de colocar em ação em cerca de um mês. Contanto que você faça livremente essa escolha e saiba que ela é fruto da sua própria decisão, seu resultado poderá lhe trazer ondas de rejuvenescimento ao espírito, ao corpo e à mente. Escolhas sábias e conscientes produzem a energia dinâmica que rejuvenesce.

Suas escolhas mais importantes têm permitido que você dê passos fundamentais no caminho da sua vida. Você provavelmente ponderou sobre essas escolhas por algum tempo antes de tomar uma decisão. Provavelmente imaginou qual seria o resultado, ou talvez tenha deixado de lado as escolhas até que tivesse mais certeza de que obteria sucesso. Você tem todo o direito de esperar antes de fazer escolhas importantes. Uma mulher esperou oito meses antes de escolher um profissional para tratar sua artrite reumatóide, depois que os medicamentos convencionais mostraram-se ineficazes. Ela escolheu bem. Esse médico foi o instrumento que a ajudou a se recuperar completamente.

Escolhas inspiradas que partem de dimensões superiores

Agora que você fez as ligações com o anjo solar, com a alma e com o agente interior da cura, não terá de esperar tanto tempo para fazer uma escolha com sabedoria. Você poderá fazer as escolhas que a alma está apoiando e energizando, sem que sejam necessários longos períodos de reflexão. Poderá se tornar consciente da sua orientação interior, que abrirá um novo futuro para você. Embora possa precisar de certo tempo para colocar em prática essa decisão, a direção a seguir será clara e irresistível.

Uma mulher com quase 60 anos fez essa mudança. Ela estava se encontrando todas as manhãs, em meditação, com o anjo solar e a alma, e em seguida, como de costume, entregava-se ao trabalho. Certo dia, enquanto estava preparando o almoço, ficou surpresa por receber uma mensagem interior completamente inesperada: seu metabolismo estava ficando mais lento. Em seguida, uma imagem nítida brilhou em sua mente mostrando uma mulher envelhecendo mental e fisicamente, tornando-se cada vez menos ativa. Ela fez uma escolha, nesse exato momento, para levar a sério essa mensagem interior. Leu a respeito de metabolismo do corpo humano e aprendeu sobre maneiras de melhorá-lo. Quando compreendeu que o metabolismo significava a conversão de oxigênio em energia para o corpo, decidiu acelerar, por meio de exercício, o seu metabolismo. Associou-se a um clube da região onde poderia se exercitar. Durante 18 meses, freqüentou esse clube três vezes por semana para aumentar os níveis aeróbico e de resistência e, assim, acelerar o seu metabolismo. Contratou um professor particular para indicar em que tipo de aparelhos ela deveria se exercitar e como utilizá-los com segurança. Agora, cinco anos mais tarde, ela está mais cheia de energia do que antes; seu corpo mantém o vigor e sua mente continua lúcida.

Quando você se encontra num importante ponto de transição, pode subitamente reconhecer que é capaz de fazer mais do que pensava para rejuvenescer, se desenvolver, retardar ou reverter o envelhecimento e desfrutar a vida até o último momento. Pode se conscientizar de que está "escrevendo" a idade do corpo com as escolhas que vem fazendo a cada dia. À medida que reconhece estar escolhendo momento a momento o que fazer com o seu tempo e a maneira como está vivendo, você é livre para fazer escolhas novas e mais sábias.

Você tem poder e luz para tomar todas as decisões que afetam o seu corpo. Em vez de dizer a si mesmo: "Não quero fazer isso, mas não tenho escolha; tenho de fazê-lo", você pode dizer honestamente: "Fazer isso é com certeza a minha melhor escolha para o momento, considerando todas as circunstâncias — minhas expectativas, experiências, esperanças e temores. Quando tudo isso mudar, poderei fazer uma escolha melhor." Quando puder dizer isso, você terá acabado de abrir a porta para novas escolhas.

Como agir com base na intuição

Uma professora de 40 anos, vinda da Inglaterra, queria rejuvenescer, mas não fora capaz de manter seu corpo suficientemente saudável para se dedicar ao propósito de tornar seu corpo mais jovem. Estivera numa crise de saúde durante anos, atacada por uma série de males crônicos e era incapaz de entender por que não conseguia se curar — até que seu problema lhe foi claramente mostrado. Eis como ela descreve sua espantosa reação: "Como pude ter ignorado todos esses sintomas por tanto tempo! As dores de cabeça, as dores de ouvido, os problemas nos dentes, a fadiga geral, os problemas digestivos — tudo isso estava lá o tempo todo. Minha alma tinha de me mostrar que eu não estou desamparada, que esse não é um resultado inevitável do envelhecimento. É como se eu despertasse de uma névoa espessa. É como se alguém levantasse um véu, se inclinasse e me mostrasse o estado lentamente degenerativo do meu corpo e o que fazer com relação a isso. Vi pela primeira vez qual a aparência das minhas células mesmo mantendo uma excelente dieta vegetariana e trabalhando todos os dias com a luz solar. O único problema é que eu gosto de açúcar, e consumo uma grande quantidade."

A sua orientação interior mostrou-lhe dois caminhos. Um deles era o caminho da lenta degeneração física, e o segundo era um caminho que devolvia ao seu corpo o vigor dos 25 anos. Para seguir esse caminho ela precisaria fazer tudo o que sabia para rejuvenescer o seu corpo durante os dezoito meses seguintes. Então, foram-lhe mostrados três estágios do caminho de cura. O primeiro consistia em regular a taxa de açúcar no sangue; o segundo, em eliminar toxinas e purificar a corrente sangüínea; e o terceiro, em desenvolver células de qualidade superior, usando alimentos, suplementos vitamínicos, aminoácidos e ervas.

Depois de visualizar esses dois caminhos, ela fez, com clareza e determinação, a escolha de seguir o caminho do rejuvenescimento, um caminho que estivera lá o tempo todo, mas que ela não estava pronta para reconhecer. Leu todos os livros que pôde encontrar sobre esses assuntos e compreendeu que o sistema imunológico estivera estressado durante anos devido a pequenas infecções. Consultou freqüentemente o agente interior da cura sobre detalhes práticos e passou a energizar, várias vezes por dia, a visão que sua alma tinha dela em seu holograma. Procurou por ajuda externa para eliminar as infecções, recorrendo à acupuntura durante os seis primeiros meses e, mais tarde, à homeopatia. Onze meses depois, os problemas crônicos estavam curados, e agora o seu sistema imunológico está funcionando bem. Pelo fato de tirar o excesso de açúcar, ela perdeu 3,5 quilos, a pele ficou clara e jovem e ela está a caminho de recuperar o corpo de 25 anos que lhe havia sido mostrado.

A importância do bom senso

Às vezes, você não toma consciência das escolhas que estão chegando até você vindas da alma. Em vez disso, você acorda numa certa manhã e, simplesmente, sabe que precisa fazer uma nova escolha. Pode parecer simplesmente uma questão de bom senso quando a voz silenciosa da alma o alerta para fazer essa nova escolha, uma escolha que você não percebeu antes, a respeito da sua vida e do seu corpo. A alma pode mostrar o quanto essa escolha é importante e como ela afetará a sua vida. E o resto cabe a você. Se você reconhecer a necessidade de fazer uma determinada mudança, você poderá ou ignorá-la ou estudar o possível resultado dessa escolha. Cabe a você analisar as possíveis conseqüências que resultarão do fato de não fazer essa mudança e as recompensas que decorrerão do fato de fazê-la. Em seguida, aprenda as diferentes maneiras de criar essa mudança no corpo. Estude sobre os tratamentos de saúde convencionais e sobre os meios alternativos, se precisar de um agente exterior de cura. Você tem livre-arbítrio para escolher entre o caminho da saúde e do rejuvenescimento ou o caminho da degeneração gradual da mente e do corpo. É sábio agir rapidamente quando uma escolha lhe é apresentada. Tornar-se mais jovem nem sempre é algo que você possa adiar. Quanto antes você começar, mais fácil será fazer grandes mudanças.

No caso de problemas crônicos, estude a doença que você tem e informe-se sobre todas as possibilidades de cura. Em seguida, faça perguntas ao agente interior da cura. Isso dará a ele mais opções para oferecer a você. Uma vez que tenha investigado todas as boas alternativas para se curar e se ligado com o agente interior da cura, se ainda não estiver seguro, veja quanto tempo lhe resta para decidir sem correr riscos muito grandes. Receba e escute o seu agente interior da cura a cada dia. Então, use o bom senso para tomar uma decisão final. O bom senso se insinuará na orientação da alma. Em seguida, procure o melhor especialista na terapia que você começou.

Muitas cidades têm grupos de apoio para várias doenças. Se existir um desses grupos em sua região, freqüente-o e encontre-se com outras pessoas que também estejam estudando as pesquisas mais recentes sobre a cura da doença que você tem. Eles podem dispor de informações que você não descobriu. Certamente entenderão aquilo pelo que você está passando e poderão encorajá-lo e dar-lhe um abraço amoroso.

Uma jovem de 23 anos fez a escolha espontânea de parar de fumar quando percebeu que não conseguia esquiar montanha abaixo sem precisar parar para tomar o fôlego, mesmo sendo uma boa esquiadora e estando em excelente forma física. Era uma fumante inveterada e, embora o tabagismo possa ser um hábito muito difícil de ser rompido, ela ficou paralisada quando se defrontou com os danos que estava provocando em seu corpo. Na verdade, ela conhecia há anos os efeitos nocivos do cigarro. O que aconteceu foi que se viu, repentinamente, face a face com a verdade. Experimentou com tanta clareza a crise de escolher entre a conseqüente degeneração ou a recuperação de seus pulmões jovens que parou de negar que o hábito de fumar envelheceria prematuramente o seu corpo. De pé, ao lado dessa montanha coberta de neve, percebeu o que o cigarro estava fazendo com ela, coisa que antes tinha ignorado. Fez então uma escolha, compromentendo-se seriamente a deixar o cigarro e a recuperar a vitalidade. Nunca mais voltou a fumar. Sendo tão jovem e atlética, foi capaz de recuperar a plena vitalidade em menos de um ano.

Quando o futuro lhe é revelado

A oportunidade de despertar para um problema em potencial ou para um lento processo degenerativo pode surgir apenas uma vez. É como se os véus se levantassem e você pudesse, por um segundo, ver o futuro, que mostra uma imagem de algo que você quer entender e sobre o que quer atuar. Quando você começar a pensar sobre rejuvenescimento, observe a ocorrência de lampejos intuitivos e de novas escolhas. Muitas escolhas são muito mais sutis que a de parar de fumar ou de superar uma dependência com relação ao açúcar. Algumas escolhas envolvem o seu estado mental quando você ingere alimentos ou antes de ir dormir. Envolvem os tipos de imagens que você vê durante todo o dia — tanto imagens que estão fora de você, como, por exemplo, imagens da televisão e dos filmes, como imagens que você forma na tela da mente. Você é o único que tem autoridade para escolher entre preencher a mente com imagens que o reequilibram, curam e inspiram e imagens que causam medo e ansiedade e envelhecem o corpo. Essas escolhas podem ser tão importantes para o processo de rejuvenescimento como a substituição do hábito de se irritar facilmente por um hábito de aceitação e de apreciação.

Se você se sente pressionado pelos outros para parecer mais jovem e para agir de maneira mais jovial, qualquer mudança pode parecer muito perturbadora. Quando você vê dois caminhos à frente, um deles de rápido envelhecimento e o outro de rejuvenescimento, a mudança torna-se uma aventura, iniciada por sua própria decisão.

A escolha deve ser feita com um senso de compromisso, e não casual ou automaticamente. Escolhas automáticas são facilmente esquecidas. Escolhas casuais são deixadas de lado quando surge uma distração. Uma vez que você faça, de maneira muito clara, a escolha de seguir o caminho do rejuvenescimento, as informações acerca desse assunto começarão a chegar até você. Começará a ser liberada uma energia que se achava aprisionada nos músculos, nas células nervosas, nas articulações e nas artérias. À medida que essa energia jorra, você pode se perguntar de onde ela vem. Talvez ainda esteja vivendo como sempre viveu; mesmo assim, em vez de ter de se arrastar para a frente, alguma coisa dentro de você continua conduzindo-o para o próximo passo.

Como obter a cooperação da parte de você que resiste à mudança

Tendo feito a escolha que você sente ser o caminho mais sábio, você está pronto para obter a cooperação do crítico interior. A alma não o critica. Se parece fazê-lo, é com o crítico interior que você está na verdade em contato, e não com a alma. Se ele interromper o contato com a alma, trate-o como você trataria uma criança que exigisse a sua atenção — com compreensão compassiva e também com firmeza. O crítico interior tem muita habilidade; coloque-o para trabalhar onde ele é útil — por exemplo, pedindo-lhe para informar a você se os legumes na quitanda estão realmente frescos ou para lembrá-lo gentilmente de acalmar-se caso você esteja muito apressado. Se qualquer aspecto da sua personalidade está resistindo ao rejuvenescimento, ganhe a cooperação dele. Uma vez que tenha obtido plena cooperação de todos os lados de si mesmo, vasos sangüíneos apertados poderão ser abertos, congestões nos seios da face poderão ser aliviadas, e dores de cabeça de origem nervosa poderão desaparecer. No Livro I desta série, *Bridge of Light*, você poderá aprender mais a respeito das partes da personalidade capazes de sabotar os melhores esforços para mudar. Poderá compreender mais plenamente as subpersonalidades e aprender meios para ganhar a plena cooperação delas.

O seu corpo daqui a dez ou vinte anos

Agora você está pronto para perceber com que idade você acredita que terá a sensação de "estar velho" e fazer a escolha de rejuvenescer. Pense sobre o seu futuro, e escolha a idade que você deseja retardar, ou a idade em que você se imagina como uma pessoa "velha". Essa idade poderá estar dez, vinte, trinta ou quarenta anos no futuro. Se você tem trinta anos agora e sente que com quarenta estará velho, use esses dez anos para rejuvenescer. Se tem quarenta anos e sente que com sessenta estará velho, procure analisar a imagem que você tem do seu corpo aos sessenta anos. Se de acordo com as suas imagens inconscientes você estará velho com essa idade, você de fato estará — no espírito, na mente e, finalmente, no corpo — até que mude essas imagens de modo a refletir a vitalidade e a radiância da alma.

Uma psicóloga de quarenta anos imaginou, por brincadeira, a aparência do seu corpo dez anos mais tarde e ficou chocada ao vê-lo desleixado, flácido e muito mais velho. O tórax estava afundado e os ombros caídos para a frente. Não era esse o corpo que ela queria. Compreendeu que estivera lutando, trabalhando e se esgotando, e que não tinha de fazer isso. Decidiu que, em dez anos, teria melhor forma física do que jamais tivera. Porém, quando visualizou o seu corpo futuro, vários meses mais tarde, viu que ele tinha mudado muito pouco. Compreendeu que teria de fazer mudanças mais radicais. Depois de adotar por vários meses uma alimentação melhor, um programa de exercícios e reservar períodos para relaxar, constatou somente uma ligeira mudança quando olhou para o seu corpo em dez anos.

Dirigiu-se então para a Sala das Imagens, até que as imagens radiantes que a sua alma tinha dela surgiram vivas e ela pôde olhar nos seus próprios olhos cintilantes no futuro e sentir a energia desse eu retornando a ela. Tornar-se mais jovem aos cinqüenta anos significava que ela deixaria para trás as células que não pudessem desenvolver-se dentro de uma luz mais intensa. Quando isso ocorreu no holograma de sua alma, compreendeu que o seu corpo no futuro perderia vários quilos e adquiriria boa forma. Viu como deveria ser simples o seu estilo de vida para que ela pudesse levar uma vida mais feliz e mais saudável. Viu a si mesma depois de dez anos com tempo de sobra para fazer o trabalho que amava, escrever e ajudar outras pessoas. Passou a visualizar o seu eu futuro muitas vezes durante o dia. O holograma tornou-se mais brilhante, mais colorido e mais rico em detalhes. Podia sentir a energia penetrando em seu corpo todas as vezes que pensava no holograma. Então, fez as mudanças que não fora capaz de fazer antes. Começou a comer bem, estabelecendo um bom horário de sono e fazendo exercícios regularmente. Agora, quando imagina o seu corpo dez anos no futuro, ela o vê saudável e revitalizado, gracioso e resistente.

Na seguinte meditação orientada, você olhará para o seu corpo daqui a dez ou vinte anos. A imagem que você verá o ajudará a perceber os dois caminhos que se acham abertos para você. Essa experiência lhe dará a oportunidade de fazer uma escolha confiante, que lhe permitirá dar esse passo além da cura e começar de fato a promover o rejuvenescimento do seu corpo a partir de agora.

A opção pelo rejuvenescimento

1. Toque em sua testa para levar-se à Ilha da Regeneração e ao Templo da Cura. Tome um banho de cores para limpar o corpo etérico.

2. Crie um triângulo dourado com a alma e o anjo solar, e deixe essa luz fluir para dentro da mente e do cérebro, de modo que você possa ver o seu corpo no futuro.

3. Na Sala das Imagens, coloque uma tela do outro lado da sala. Escreva,

na parte superior dessa tela, a data em que você pensa que estará "velho". Poderá ser daqui a dez, vinte ou quarenta anos. Use a data que quiser.

4. Peça ao agente interior da cura para mostrar a você o seu corpo naquela data. Será a condição mais provável do seu corpo se você continuar a viver como agora. Torne nítida a imagem do seu corpo futuro e a amplie. Repare nas condições e na energia, na postura, na agilidade, na flexibilidade, na pele e nos olhos. Mesmo que você, na verdade, não "veja" nada, o agente interior da cura é capaz de ver o seu corpo naquele determinado ano e pode transmitir-lhe essa imagem quando você relaxa e se abre para recebê-la. Esse é o corpo que você quer?

5. Descreva o que sente a respeito do seu corpo no futuro, mesmo que essa imagem pareça fruto da sua imaginação. Numa folha em branco do diário de cura, escreva ou desenhe as características desse corpo.

6. Agora, peça para ver o corpo que você poderá ter se rejuvenescer agora. Descreva esse corpo no diário. Note a postura, a graça, a força e o estado de alerta.

7. Olhe para ambas as descrições do seu corpo possível no futuro, e tome uma decisão clara sobre a sua escolha. Se escolher o rejuvenescimento, peça a assistência dos anjos da cura e do agente interior da cura. Peça um fluxo maior de luz proveniente da alma e do anjo solar. Peça somente se estiver pronto para seguir a orientação que receber dessas dimensões superiores de luz. Se estiver passando por algum problema de saúde, você pode optar por resolver esse problema antes de começar a rejuvenescer.

Duas ou três vezes por ano, olhe novamente para a imagem do seu corpo daqui a dez ou vinte anos. Isso lhe dará tempo de sobra para executar a ação necessária. Talvez você precise apenas mudar um hábito ou adotar uma rotina menos atribulada, mais equilibrada. Não importa qual seja o seu primeiro passo, os anjos da cura o ajudarão a fazer qualquer mudança que energize a sua alma.

CAPÍTULO 20

O Rejuvenescimento do Corpo

O rejuvenescimento começa com a abertura do fluxo de energia espiritual. Quando a energia espiritual flui para dentro da mente, você se sente inspirado e passa a ter muitas idéias. Começa a interpretar os acontecimentos de maneira diferente. Passa a perceber as causas, e não só os efeitos. A energia espiritual elimina padrões de pensamento cristalizados. Quando a energia espiritual flui através das emoções, você tem uma sensação de calma, acompanhada por um sentimento de contentamento e de otimismo. Ela expulsa os sentimentos negativos de autopiedade e sensibilidade excessiva, que, por sua vez, provocam sentimentos negativos. Você desenvolve um senso de beleza, prazer e de gratidão. Quando a energia espiritual flui para o interior do corpo físico, as células são capazes de concentrar mais luz. Isso é o rejuvenescimento — luz solar fluindo para dentro da personalidade. Quando você traz a luz da alma e do anjo solar para dentro do triângulo dourado, é inevitável que ocorram mudanças energizantes.

Um corpo rejuvenescido precisa de pouquíssima atenção. Ele o liberta a fim de que você possa dirigir a atenção para aquilo de que mais gosta. À medida que você rejuvenesce, purifica o corpo e o prepara para o próximo nível de luz. Traz a luz para dentro das células, o que não apenas o ajuda a reverter os sintomas do envelhecimento e lhe proporciona mais energia como também ilumina a sua vida. Você será o primeiro a notar que tem mais energia, e será o primeiro a se beneficiar com o fato de ter um corpo vibrante e mais jovem. No entanto, você provavelmente não será o primeiro e reconhecer que parece mais jovem, que seus olhos faíscam e que seu rosto tem um brilho sutil. Nem será você o primeiro a saber que sua postura tornou-se mais ereta e mais bela, ou que seus passos tornaram-se mais graciosos. Seus amigos serão os primeiros a notar, especialmente aqueles que não o têm visto ultimamente.

O ano em que você nasceu não é o que determina a sua verdadeira idade. Os cientistas agora medem a idade pelas funções internas do corpo e pela condição das células. Essa idade pode variar em até vinte ou trinta anos com relação à sua idade cronológica. Quando o corpo e a mente são rejuvenescidos com a luz, o amor, as cores, os sons e a sabedoria da alma, dia após dia, o corpo aos poucos se transforma. Você não somente parece mais jovem, você *é* mais jovem! A mente torna-se mais brilhante, mais jovem e mais lúcida. As emoções são mais positivas e amorosas. O corpo é mais saudável, e você pode viver por mais tempo e de modo mais pleno. Você desenvolve um centro magnético de energia que nenhuma outra coisa pode lhe oferecer. Sente um entusiasmo contagiante e o desejo de aprender coisas novas, estudar novas áreas da vida — para tornar-se de fato a pessoa que sempre quis ser.

Períodos de adaptação a uma luz maior

À medida que você prossegue rumo a um nível de luz mais elevado, seu corpo precisa ir se aprimorando para permanecer em harmonia. Pense a respeito dos últimos dez anos e você compreenderá que, depois de ter se adaptado a um conjunto de mudanças e passado a se sentir novamente satisfeito com a vida, outro conjunto de mudanças passou a ocupar o lugar do primeiro e você mais uma vez precisou se adaptar. Rejuvenescimento é a constante adaptação da vida e do corpo a uma freqüência de luz mais sutil. A mudança é um sinal de que a alma está em contato com você e o está influenciando, incentivando-o a avançar, na medida da sua capacidade, rumo à próxima expansão de luz. Se você consegue se adaptar às mudanças é sinal de que está respondendo à alma, que está muito à frente da personalidade no caminho da iluminação e acena para que você a siga. Cada passo para a frente, com o qual você se aproxima de uma luz mais intensa, exige que você purifique mais o corpo e as emoções. Você deve levar consigo toda a sua família de eus — o corpo físico, o corpo emocional e o corpo mental. Nada é deixado para trás.

O rejuvenescimento verdadeiro e permanente começa em níveis profundos e, aos poucos vai se exteriorizando. Muitas vezes, um padrão automático está impedindo que o agente interior da cura ajuste o seu corpo a uma quantidade maior de luz. O primeiro passo consiste em romper esse padrão de maneira que ele não mais sobrepuje a canção da alma, cuja energia flui para dentro da mente e do corpo. À medida que a resistência à nota superior da alma se dissolve, células densas são expelidas, outras são trazidas de um centro superior e outras ainda são elevadas até um centro de energia superior, rumo ao próximo nível de evolução. Se ocorreu um problema físico, isso pode dever-se apenas ao fato de você ter conseguido atrair mais luz do que o seu corpo estava preparado para absorver.

Como reconhecer e administrar os períodos de adaptação

Quando a luz que flui para dentro de você purifica tudo o que encontra em seu caminho, o corpo físico tem de fazer ajustes em um nível celular para absorver essa luz, ou seja, ele precisa se purificar para receber mais luz. Você poderá descobrir que, ao longo da sua vida, precisará fazer ajustes maiores ou menores de acordo com a quantidade de luz que estiver recebendo. À medida que fizer cada ajuste, as oportunidades surgirão, e mais sabedoria e amor espirituais se tornarão acessíveis. Com cada ajuste, você aprende a estabelecer uma harmonia mais sutil com a nota da alma. Essa harmonia rejuvenesce o seu corpo.

Quando você se adapta a uma luz maior por intermédio do corpo físico, os ajustes são concluídos com bastante rapidez e a harmonia celular pode ser novamente restabelecida. Se essa adaptação não incluir o nível físico, você fará o ajuste por intermédio do corpo emocional. Esse ajuste poderá exigir mais tempo, pois requer que você desenvolva um amor cada vez maior que atravesse todas as fronteiras criadas no passado. Em ambos os casos, os anjos da cura trabalharão com você e acelerarão essa limpeza para colocar o seu corpo e as suas emoções em harmonia com a luz superior da alma e do anjo solar.

Se algum dia você se sentir desanimado ou muito cansado para pensar com clareza, essas sensações podem ser um sinal de que o corpo está tentando se adaptar a freqüências superiores de luz. Depois desse período de adaptação, um antigo problema, como, por exemplo, uma dor nas articulações ou uma indigestão, pode desaparecer para sempre. À medida que o processo de rejuvenescimento atinge os tecidos mais profundos, ele pode eliminar um padrão patológico que foi suprimido com antibióticos, mas não foi eliminado do campo energético. Quando o sistema imunológico, agora fortalecido, depara com esse padrão, mobiliza-se facilmente para digerir as bactérias hostis e eliminar do corpo etérico os padrões dessas bactérias. Dessa vez, se reaparecer um sintoma do passado, ele logo percorrerá seu ciclo e irá embora. Os sintomas provavelmente durarão somente um curto lapso de tempo.

Como colaborar com o trabalho dos anjos

O poder das forças angélicas combinado com a alma pode enfraquecer as forças degenerativas. *Sempre* que estiver passando por um período de adaptação para captar uma luz maior nos corpos físico e emocional, crie o poderoso triângulo de transformação com o anjo solar e com alma. Eles trarão a você os anjos da cura, que aperfeiçoarão seu corpo por meio de freqüências cromáticas, luminosas e sonoras. Também vão inspirá-lo para que você saiba como proceder para colaborar com o trabalho deles. Por exemplo, às vezes você perceberá que é melhor ignorar todos os sintomas e prosseguir com seu trabalho. Outras vezes, você terá uma sensação diferente, de que precisa diminuir o excesso de luz, enviando-a para outras pessoas. Você perceberá quando uma quantidade excessiva de luz está circulando pelo seu corpo e pela sua mente, sem encontrar uma forma de se exteriorizar. Ocasionalmente, você poderá chegar à conclusão de que é necessário procurar uma ajuda externa e decidir sobre o melhor tratamento de saúde. Durante esses períodos de ajuste, você também obterá um enorme apoio por parte do agente interior da cura. Fale com ele e peça-lhe ajuda para que ele harmonize toda a sua personalidade com a nota da alma.

Como tornar a adaptação mais fácil

Respeitar os períodos de adaptação faz parte do movimento para sincronizar-se com o ritmo da alma. Durante o período de ajuste físico, de vez em quando, *deixe de lado os seus afazeres e se divirta um pouco* para absorver plenamente a luz superior da alma. Esses períodos de ajuste ficam mais curtos — com freqüência, duram apenas algumas horas ou menos à medida que você aprende a não extenuar o corpo quando ele está assimilando a luz superior que recebe.

Quando o repouso já for suficiente e o corpo já estiver bem ajustado ao nível superior de luz, outra parte de você, mais sábia, se preparará para dar o próximo passo. Aproveite todas as oportunidades para dar esse passo — com luz angélica no coração e na mente. Se você costuma invejar as pessoas que parecem passar a vida brincando e se divertindo, lembre-se de que elas talvez precisem de um extenso período de adaptação para integrar algumas das mudanças mais importantes que já fizeram. Também é possível que para elas brincar seja uma forma de meditação. O que aos olhos dos outros parece ser uma brincadeira, pode ser a alma se manifestando como uma artista criativa!

Como melhorar seu senso de humor

Às vezes você descobre que está resistindo aos esforços da alma para fluir para dentro do corpo ou da vida. Mesmo consciente dessa resistência, talvez não seja capaz de interromper de imediato esse bloqueio. A dificuldade de decidir entre o caminho mais sábio e o caminho que você já conhece pode ser algo frustrante ou divertido; tudo depende do seu senso de humor na ocasião. Se você procurar ver o lado engraçado dessas situações, poderá passar por elas com muito mais facilidade. A sensação de lutar contra outra parte de si mesmo na verdade dá mais força a essa outra parte de você. Não se torne um inimigo dessa parte que resiste; crie uma aliança com ela. O bom humor pode conseguir a cooperação quando nada mais o consegue. Quando você substitui o hábito de resistir por um outro, mais sábio, é muito mais fácil mudar outros hábitos. Pouco a pouco, você criará um instrumento realmente eficaz para tornar a alma mais forte que o desejo por coisas que envelhecem o corpo e embotam a mente.

Se você faz um jogo de empurra-empurra entre um velho hábito e o novo caminho, dirija-se ao agente interior da cura e fale com ele. Coloque duas cadeiras, uma para você enquanto inquiridor e outra para você enquanto agente interior da cura, assim como fez na Sala da Sabedoria. Juntos, vocês podem criar um plano que reúne a mente, as emoções e o corpo numa harmonia maior. Certifique-se de que é um plano prático e funcional para você. Mas, antes, você pode rever os princípios que propiciam o rejuvenescimento, de modo que possa incluí-los nesse plano.

Princípios do rejuvenescimento com a luz

1. *A Harmonia Dentro do Corpo.* O rejuvenescimento é o resultado da eliminação do atrito entre as células, as emoções e os pensamentos. Você se torna mais jovem quando se harmoniza com a alma. Incorpore no plano de rejuvenescimento a capacidade de discernir e a vontade de escolher aquilo que cria harmonia com a alma.

2. *O Amor Que Está Direcionado Para o Alto, Para Fora e Para Dentro.* O simples fato de amar a alma já direciona o amor para o alto e rejuvenesce tanto quanto qualquer técnica. Isso cria um belo padrão de luz entre o coração e a alma. As emoções começam a ressoar com a luz da alma, com a sua cor e com a sua nota. É uma vibração jubilosa, uma nota de coragem que se transforma em entusiasmo, amor e uma visão mais ampla da vida.

O amor direcionado para fora significa que você se preocupa com os outros e que os mantêm na luz quando pensa neles. O amor direcionado para dentro significa que você está escutando sua alma e os anjos do amor divino. Você está olhando para o futuro e sentindo, por meio da intuição, como pode usar a energia vital para dar algo aos outros. Todo amor é uma poderosa força de rejuvenescimento. Quanto mais pessoas você incluir, maior será a força.

3. *Gratidão Vinda do Coração.* Quando você está se sentido sinceramente grato pela presença e pela orientação da alma no sentido de iluminá-lo, você está a serviço do plano da evolução — e, como conseqüência disso, está rejuvenescendo no corpo, na mente e no espírito. Lembre-se de agradecer aos anjos da cura. Eles vieram muitas vezes quando você ainda não sabia que realizavam o trabalho de cura com você. Deixe ondas de gratidão fluírem de você para todas as pessoas em sua vida. A gratidão é uma poderosa força rejuvenescedora. Ela dá brilho aos olhos e às células.

4. *Viver no Ritmo da Alma.* Você começou a viver no ritmo da alma quando formou o triângulo dourado de luz e quando trabalhou com os anjos da cura. Você pode não compreender como é radical a mudança pela qual estão passando os seus padrões de pensamento obsoletos enquanto você passa a viver no ritmo da alma. Isso não significa que você desistirá do seu emprego ou de seus amigos. Significa que o seu trabalho e as suas amizades se tornarão mais ricos e recompensadores.

A alma tem o ritmo perfeito para rejuvenescer continuamente o corpo, ano após ano. Aprenda a respirar, a movimentar-se e a caminhar no ritmo da alma. Imagine que está concedendo à alma completa autoridade sobre o seu corpo, e note como se sente muito mais gracioso, equilibrado e energizado. Você pode fazer isso agora, enquanto lê, imaginando o triângulo com os fótons de luz dourada fluindo para dentro de você. Leia ainda mais devagar — com a respiração e o pulso num ritmo mais lento. Ligue os centros da coroa e do coração, por meio de uma linha de luz, à corrente espiritual de energia. Faça uma pausa por um momento e perceba como sua percepção se expande. Você pode deixar que esse estado mental se acentue à medida que prossegue a leitura. Traga essa luz dourada para dentro da mente, dos olhos e da garganta. Sinta essas partículas douradas fluírem para dentro do centro do coração. Tenha a certeza de que você saberá o melhor lugar para concentrar a sua atenção durante o resto do dia e que continuará sentindo o ritmo da alma no corpo mesmo quando estiver concentrado em outra coisa.

Aos poucos, você poderá aumentar esses períodos em que sente o amor da alma fluindo para dentro de si com os olhos bem abertos. Faça o seu pensamento retroceder até vários anos atrás, e compreenderá que esteve se preparando durante um longo tempo para essa mudança. Seu ritmo de vida é provavelmente diferente daquele que você tinha há um ano, e muito diferente do que você tinha há dez anos. Imagine de que maneira você poderá viver os próximos dez anos à medida que for se aproximando do ritmo da alma.

5. *O Cultivo de uma Mente Aberta.* Você pode se imaginar ainda mais brilhante, mais perspicaz e mais criativo do que é agora? Quando a mente se liga com a alma, a criatividade é estimulada. Somente a luz da alma tem o poder de transformar o futuro. A luz solar flui para dentro de você e ilumina a sua mente. Os pensamentos adquirem uma qualidade diferente; eles se tornam mais resolutos e positivos. Sua concentração também aumenta. Esse é também um sinal de rejuvenescimento, pois você está criando, na mente, uma harmonia que reduz o conflito e a tensão — dois dos principais agentes do envelhecimento.

Experimente projetar o seu holograma de cura num futuro cada vez mais distante. Veja a si mesmo nesse holograma durante a última década da sua vida, dinâmico, saudável e animado por um humor elevado, assim como a sua alma pretende que você seja. Incorpore em seu holograma o rosto de uma pessoa sábia e amável e o corpo de uma pessoa ativa e saudável. Imagine que mantém uma conversa com esse holograma. Depois de falar com ele, deixe-o contar a você como ele conseguiu esse rejuvenescimento.

À medida que você aprende a usar a sua mente iluminada para concretizar as imagens da sua alma, você pode ignorar qualquer outra imagem do seu futuro. Grave o holograma que a sua alma fez de você na tela da mente. Você está trocando uma imagem que estampava alguns dos temores comuns da humanidade por uma figura muito mais bela, que tem a luz da alma iluminando-a.

Treine a mente para que ela se fixe na imagem do futuro que você quer. Um homem tinha vários medos com relação ao envelhecimento. Achava que estava envelhecendo (tinha 42 anos) e que logo não teria energia suficiente para desfrutar a vida de fato. Sentia que o melhor da vida estava chegando ao fim. Certa noite, teve um sonho no qual lhe foi mostrado como esse pensamento estava fazendo-o envelhecer mais depressa. Para ele aquilo não passava de uma crença inofensiva, mas a energia dessa crença estava influenciando o futuro e abreviando o tempo durante o qual ele teria um corpo jovem e cheio de energia mesmo que cuidasse muito bem dele. Quando compreendeu que esse pensamento, por si só, estava envelhecendo o seu corpo, procurou mudar o seu discurso interior. Conversou com pessoas vinte ou trinta anos mais velhas do que ele, e que eram mais saudáveis, cheias de vida e mais lúcidas do que jamais tinham sido antes. Logo desenvolveu uma nova imagem de si mesmo com cinqüenta, sessenta, setenta e até mesmo oitenta anos — desfrutando a vida com toda a energia de que necessitava para fazer o que era realmente valioso para ele. Se você se surpreende fazendo mau uso da imaginação, pare e reconheça os prejuízos que isso está trazendo para o seu corpo. Lembre-se que o seu corpo sempre obedece e reproduz aquilo que você pensa ou diz! Como se fosse uma brincadeira procure criar a imagem oposta de qualquer coisa negativa na mente.

6. *Luz Solar, uma Boa alimentação, Exercícios e Sono.* Fique ao ar livre sempre que puder. Faça exercícios não porque precisa fazê-los mas por prazer. A cada ano, você poderá ter um corpo novo e melhor. De 98% a 100% dos átomos do corpo não estarão mais nele no ano que vem. Serão substituídos por novos átomos. As células da sua boca são completamente renovadas a cada duas semanas. As células do fígado são substituídas a cada seis semanas. As células da pele são substituídas todos os meses. As células dos ossos são substituídas a cada três meses; as das paredes do estômago, a cada cinco dias; e as células do cérebro, a cada ano. Tudo isso acontece naturalmente, como parte do programa implantado nas células, enquanto não houver nada que interfira com ele.

Agora você tem os seis passos para elaborar um plano de rejuvenescimento com o agente interior da cura e com a alma. Você está pronto para traçar esse plano. Mais tarde, o agente interior da cura o aperfeiçoará ainda mais. Você poderá ter mais idéias e conseguir mais maneiras de obter outras informações que forem necessárias.

A elaboração do plano de rejuvenescimento com o agente interior da cura

1. Traga até você o anjo solar e a alma através do triângulo de luz.

2. Abra-se para os anjos do amor divino. Sinta o centro do coração vibrando e abrindo-se para liberar o poder inato de cura através do amor divino.

3. Abra-se para os anjos do rejuvenescimento que utilizam cores transparentes e radiantes para criar três círculos em torno do seu campo energético. Uma das cores alimenta e rejuvenesce o corpo físico. A segunda cor rejuvenesce as emoções e proporciona uma tremenda sensação de gratidão por tudo o que está sendo feito por você, por tudo o que você está aprendendo e pelo poder redentor da alma. A terceira cor rejuvenesce o corpo mental e remove os véus que se estendem entre você e a sua alma. Essa cor faz vibrarem as glândulas pineal e pituitária, estimulando-as e revigorando-as para que produ-

zam hormônios de juventude e uma saúde revitalizada. Agradeça a esses anjos por aperfeiçoarem a sua mente, as suas emoções e o seu corpo.

4. Os anjos da cura estão agora circundando-o com três freqüências sonoras, uma delas destinada a harmonizar suas emoções com o ritmo da alma, e outra destinada a fazer a mente entrar nesse ritmo. Todas essas freqüências estão em harmonia com a nota da alma. São sons celestiais dotados dos tons e das qualidades exatas que trarão harmonia entre essas três partes da personalidade e da alma. Escute com o ouvido interior e imagine a pureza desses sons. Eles poderão soar como um sino delicado, como um carrilhão ou como uma flauta. Estão pondo o corpo em sintonia e eliminando notas discordantes que causam discordância e envelhecimento. Sinta agora essa harmonia interior sendo incorporada a você.

5. Chame o agente interior da cura para iluminar a sua mente com figuras brilhantes e límpidas de si mesmo evoluindo e tornando-se uma pessoa mais confiante, mais equilibrada e mais criativa. Pergunte com que freqüência você deve fazer essa meditação orientada para acelerar o rejuvenescimento.

6. Você está agora vibrando em sintonia com a alma. As cores no campo energético são as cores do rejuvenescimento. Incorpore agora os agentes rejuvenescedores físicos. Veja a si mesmo adotando a alimentação ideal para o seu tipo de corpo, e os níveis ideais de luz solar, de sono e de exercício. Veja a si mesmo atingindo um estado de espírito luminoso. Imagine-se rindo, cercado de amigos, dançando ao som de belas músicas e desfrutando a delicada beleza da natureza — as árvores, as gotas de chuva, os flocos de neve e as flores.

7. Incorpore ao seu holograma os passos do rejuvenescimento. Veja a si mesmo vivendo em harmonia e o seu coração abrindo-se para o amor e para o perdão de todos os erros, seus e dos outros. Veja a si mesmo expressando uma gratidão sincera, vivendo no ritmo da alma, iluminando a mente com o agente interior da cura e fornecendo os agentes físicos de vitalidade para o seu corpo. Considere-os um de cada vez, e crie uma cena específica que englobe cada um deles.

8. Imagine que exatamente agora você está cercado por muitos bons amigos como se celebrasse seu aniversário de cem anos. Observe qual é a sua aparência e o que está fazendo nessa festa.

Continue observando as imagens que você tem de si mesmo com cem anos de idade. Você está sentado? Então, levante-se. Você parece fraco ou frágil? Então, coloque um pouco de vitalidade em si mesmo com a idade de cem anos. Imagine-se fazendo um discurso de aniversário com sabedoria, inteligência, humor e afeto. Se achar que cem anos é uma idade muito avançada imagine-se com setenta ou oitenta anos. Você pode rejuvenescer de modo a adaptar-se a essas imagens enquanto aprende mais com a alma ou ensina outras pessoas a viver mais plena e alegremente. Uma médica de 102 anos, que ainda exerce a profissão, rejuvenesceu a ponto de corresponder às suas imagens. Outro médico, um pediatra de 92 anos, vê seus jovens pacientes todos os dias. No entanto, não é apenas a idade que prova que você rejuvenesceu. A sua qualidade de vida, sua alegria de viver e a plenitude de espírito e de descoberta são o que conta.

9. Você também pode idealizar para o futuro determinadas experiências — até mesmo para um futuro próximo. Você pode imaginá-las como se fosse uma brincadeira. Imagine uma surpresa agradável para daqui a três dias. Imagine-se ao acordar recebendo energia e cores rejuvenescedoras dos anjos da cura. Visualize, ao acordar, cores claras e translúcidas fluindo para o seu corpo, penetrando pelos poros e nos tecidos, nos órgãos e nos músculos durante três dias a partir de agora. Veja essas cores purificando os olhos, suavizando a pele, fortalecendo a voz. Marque a data no calendário e, quando esse dia chegar, note se você se sente melhor do que de costume, mais cheio de vida, mais alegre e mais equilibrado do que agora.

10. Se você perceber que costuma oscilar entre uma imagem positiva e uma imagem negativa do seu corpo no futuro, investigue essas imagens que se alternam. Evoque a imagem negativa, olhe para ela, apague-a, e em seguida evoque a imagem positiva. Olhe para ela, apague-a, e em seguida evoque novamente a imagem negativa. Faça isso várias vezes, dedicando não mais que um ou dois segundos para cada imagem. Em seguida, torne a imagem positiva mais brilhante e as cores bem vivas. Duplique o tamanho dessa imagem. Acrescente som e animação à imagem positiva do futuro e deixe que ela apareça viva. Quando a imagem negativa surgir, torne-a indistinta, fora de foco e em preto-e-branco. Continue alternando as figuras até que, quando aparecer a figura negativa não haja mais imagem — somente uma tela em branco. Agora, funda a figura positiva de você mesmo, rejuvenescido, com o seu holograma e olhe para ele até que a luz e cores fiquem nitidamente impressas na sua mente.

CAPÍTULO 21

Como Aumentar a Intensidade da Luz nas suas Células

Você é o governante de um reino muito grande, onde há mais habitantes do que toda a população do planeta — mais de 60 trilhões. As células do seu corpo são os seus súditos. Esses súditos vivem no seu corpo e você é o deus desse povo. Eles evoluem conforme você evolui. Se você não evoluir, você os impede de avançar; o conflito interior torna-se forte demais, e eles não podem lhe dar apoio. Mesmo que a consciência das células seja limitada, elas estão prestando um serviço e se especializando à medida que progridem. As células ouvem os seus pensamentos e palavras e os obedecem. Eles são as ordens, as leis. As células vivem de acordo com as leis que você proclama!

Qualquer coisa que você pense é imediatamente irradiada para as células, e elas acatam obedientemente esse pensamento. Quando critica você mesmo ou o seu corpo, elas respondem. As células sob o comando de cada diretor são servas leais e dedicadas. Assim como os diretores, elas trabalham incessantemente para cumprir as ordens que você lhes envia. Enquanto essas células viverem no seu reino, a vida e a evolução delas serão totalmente dependentes de você, assim como você depende delas para ter uma vida física neste planeta.

Ressonância celular com a alma

A intensificação da luz celular aumenta a capacidade do corpo de absorver luz. As células começam a captar mais luz solar e a apresentar um ponto central de luz brilhante. No plano físico, a intensificação da luz celular reverte o envelhecimento mais do que qualquer mudança que você possa fazer. Você começou a intensificar a luz celular quando deu os primeiros passos em direção à Ilha da Regeneração. A luz que está trazendo para dentro de si à medida que trabalha com os anjos da cura e com a alma já está afetando as suas células. O trabalho que você está realizando com o triângulo de luz, a comunicação que está estabelecendo com os diretores dos sistemas — todas as novas ligações estão sistematicamente abrindo novos canais para aumentar a luz celular. Até mesmo enquanto está lendo este capítulo, você está criando células que respondem à luz e expulsando células que contêm menos luz. Esse processo prosseguirá enquanto você continuar se encontrando com a alma e o anjo solar.

Você pode chegar até muito mais alto nos planos espirituais quando intensifica a luz celular. Quando uma porcentagem maior das células é capaz de concentrar mais luz, os sistemas, os órgãos e as glândulas começam a ressoar com a nota vibratória da alma. É estabelecida uma ressonância harmônica que aumenta sua eficiência. Toda a personalidade pode então ressoar com a nota límpida de amor da alma. Isso significa que você não apenas pode elevar-se ainda mais quando está meditando como também pode manter na memória, por mais tempo, esses lampejos instintivos que chegam até você.

A intensificação da luz celular caminha de mãos dadas com o avanço espiritual. Você pode dar o próximo passo em seu caminho à medida que um maior número de átomos, de moléculas e de células em seu campo energético transporta mais luz. Cada vez que você forma o triângulo de luz com sua alma e com seu anjo solar, e trabalha com os anjos da cura, uma voltagem mais alta de energia circula através do seu corpo etérico e dos seus centros de energia. A partir daí, essa energia se dirige até suas glândulas endócrinas e sua corrente sangüínea para levar luz solar a cada célula do seu corpo.

Como criar células abastecidas de luz solar

Quando você está trazendo a luz da alma para a sua vida, algumas células podem se mostrar muito lentas ou densas para sintonizar as freqüências superiores de luz. Elas não têm receptores para a luz solar e, por isso, não se adaptam à energia mais intensa que flui para dentro delas. Elas não conseguem tornar seu corpo e a sua mente mais jovens e vibrantes. Têm possibilidades limitadas para se reproduzir com precisão. O DNA dessas células começa a transmitir de maneira deficiente os códigos genéticos. Essas células vibram muito lentamente, por isso não entram em harmonia com a nota vibratória da alma. No entanto, a maior parte delas pode ser substituída quando você trabalha com os anjos da cura. As células que não conseguem se adaptar ao seu novo corpo são expelidas para dar espaço às novas. O processo de intensificação da luz celular é complexo. Felizmente, você não precisa dirigir cada passo desse processo. Você precisa somente dar os passos que tornam possíveis essas mudanças.

As células abastecidas de luz solar utilizam novos blocos de construção de matéria subatômica. Essas células cintilam como sóis minúsculos. Suas moléculas e átomos vibram com luz solar. Essas células resistem às doenças porque estão ressoando em freqüências superiores. Estando em harmonia com a alma, não se desgastam tão rapidamente quanto as células abastecidas de luz terrestre. Elas são mais eficientes; têm um período mais longo para se dividir com precisão do que as células de freqüência inferior. Elas criam um tipo de corpo inteiramente diferente. Quando você obtém uma certa proporção de células abastecidas de luz solar, a vibração de todo o seu corpo é intensificada. O cérebro fica mais receptivo aos planos da alma, o coração fica mais vigoroso e o sistema endócrino fica mais ativo e equilibrado. As artérias e veias tendem a readquirir a elasticidade perdida. A memória e a taxa de absorção de oxigênio melhoram e as emoções ficam mais equilibradas e positivas.

Como nutrir as células abastecidas de luz solar

As células abastecidas de luz solar são muito seletivas e requerem uma quantidade superior de alimentos, de luz solar e de oxigênio. Não podem viver de nutrientes inferiores e não conseguem vicejar em lugares escuros. Só florescem com exercícios que você acha agradáveis e que não agridam o seu corpo. No entanto, mais do que qualquer outra coisa, essas células devem receber apenas os nutrientes que a alma e o anjo solar podem fornecer: o constante fluxo de luz espiritual proveniente dos diretores de todos os sistemas e do agente interior da cura.

Você é o agente que proporciona esse canal de força vital às células transmutadas. Você atua como agente quando senta-se tranqüilo e cria o triângulo de luz dourada com a alma e com o anjo solar. Faz isso quando reconhece que a sua luz ajuda a melhorar o mundo à sua volta. Quando está disposto a trabalhar com a alma em resposta ao chamado que ela lhe dirige — o chamado para abraçar uma sabedoria e uma alegria ainda maiores na vida, e para compartilhá-las com outras pessoas da melhor maneira que puder. As células solares são criadas por aqueles que estão num caminho de luz — um caminho de serviço por meio da luz, do amor e da sabedoria.

Emoções: Os agentes secretos do rejuvenescimento celular

As emoções colorem a energia que provém da alma e se irradia para as células. Quando as suas emoções são calmas, límpidas e iluminadas, a luz anímica flui livremente até as células. Se as emoções estão continuamente cheias de desgostos do passado ou de preocupações com o futuro, as cores dessas emoções bloqueiam uma grande porção da luz da alma.

As emoções são transferidas para as células por intermédio de uma cadeia de comandos que é praticamente instantânea. As células estão a tal ponto ligadas com as emoções que quando você sente até mesmo uma leve alegria, as células também experimentam alegria. Elas reagem constantemente à natureza dos sentimentos que você tem a respeito de si mesmo e da sua vida. Se você está se sentindo leve e bem-humorado, suas células seguem esse padrão — elas também se sentem assim. Elas estão calmas quando você está calmo, felizes quando você está feliz. Quando você está meditando, elas são nutridas e ficam em paz. Quando você age com amor, a aura delas se expande.

A irradiação dos sentimentos para as células

Qualquer sentimento positivo que você experimente — esperança, contentamento, otimismo e entusiasmo — é infinitamente rejuvenescedor para as suas células. Esses sentimentos enchem as suas células de energia. Cada emoção positiva transporta uma mensagem para as células. O riso, por exemplo, cria poderosas células no sistema imunológico, nos pulmões, no coração e nos rins. Quando ri você está enviando às células um comando para que elas se tornem saudáveis e fortes. Quando você sente amor, as células da corrente sangüínea recebem um tratamento rejuvenescedor. Quando aprecia a beleza, as células da pele são rejuvenescidas. Mesmo que você apenas se lembre das vezes em que experimentou essas emoções, as células são rejuvenescidas. Elas também rejuvenescem quando você imagina como seria se você se sentisse amoroso e grato, se risse e apreciasse a beleza. As células não diferenciam passado, presente e futuro. Elas são alimentadas por todas essas mensagens de prazer e de amor.

Quando você compreende o quanto isso é verdadeiro, passa a sentir uma grande motivação para nutrir apenas as emoções que beneficiam as células. Você pode evocar sentimentos positivos apenas pensando numa época do passado em que tinha esses sentimentos e imaginando tê-los no futuro. Ao fazer isso, passa a trazer essas experiências para o presente. Ao mesmo tempo, cria um padrão que atrai para você o lado mais amoroso e alegre dos outros. Você pode restaurar sua vida emocional e substituir emoções mais escuras por emoções cheia de luz, uma vez que optar por agir assim. Mesmo enquanto estiver fazendo essas mudanças, você começará a se sentir otimista com relação a si mesmo e à vida. As células passam a mensagem para a frente imediatamente. Você irradiará para elas uma nova lei, que irá criar exatamente aquilo que você quer em seu corpo.

Uma jornada para desenvolver as células

1. Dirija-se até o pátio interno do Templo da Cura e tome uma ducha de luz e de cor. Respire profundamente e faça uma pausa enquanto visualiza um triângulo de luz com o anjo solar e com a alma.

2. Deixe os anjos do amor divino tocar cada uma das suas emoções com uma tonalidade profunda de rosa. Sente-se com esses anjos da cura durante vários minutos.

3. Agora, visualize os anjos enviando matizes verdes, azuis e lilases para iluminar suas emoções e torná-las cintilantes.

4. Os anjos da cura estão agora usando freqüências sonoras. Deixe essas mensagens pulsantes criarem uma dança de amor dentro do DNA das suas células. Imagine que esses sons atraem as moléculas que trazem tranqüilidade, que lhe dão energia e contentamento. Imagine que pode sentir essas moléculas mais sutis conferindo às células longevidade, vigor e imunidade a doenças. Imagine-a emitindo os sinais que transmutam as células, na seqüência correta, em células abastecidas de luz solar.

5. Deixe que o agente interior da cura lhe mostre como dar apoio ao trabalho dos anjos da cura. À medida que essas cores e essas freqüências de luz solar fluem para as emoções e para as células, elas criam, de maneira natural, células superiores. Veja essas células multiplicando-se e criando um suave halo de luz em torno da sua cabeça e ombros, em torno do tórax e descendo pelos braços.

6. Acrescente ao seu holograma de rejuvenescimento essa experiência das emoções e das células sendo transmutadas por meio da luz, do amor, da cor e do som. Visualize as células cintilando com a luz e irradiando uma nova longevidade e uma nova vitalidade que durarão por toda a vida.

CAPÍTULO 22

Como Curar Doenças Crônicas e Lesões Causadas por Acidentes

Se você tem problemas crônicos, como, por exemplo, doenças cardíacas, artrite, articulações enrijecidas ou problemas nos brônquios ou nas glândulas, talvez acredite que essas condições sejam permanentes e irreversíveis. Mas isso é apenas uma crença. Você pode reverter parte da degeneração celular, independentemente da gravidade desse problema. Pode também curar lesões provocadas por acidente. Você verá, neste capítulo, como algumas pessoas resolveram esse tipo de problema, que muitos julgam irreversíveis, e aprenderá como fazer o mesmo. Como verá, não se trata da influência da mente sobre a matéria; trata-se do uso de correntes de energia espirituais sobre a mente e sobre a matéria. A cura ocorre quando as células se libertam de antigos padrões de reação ao choque e ao trauma.

Como estabelecer novas fronteiras

Vários anos atrás, uma senhora que já não conseguia quase andar ou trabalhar devido ao enrijecimento e ao inchaço das articulações, decidiu que tinha de se curar por meio dos seus próprios esforços criativos — ou acabaria numa cadeira de rodas em poucos meses. Sua doença estava piorando rapidamente, e os tratamentos médicos não estavam funcionando. Lia tudo que encontrava sobre o assunto, dedicando todo o seu ser à tarefa de curar seus problemas nas articulações, o que, segundo a opinião de outras pessoas, era impossível. Não sabia se seria bem-sucedida, mas não tinha mais a que recorrer. Começou a pedir ajuda à alma e aos anjos da cura. Habituou-se a entoar, cantar e meditar com a alma durante várias vezes por dia. Em seguida, começou a cuidar das necessidades físicas do corpo mudando a sua alimentação. Então, passou a purificar as emoções, defendendo-se contra as doenças e estabelecendo fronteiras em sua vida. Purificou a mente, decidindo quanta responsabilidade podia assumir e permanecendo fiel aos limites que estabelecera. Também substituiu os comentários negativos que fazia sobre si mesma por afirmações conscientes e positivas. Tornou-se receptiva à orientação da alma e empreendeu cada passo que se apresentava a ela. Levou seis meses até encontrar um agente da cura que pudesse ajudá-la a resolver seu problema de saúde. De início, nada mudou. Então, aos poucos, os sintomas diminuíram; no fim do ano as articulações quase não doíam e ela podia caminhar melhor. Os sintomas continuaram a diminuir até que ela ficou totalmente boa outra vez.

Isso aconteceu onze anos atrás, e hoje ela não está apenas livre dos sintomas mas também os seus ossos estão mais fortes do que antes do aparecimento da doença que começou a destruir o seu corpo. Ela se sente muito mais saudável, jovem e vibrante. Essa senhora dirige uma editora bem-sucedida, e procura manter o equilíbrio entre trabalho e lazer. Só edita livros que acredita serem positivos e transformadores. Pratica natação todos os dias, tem uma alimentação saudável e medita pela manhã e à noite.

A eliminação de toxinas emocionais

Outra senhora fez o curso de cura com luz e livrou-se da doença que estava começando a limitar seus movimentos. Desenvolvera uma artrite tão grave nas mãos que não conseguia mais abrir uma porta e seus joelhos estavam tão rígidos que sentia dores fortíssimas ao caminhar. Depois que seu médico informou-a de que não havia nada a fazer no seu caso, ela começou a pedir ajuda à sua alma. Ela lhe mostrou que o seu corpo estava impregnado por uma substância tóxica criada por um conflito interior. Apesar de não ser evidente, esse conflito era tão grande que o seu corpo o armazenara nas articulações. A partir do momento em que pediu ajuda aos anjos da cura, eles passaram a guiá-la a cada dia, mostrando-lhe o caminho para a cura. Chegaram às suas mãos livros que tratavam de suaves exercícios para as mãos e para os joelhos, feitos na água. Descobriu fitas de meditação orientada sobre a cura com a luz e passou a ouvi-las várias vezes por dia. Seu corpo sentiu-se como se estivesse largando um pesado fardo. O inchaço diminuiu e a dor desapareceu. Logo ela readquiriu pleno uso das mãos e dos pés e está hoje livre de todos os sintomas.

Você pode curar os males do seu corpo, assim como essas mulheres o fizeram, obtendo ajuda para eliminar qualquer coisa que impeça a luz de cura dos anjos de atingir as suas células. Se você apresenta qualquer tipo de desequilíbrio no corpo, considere esse problema um convite para trabalhar todos os dias com os anjos da cura — não apenas pela manhã, mas várias vezes por dia durante alguns minutos, e principalmente à noite, quando for se deitar. Lance mão de tudo que lhe dá o apoio e o estímulo necessários para continuar, até que os sintomas desapareçam completamente; por exemplo, encontre-se com um amigo ou com um grupo que cultive os mesmos interesses que você, leia livros espiritualistas ou escute fitas de meditação.

A cura de lesões causadas por acidentes

Esta nova maneira de curar lesões é extraordinária. Se você sofreu uma pancada na cabeça, na perna ou nos dedos dos pés, se sofreu uma torção nos quadris, feriu um dedo ou tropeçou e caiu, você pode eliminar ou reduzir significativamente a resposta natural do corpo ao trauma. Quanto mais depressa trabalhar, melhores serão os resultados. Você poderá curar totalmente a lesão ou o ferimento e interromper a dor. O processo é simples e, não obstante, muito poderoso. Mesmo que você não precise dele agora, tenha em mente essa técnica para que possa usá-la se sofrer um acidente.

Antes de mais nada, lembre-se de que no caso de acidentes — graves ou não — a lesão *pode* ser completamente curada se você tomar providências imediatamente. Procure repassar mentalmente todos os acontecimentos que precederam o acidente. Então, os substitua por outros, criando uma realidade alternativa em que o acidente não acontece. Isso funciona melhor se você refizer fisicamente o percurso ou os movimentos que antecederam o acidente, em vez de simplesmente imaginar essa nova realidade. Você deve solicitar aos anjos da cura para que mudem os sinais de trauma que estão sendo enviados através do sistema nervoso. Peça também ao agente interior da cura que fixe na sua mente a nova realidade.

Uma senhora usou esse método depois que torceu o tornozelo enquanto passeava sozinha num bosque. No começo, a dor foi tão forte que ela começou a se balançar para a frente e para trás segurando o tornozelo. Sabia que tinha de sair rapidamente do bosque enquanto ainda conseguia caminhar, mas a dor era tão forte que ela mal conseguia ficar de pé. Criou então um triângulo de luz com o anjo solar e com a alma e repassou mentalmente os seus passos. Quando se viu diante do buraco que provocou a torção do tornozelo, ela deu a volta, contornando-o cuidadosamente. Entregou ao agente interior da cura uma nova imagem, na qual nenhum acidente acontecia. Ao mesmo tempo mostrou-se cética, acreditando que, uma vez que algo aconteça, está feito e não pode ser mudado. No entanto, apesar das suas dúvidas, ela persistiu, repassando várias vezes seus passos a fim de repetir a nova cena e criar uma nova realidade. Quando terminou, a dor tinha quase desaparecido. Foi para casa, esperando que a dor voltasse e o inchaço surgisse no tornozelo, mas nada disso aconteceu. Era como se o acidente nunca tivesse ocorrido. O agente interior da cura aceitou a nova realidade e reparou o dano no corpo etérico antes que ele afetasse de fato as células físicas. Ela compreendeu que os anjos da cura desempenharam um importante papel nessa reversão, mas que não poderiam ter sido eficientes sem a sua cooperação para criar e enviar uma nova realidade ao agente interior da cura.

Em outro caso, um homem quase perdeu os sentidos quando bateu a cabeça na quina de uma mesa. Ele se lembrou dessa mesma técnica e levou o corpo a repassar várias vezes o movimento correto de se dobrar e desviar da mesa. A dor rapidamente desapareceu, e o enorme galo que, conforme esperava, apareceria na cabeça, nunca surgiu. Outro homem feriu o dedo na cozinha e, imediatamente, repetiu os passos que levavam até o acidente para mostrar ao agente interior da cura uma nova realidade. O ferimento, que normalmente teria demorado alguns dias para sarar, fechou imediatamente e sarou tão depressa que o sinal do corte quase não era visível no dia seguinte.

Alguns médicos aprenderam a técnica em que procuram convencer a mente inconsciente do paciente de que a lesão causada no corpo após uma queimadura ou um acidente grave era mínima e já estava sarando, quando na verdade levaria meses ou até mesmo um ano para sarar. Esses médicos dirigiram os agentes interiores da cura dos pacientes para que começassem a curar a lesão e a acelerar a cura. Esses médicos se especializaram na técnica de cura em que as imagens do acidente são substituídas por outras muito mais positivas. Queimaduras graves, que de outra maneira poderiam requerer enxertos de pele durante um longo período, sararam rapidamente. Essa técnica pode converter queimaduras de terceiro grau em queimaduras de primeiro e de segundo graus, que saram muito mais depressa. O médico pode não ter consciência de que está evocando os anjos da cura para trabalhar com o agente interior da cura do paciente, e mesmo assim os anjos da cura promovem essa cura extraordinária com igual eficiência. Quando o médico ou agente da cura imprime na mente do paciente a idéia positiva de que a cura será rápida, e que já se iniciou, o agente interior da cura do paciente trabalha com base nessas novas imagens, assim como você esteve trabalhando com o holograma. Com a ajuda dos anjos da cura, o agente interior da cura trabalha com essas imagens como se fossem manifestações verdadeiras.

Você pode aprender a reverter ou minimizar os danos provocados por um acidente no exercício a seguir. O processo é simples e, assim como toda cura com a luz, não depende da fé ou da crença do paciente — só depende da vontade de criar uma nova realidade e da ligação com os anjos da cura.

Como curar lesões causadas por acidentes

1. Tão logo ocorra um acidente, peça desculpas em voz alta à parte do seu corpo que foi ferida. Peça desculpas ao diretor desse sistema, às células e ao agente interior da cura. Diga a eles que você corrigirá o erro. Não culpe a meteorologia, a estrada, o trajeto ou uma outra pessoa pelo acidente. Assuma total responsabilidade. Enquanto pede desculpas ao agente interior da cura, diga-lhe que você está tomando providências para corrigir o dano em potencial. Dedique trinta segundos a esse passo.

2. Visualize o triângulo de luz com o anjo solar e com a alma. Dedique cerca de sessenta segundos a esse passo.

3. Repasse a cena do acidente, lembrando-se de dois ou três passos que antecederam o movimento que provocou o acidente. Depois, dramatize novamente a cena, reproduzindo-a de modo que cada passo, cada movimento, seja executado com perfeição e o acidente seja evitado. Seu equilíbrio é perfeito, seu objetivo é perfeito e você caminha cuidadosamente. Continue a repetir essa cena, acrescentando mais alguns passos que se ajustem nessa nova realidade. Por exemplo, posicione a faca de forma diferente para cortar o tomate sem ferir o dedo. Ou desvie do objeto no qual tropeçou. Coloque o pé cuidadosamente no lugar onde torceu o tornozelo, e continue a caminhar. Assim, você está demonstrando que agora entende como e por que o acidente aconteceu, e que agora sabe como realizar corretamente essa ação, sem que ela provoque um acidente.

4. Repasse uma segunda vez os novos movimentos, agora perfeitamente sincronizados e equilibrados. Represente essa cena várias vezes até que a nova realidade pareça quase tão real como aquela que de fato aconteceu. Você estará substituindo a cena real por essa nova cena, para que o corpo desconsidere a primeira. Peça aos anjos da cura que usem o conhecimento que têm dos sons, das cores e das luzes vibrantes para que possam transmitir essa realidade ao sistema nervoso enquanto apagam a memória do acidente original.

5. Imagine os agentes da cura reconstituindo as células para fazê-las cor-

responder às imagens dessa nova realidade. Visualize as células se curando rapidamente.

6. Visualize a nova realidade como o "projeto arquitetônico" destinado ao agente interior da cura e ao diretor dessa parte do corpo para que eles o copiem. Imagine a lesão totalmente curada ou minimizada.

Embora você possa não entender completamente como tudo isso acontece, a experiência lhe mostrará que esse processo funciona. Quando estiver representando a nova cena, talvez uma parte sua não acredite que você pode apagar o que aconteceu. Ignore essa parte da sua mente e continue com o "jogo". A mente racional pelo menos acreditará que o jogo é uma fantasia inofensiva. As curas mais profundas virão quando você entrar no espírito do jogo para ver o que acontece. Uma vez que você reconheça sua capacidade de mudar a realidade, não terá aquela típica sensação de desamparo depois de um acidente. (Se você acha que fraturou a bacia ou outro osso, ou que está seriamente ferido, use o bom senso e deite-se sem fazer movimentos até que chegue o socorro. Nesse caso, você poderá visualizar várias vezes uma nova realidade sem se mover. Ainda assim conseguirá evitar grande parte do inchaço e da dor.)

Como curar uma doença que você esta prestes a contrair

Você também pode usar essa técnica para curar uma doença no primeiro minuto que a sentir penetrando no seu corpo. Com freqüência, quando uma doença começa a afetar o seu corpo, você, inconscientemente, dá permissão para que isso aconteça. Na ocasião em que você deu essa permissão, pareceu-lhe uma boa idéia ter uma breve doença — talvez para se livrar de algo que você temia fazer. O tipo e a gravidade da doença se ajustaram perfeitamente às suas necessidades. Uma pequena necessidade, como, por exemplo, um dia de repouso, pode ser a causa de uma doença simples, que dure só um dia. Uma grande necessidade, como, por exemplo, a de refletir sobre a sua situação financeira, poderá fazer surgir uma doença mais longa, talvez de uma semana ou mais. É a sua resistência em fazer essas coisas quando você está bem que abre a porta para doenças.

Viagem para curar uma doença

1. Se você sentir que está ficando doente, não se critique por não estar dormindo direito ou por se alimentar mal, pois isso só faria com que as suas

emoções desequilibrassem a química do corpo. Também evite culpar alguém por "passar" para você um resfriado ou um vírus. Em vez disso, volte atrás na sua decisão quanto a ficar doente e disponha-se a curar essa doença.

2. Peça desculpas ao diretor do sistema imunológico pela confusão que você causou concordando inconscientemente em ficar doente e depois mudando de idéia.

3. Procure relembrar o momento em que você se culpou por não cuidar melhor de si mesmo ou em que ficou muito zangado ou deprimido com alguma coisa — e não fez nada a respeito. Foi nesse momento que você, inconscientemente, quis encontrar uma maneira melhor de lidar com alguma coisa — e por isso ficou doente.

4. Opte por permanecer com saúde. Isso significa parar de ignorar algo que você precisa aprender a lidar ou precisa mudar. Reconheça que você não precisa ficar doente para aprender a lidar com isso. Reafirme essa decisão claramente e em voz alta ou escreva-a num papel. Explique que, exatamente agora, você está pronto para dedicar o tempo e a atenção necessários para satisfazer as necessidades do seu corpo e das suas emoções, sem precisar ficar doente.

5. Reconheça, para o diretor do sistema imunológico, que você enviou as imagens erradas, e quer fazer o que estiver ao seu alcance para reequilibrar o seu corpo.

6. Visualize o triângulo dourado e abra-se para os anjos da cura do amor, das cores e do som.

7. Pergunte ao agente interior da cura o que você pode fazer para aumentar o poder deles. Talvez eles lhe digam que você precisa repousar, passear ao ar livre, andar descalço sobre a terra, ou tirar um dia para ler ou para não fazer absolutamente nada.

8. Tão logo você tenha uma boa idéia do que é necessário, tome um banho de chuveiro e mude de roupa para expulsar as freqüências "doentias" do seu campo energético. Em seguida, visualize a ducha de cores para purificá-lo. O corpo obterá aquilo de que mais precisa de uma maneira ou de outra, e é mais divertido passar um dia ao ar livre e dar ao corpo e à mente uma merecida folga do que precisar estar doente para ter um dia livre. Se estiver no trabalho, e achar que só pode ir para casa se estiver realmente doente, diga ao seu patrão que você sente que está prestes a contrair uma doença contagiosa, e acredita que pode evitar contraí-la se deixar de trabalhar nesse dia.

9. Crie um holograma de si mesmo no qual você está se sentindo bem, revigorado e saudável, mais tarde nesse mesmo dia.

10. Planeje para os dias seguintes algo muito simples, que realmente lhe dê prazer. A expectativa do passeio permitirá ao agente interior da cura trabalhar com o diretor do sistema imunológico para tornar essas imagens realidade.

Como curar uma doença crônica

No caso da doença crônica, o corpo tem se debilitado ao longo dos anos. Isso também pode ser transmutado e corrigido. Pesquisas recentes na área médica têm fornecido indícios de que os problemas cardíacos podem ser sanados quando o paciente segue à risca um programa de meditação, freqüente um grupo de apoio, tem uma alimentação saudável e pratica exercícios por um ano ou até menos. Grupos experimentais curaram graves doenças do coração, e outros problemas de saúde com os quais conviviam por não saberem como se ligar com um poder superior por meio da meditação.

Problemas de visão também podem ser suprimidos dessa forma. Muitas pessoas aceitam inconscientemente que sua visão irá piorar com o passar dos anos. Uma senhora que usava óculos de grossas lentes decidiu que queria ter uma visão perfeita. Pediu orientação à sua alma e ao seu anjo solar e criou um holograma de si mesma sem qualquer problema de visão. Os anjos fizeram chegar às suas mãos livros sobre técnicas para melhorar a visão. A cada noite, ela se encontrava com sua alma e pedia ajuda para ver com clareza. Adormecia imaginando que podia ver perfeitamente e às vezes sentia que os anjos estavam trabalhando nos seus olhos. À medida que sua visão foi melhorando, ela pôde voltar a ler e a fazer tudo, exceto dirigir, sem a ajuda dos óculos. Dentro de alguns meses, fez um exame de vista para tirar sua carteira de motorista e passou sem precisar dos óculos. Hoje, cinco anos depois, ainda tem uma boa visão. Embora tenha cinqüenta anos de idade, quando a maior parte das pessoas esperava que a sua visão fosse piorar, ela ainda enxerga muito bem.

Quando você está tentando curar um problema crônico, a velocidade com que ocorrem as mudanças pode variar. Compare seu estado de saúde antes e depois de começar o seu trabalho de cura para avaliar o seu sucesso. Mesmo que se trate de um problema crônico, você pode olhar para trás depois de vários meses e perceber que o problema que você esperava apenas amenizar desapareceu, e que não restou nenhum sinal dele no corpo.

Como acelerar a cura

Os anjos podem continuar a curar ou a renovar as suas células enquanto você dorme caso você colabore com esse processo. Eles trabalham particularmente bem através de sons. A cada noite, antes de ir dormir, imagine-se sincronizado com a nota da alma. Use a imaginação para criar belos sons em seu Templo da Cura — flautas, harpas, sinos, carrilhões, vozes de anjos e o canto de pássaros. Coloque-se nessas cenas e imagine que você está se fundindo com a luz da alma. Torne-se parte desses sons celestiais enquanto você se rende ao sono.

Os anjos da cura também podem trabalhar ao longo do dia caso você coopere com eles. Ao se levantar, dirija-se para a Ilha da Regeneração e caminhe até a grande queda-d'água. Você é capaz de escutá-la em toda a ilha. Ouça o som da água trovejando com seu límpido chamado para purificar e refrescar o ar; a água cascateia sobre as pedras, dançando e cintilando aos primeiros raios da luz solar. Levante os olhos para o belo arco-íris que acaba de se formar no nevoeiro, e conte as cores do espectro. De início, você consegue ver apenas uma ou duas. À medida que seus olhos se tornam mais sensíveis a esse arco-íris imaginário, você consegue ver mais cores. Quando puder ver todas as sete cores, fique de pé sob o arco-íris e visualize seus raios protetores sobre você durante todo o dia.

Anos a mais de vitalidade

Agora você já conhece os processos de cura e de rejuvenescimento celular por meio da ajuda do anjo solar e dos anjos da cura. Brinque com esses processos e prepare-se para se surpreender com a eficiência deles. Uma vontade firme de sanar um problema ou evitar uma dor ou uma doença o coloca definitivamente no caminho do sucesso. Considere qualquer melhora como uma recompensa extra ou como um lucro inesperado enquanto experimenta esses processos para enriquecer a energia vital e os usa para suplementar outros métodos de cura.

À medida que for se sentindo mais saudável e mais jovem, use essa nova vitalidade para levar luz a outras pessoas, começando com aquelas que se acham mais próximas de você e com a sua própria comunidade. Quando você combina seus talentos adquiridos e inatos com essa abundante vitalidade, você consegue ser muito eficiente com um gasto mínimo de tempo e de energia. Use essa saúde e vitalidade novas para pôr em prática projetos de grandes ou pequenas proporções. E nunca se esqueça de infundi-los com a luz e com o amor cintilantes da alma e dos anjos da cura. Assim, você fará uma diferença vital na vida de alguém, ou de muitas pessoas. Isso lhe proporcionará muitos anos a mais de vitalidade e de serviço. Você poderá descobrir que os melhores anos ainda estão por vir. E serão repletos de puro prazer, sabedoria e alegria.

CAPÍTULO 23

A Maior Cura Possível

A perfeição absoluta no plano físico, na época atual, é um ideal, uma imagem valiosa para ser apresentada ao agente interior da cura. No entanto a perfeição absoluta não é uma realidade para o corpo humano. Se o caminho da vida não apresentasse desafios, não seria um caminho, mas somente um lugar de repouso. Não fique desanimado se tiver que lutar contra uma doença particularmente difícil ou contra outro problema qualquer. Considere até a menor mudança que esteja criando com a ajuda dos anjos da cura como um triunfo. Cada vez que você reconhece a sua melhora e expressa a sua gratidão, você colabora com o processo de cura. Lembre-se de que você tem o apoio dos anjos da cura para curar qualquer doença ou lesão proveniente do passado, e que esse apoio é uma força tremenda.

Talvez o seu processo de cura esteja progredindo muito devagar porque alguma parte do seu campo energético ainda não está suficientemente coesa para resistir a ela. A vibração dessa doença pode provir de uma crença ou de uma emoção que bloqueou a luz de cura da alma. Ou então, você pode ter herdado esse padrão de um de seus pais, juntamente com outros traços genéticos que lhe são muito úteis. Você pode aproveitar qualquer oportunidade — uma doença, um acidente ou um problema crônico — para eliminar qualquer padrão vibratório que não esteja em harmonia com a alma e com o anjo solar. Enquanto isso, os anjos da cura estão refazendo a sua teia de luz dourada, trançando as linhas de luz protetoras e energizadoras em belos padrões ao seu redor.

Como descobrir a causa de uma doença difícil de curar

Em alguns casos, a origem da sua doença está em alguma decisão que tomou certa vez, mas atualmente já não serve para você. Por exemplo, você pode descobrir que uma parte de si mesmo não quer estar aqui na Terra. Pode se ressentir das limitações de ter um corpo físico ou sentir que, aqui, não está contribuindo com nada de valor. Você pode ter decidido inconscientemente mostrar a alguém como foi ferido ou maltratado, ou pode ter acreditado que poderia atrair a atenção dessa pessoa ficando doente. Pode ter sentido que seu fardo era tão pesado que uma doença seria a única maneira de obter alívio. Mesmo que essas decisões não sejam a causa principal do prolongamento da doença, só o fato de revogar essa decisão já pode amenizar o problema e fazer com que você recupere a saúde.

Se você quer descobrir as crenças que estão bloqueando ou retardando a sua recuperação, traga para si a luz cintilante da alma e pergunte a ela a respeito dessas crenças. Escute suas respostas e registre-as no seu diário de cura. Você poderá ficar surpreso com a rapidez com que as respostas chegam à sua mente. Alguma coisa que não conseguiu perdoar, alguma barganha que você fez com a sua mente inconsciente, um ultimato que você deu a si mesmo sem pensar — qualquer uma dessas coisas pode estar atrapalhando a sua recuperação.

Quanto mais evoluída for a sua alma, mais necessário se torna mudar sua maneira de pensar e de se relacionar com outras pessoas. Você pode, subitamente, compreender que precisa melhorar sua forma de se relacionar, de trabalhar ou até mesmo de viver. Alguns dos melhores traços da sua personalidade podem estar mantendo a química do seu corpo fora de equilíbrio. Talvez você seja sério demais, tenso demais ou esteja cansado demais para conseguir viver uma vida equilibrada. Isso pode estar impedindo-o de sair de casa e de dar caminhadas, de escutar boa música ou de desfrutar da companhia dos amigos.

Se você tem uma doença crônica e não está obtendo resultados depois de três ou quatro meses de trabalho com os anjos da cura e com os diretores dos sistemas, procure verificar se tem estado muito ocupado para seguir a orientação da sua alma e do seu agente interior da cura. Por ser estimulante, a luz solar pode estar fazendo com que você disperse a energia em muitas direções, mantendo-o pressionado e apressado. Se alguém exige de você tempo e energia, procure estabelecer novas prioridades. Examine cada resposta "sim" para ver se a sua alma está de acordo. Quando você está cooperando para cumprir seu destino mais elevado, a alma responde com um poderosa energia de cura. Você já tem essa liberdade. Ela está somente à espera de que você a utilize.

Escute as suas próprias palavras

Uma senhora compreendeu que estivera tão determinada a fazer seu casamento dar certo que dissera a si mesma: "Farei esse casamento dar certo nem que seja a última coisa que eu faça!" Cinco anos mais tarde, compreendeu a tempo que essa era quase a última coisa que ela poderia fazer. Descobriu que estava nos estágios iniciais de um câncer. Como se recusara a reconhecer a falta de propósito mútuo entre ela e o seu companheiro, e tentara forçar um relacionamento que não trazia mais felicidade, sua alma estava começando a perder energia vital. Despertou a tempo, e ela e o marido decidiram se separar. Agora, vinte anos mais tarde, ambos são saudáveis, vigorosos e estão em paz com a vida.

Um rico homem de negócios percebeu que sempre dizia a si mesmo a respeito da esposa: "Essa mulher me pegou pelo pescoço." Começou a ter freqüentes dores de garganta. Estas desapareceram somente depois que ele resolveu os conflitos do relacionamento com a ajuda de um bom terapeuta.

Repetindo para si mesmo a afirmação: "Não suporto mais isso!", um jovem engenheiro começou a sentir fortes dores nas pernas quando caminhava, até o dia em que ele parou de falar essa frase e deixou de enviar essa mensagem discordante ao seu corpo. Se você tem um problema físico que persiste há muito tempo, pense sobre as coisas que você tem dito a si mesmo durante os últimos meses ou anos. Você poderá encontrar pistas que levam à causa da sua doença e que lhe ensinam como curá-la, seja ela crônica ou não.

Causas internas e externas das doenças

Doenças breves ou longas, fadiga crônica e outros problemas crônicos são provocados por fatores externos e internos. O fator interno é o conflito entre as freqüências superiores da alma e as freqüências inferiores do corpo, da mente e das emoções. Se bactérias estranhas conseguiram criar uma doença no seu corpo, é provável que haja algum medo ou outro sentimento tóxico ou crença tóxica enfraquecendo o seu sistema imunológico. As doenças só podem se desenvolver se existir um conflito entre a alma e a personalidade. Isso significa que alguma coisa está em desarmonia com a alma; algum aspecto da sua vida, alguma crença, alguma emoção de vibração demasiadamente lenta está causando o conflito. Geralmente, você sabe qual é esse conflito — por exemplo, autocrítica, alimentada por sentimento de culpa, ou uma atitude egoísta que não quer ceder.

Se todos os traços da personalidade de uma pessoa têm uma vibração igualmente baixa, e não há nenhuma ligação com a alma ou nenhum amor superior desenvolvido, então tudo tem a mesma vibração e não há doença. Você pode ter ouvido falar a respeito de pessoas que parecem abusar do corpo e não ficam doentes — pessoas de temperamento violento, que explodem de raiva por motivos insignificantes, que são incrivelmente egoístas e cruéis com as outras pessoas e, não obstante, têm um corpo totalmente saudável.

Como entrar em harmonia com a alma

Uma alma evoluída não pode sobreviver com essas atitudes e comportamentos. Quando uma luz maior flui para dentro de nós, até mesmo um estilo de vida que se mostrou adequado no passado pode não ser mais saudável. Quanto mais evoluída for a sua alma, mais rapidamente você tem que mudar a sua maneira de pensar e de se relacionar se quiser ser curado e permanecer saudável. A alma irradia luz solar para o seu corpo a fim de que você possa seguir o seu verdadeiro destino. A luz também elimina toxinas e revela em que partes do corpo os seus conflitos se instalaram. São esses conflitos que podem causar temporariamente músculos doloridos, torcicolo, angina ou outros problemas físicos.

A alma e a personalidade mais evoluídas podem cair em muitas ciladas que enfraquecem a imunidade natural do corpo contra a doença. Um membro da família ou um amigo íntimo, por exemplo, podem exigir seu tempo e a sua energia para preencher as próprias inseguranças, desejos ou esperanças. Se isso acontecer, compreenda que alguma parte de si mesmo sabe que você está ignorando a sabedoria da alma com a intenção de fazer a outra pessoa feliz. Bem dentro do seu ser, você sabe que alguma coisa está fora de equilíbrio. Outra cilada que pode provocar uma doença é o fato de você, voluntariamente, ceder uma quantidade muito grande da sua energia, espalhando-a literalmente em todas as direções, até ficar difícil saber que direção tomar para encontrar a sua própria alma. Quem faz isso geralmente tem a sensação de que está sempre "se preparando" para *viver* a vida, mas está sempre muito ocupado para começar a viver. Essa vibração desarmônica pode desequilibrar o seu campo energético e atrair uma substância tóxica. Essa substância pode viajar até o seu coração, suas artérias, seus pulmões, seus nervos e seus intestinos, e enfraquecer esses sistemas. Ela é como um "ninho" para as bactérias errantes que flutuam na atmosfera; o ambiente perfeito para que uma doença se desenvolva. São os "sim", ditos sem pensar, que podem atrair uma doença. Dizer sim a todos os pedidos é a maneira mais fácil de evitar um possível conflito externo, mas a alma é frustrada por essas transgressões que retardam o destino. Ela quer e precisa de sua colaboração consciente para mantê-lo no caminho da saúde, da vitalidade e do propósito superior.

Como seguir a sabedoria da alma

Se a sua doença não está cedendo mesmo depois que você fez tudo o que sabia, veja em que áreas da sua vida você alimenta algum medo, ou analise se anda muito atarefado ou muito doente para seguir a sabedoria da alma. Isso é mais importante do que qualquer outra coisa. A cura depende de você obedecer corajosamente a sabedoria interior independentemente da opinião de outras pessoas, que gostariam de controlar a sua vida. É esse o trabalho dos anjos da cura — ajudá-lo a construir um corpo revitalizado que dá a você energia para ser corajoso, sábio e determinado. Os anjos estão trabalhando para torná-lo livre e independente; assim você estará mais próximo da alma. Eles vêm em resposta ao seu anseio por liberdade como alma e por agir com base naquilo que a alma revela. A mudança pode consistir em escutar a voz da alma e em obedecer a essa voz — e somente essa voz. Não espere que os outros entreguem a você a sua liberdade. Se esquecer de viver na iluminação da alma, se viver tentando agradar a todas as pessoas que conhece, à custa do próprio destino, a sua alma o alertará.

O exame das suas melhores características

Os traços da sua personalidade que retardam ou impedem a conquista da saúde e da vitalidade nunca se ocultam muito profundamente. Estão bem à sua frente. Se não consegue pensar em nenhum, lembre-se de uma característica sua com a qual se sinta contente, como a de ser generoso, compreensivo, paciente ou bondoso. Afirme isso claramente para si mesmo, e em seguida escreva essa afirmação no seu diário de cura. Depois de tê-la escrito, imagine que, de alguma maneira sutil, essa característica pode estar debilitando os seus sistemas imunológico, nervoso, circulatório, endócrino ou respiratório. Procure saber de que forma isso pode estar acontecendo. O atributo que o faz se sentir mais confiante pode ser levado a extremos e impedir um bom equilíbrio em sua vida. Pode mantê-lo muito sério, muito tenso e muito cansado para que você possa ser realmente saudável, criativo e alegre. Pode fazer com que seja tão crítico com relação a si mesmo que o mantém aprisionado pelas grades do perfeccionismo. Essa sua característica pode impedi-lo de dedicar tempo a longas caminhadas ou a outras formas de exercício que mantém o seu corpo saudável. Quando você deixa de ser tão influenciado pela opinião alheia ou se liberta de qualquer traço que o impede de expressar a radiância da sua alma, você passa a comandar a sua própria vida. Depois que assumir o comando da sua personalidade, você perceberá como é importante conceder às outras pessoas a liberdade, sem esperar nada em troca; estender-lhes a mão para ajudá-las a se levantar num momento de necessidade ou de dificuldade. Você começa a considerar cada pessoa que entra em sua vida como um companheiro de viagem, como uma alma mais jovem ou mais velha, todos membros de uma família comum, que fazem a mesma viagem em direção à luz.

O estágio de transição

Não pense que você se desviou do seu caminho só porque não conseguiu se curar. Na verdade, você se encontra num estágio de transição. As moléculas mais densas das suas células estão entrando em conflito com as mais novas e mais leves, que fluem para dentro de você. Saiba que você está substituindo emoções e pensamentos densos por outros mais leves.

Enquanto estiver nesse estágio de transição, concentre-se na parte de si mesmo que é saudável e a ofereça à alma. Grandes mudanças podem ocorrer quando você oferece ao seu Eu divino tudo o que você tem e é exatamente agora.

Em vez de recorrer apenas aos métodos tradicionais de cura quando você tem problemas como, por exemplo, dor nas costas ou nas articulações, úlcera no estômago ou pedras nos rins, procure também métodos alternativos. Confie na sua intuição. Ela está aí para servi-lo. Descubra o estilo de vida, os alimentos e os suplementos que se comprovaram eficientes para o problema que você está enfrentando. Leia tudo o que puder a respeito da doença. No mundo inteiro, novas pesquisas estão sendo publicadas a cada ano. Se o seu corpo não consegue suprir, em quantidade suficiente, uma determinada enzima ou hormônio, descubra os suplementos que são mais eficientes nesse caso. Os anjos da cura também trabalham com nutricionistas para melhorar a qualidade do corpo humano. Mantenha a mente e os olhos abertos. Muitas novas descobertas estão chegando.

O método de autocura por meio da luz serve para complementar qualquer tratamento que você escolheu com o poder espiritual da alma e dos anjos da cura. À medida que pratica essas técnicas, é possível que a sua intuição se desenvolva, a ponto de fazê-lo perceber qual método de cura e qual profissional você deve procurar. Você também pode se tornar mais apto para sintonizar a vibração ou o feixe luminoso dos anjos da cura, de modo que eles possam ajudá-lo.

Informe-se sobre os meios externos

Se você estiver se sentindo confuso pelo fato de receber conselhos conflitantes de diferentes médicos e agentes da cura, procure ficar sozinho durante o maior tempo possível para estar com a alma e com o agente interior da cura. Dê a si mesmo tempo para receber conscientemente o conhecimento que o agente interior da cura e a alma estão lhe enviando. Faça um estudo completo da doença que você tem, e procure se informar sobre os tratamentos de eficácia comprovada para o seu caso. Isso dará ao agente interior da cura mais opções. Depois de investigar cada boa alternativa para a cura e se ligar com a alma e com o agente interior da cura, se ainda não estiver seguro, analise se ainda lhe sobra algum tempo para decidir, sem pôr a sua vida em risco. Relaxe durante cerca de uma hora todos os dias apenas para escutar e receber. Quando tiver todas as informações possíveis, provenientes de recursos interiores e exteriores, use o seu bom senso para tomar uma decisão. É provável que o seu bom senso esteja agora infundido com a orientação da alma, e mesmo que você tenha a impressão de que sempre soube a resposta, esta será a sua melhor escolha no que diz respeito a um tratamento de cura suplementar.

Muitas cidades têm grupos de apoio para várias doenças. Se houver algum em sua região, freqüente-o e encontre outras pessoas que também procuram o meio mais sábio para a sua doença em comum. Elas podem dispor de muitas informações que você ainda não tem. Certamente entenderão o que você está passando no caso de ter uma doença grave, e poderão lhe dar um abraço amoroso ou lhe estender a mão, encorajando-o.

Prognósticos positivos acerca da cura

Qualquer que seja o método de cura que você escolher, você pode invocar os anjos da cura. Se for a um hospital, traga os anjos da cura ao seu quarto para ficarem com você, com seu médico e com toda a equipe que está lhe prestando assistência. Peça aos amigos para visualizarem o melhor para você e para unirem as almas deles à sua. Leve consigo uma fita gravada com música angelical ou com orientações para meditações, para ouvir com fones de ouvido. Certifique-se de que o seu médico acredita que você *pode* sarar. Os diretores dos seus sistemas ouvem tudo, até mesmo palavras não pronunciadas, e precisam de imagens positivas para realizar sua melhor cura. Seu sistema imunológico é imediatamente fortalecido e revitalizado por prognósticos positivos a respeito da sua rápida recuperação. Estimule todas as pessoas a visualizar essas imagens e descrevê-las em detalhes para você.

Se você tem uma doença que põe em risco a sua vida

Se você tem uma doença que não cede diante dos seus esforços para vencê-la, tal como AIDS ou câncer, continue a visualizar o seu triângulo dourado de luz e a invocar os anjos da cura todos os dias. Faça isso quantas vezes quiser. Siga todos os conselhos do seu agente interior da cura para ajudar o seu corpo a criar harmonia celular e maior vitalidade. Sua participação é igualmente importante. Mesmo que você não perceba que a cura está ocorrendo, ela pode estar progredindo primeiro nos seus outros corpos. A eliminação de um bloqueio nos corpos mental ou emocional pode ser o que faltava para você se curar. Nos casos de doenças graves, o corpo físico pode ser o último a ser curado. Depois que os seus pensamentos e as suas emoções foram curados, as células começam a reagir a essa cura. Você pode estar deixando que uma velha ferida cicatrize, que um velho medo o abandone, ou que o seu coração perdoe alguém, e isso está abrindo caminho para que uma corrente espiritual de energia mais forte atinja o corpo etérico e flua para dentro das células.

É também possível que a alma esteja drenando a energia do seu corpo físico para aproveitar uma nova oportunidade num plano superior. A alma sabe que o corpo atual é um veículo temporário para a sua expansão. Ela sabe que quando o ajuda a liberar o corpo físico, você passa através de crescentes dimensões de luz até encontrar-se e fundir-se com ela. O corpo, as emoções e a mente são instrumentos para a alma irradiar luz no mundo físico, e é por intermédio das suas experiências na Terra que a alma se expande para criar um destino mais elevado.

Conheça a si mesmo como luz transcendente

Por meio dos olhos da alma, você compreende que não pode morrer; você apenas se livra das limitações do corpo terrestre e pode viajar com a alma até o seu verdadeiro lar. Essa transição do corpo terrestre para o corpo luminoso pode ser o ponto mais elevado de toda a sua vida. O anjo solar o encontrará. Os anjos do amor divino estarão com você. Outros seres angélicos farão soar notas celestiais de ascensão ao seu redor. Você poderá ver claramente seus corpos luminosos e escutar canções de alegria. Seu próprio mestre espiritual o saudará. Você poderá continuar a absorver luz angélica e a acumular luz onde quer que esteja. Pela primeira vez, você poderá se conhecer como realmente é — como uma alma de luz transcendente e de beleza infinita; um ponto luminoso dentro de uma luz maior. Você poderá se reconhecer na grande batida do coração pulsante do ser criador uno — uma corrente de energia amorosa dentro de uma corrente de amor divino.

Como ocorre com toda a humanidade, o corpo físico começa a se deteriorar quando não consegue mais concentrar luz suficiente para cumprir o propósito da alma. Quando chegar o momento de viajar com a alma até a sua próxima missão, procure permanecer consciente quando liberar o corpo físico. O próximo corpo a servir e a desenvolver a sua alma refletirá a sua luz e o seu amor brilhantes com maior lucidez.

A purificação do passado

A não ser que você sinta que a sua alma está se retirando, afirme para si mesmo que você pode se curar. Faça isso mesmo que tenha oitenta ou noventa anos. A doença grave é uma grande oportunidade para desenvolver com muita rapidez o que normalmente você levaria dez ou vinte anos. Faça uma lista de todos os seus equívocos e de todas as atitude erradas que você tomou na vida, e procure corrigi-los telefonando ou escrevendo para as pessoas envolvidas. Peça perdão e conceda perdão por tudo que considere indigno de amor ou de cuidado. Encontre-se com o anjo solar na Sala da Quietude Interior e junte-se com a alma na Sala da Luz. Deixe que eles o circundem com os anjos da cura na Sala do Amor, na Sala das Cores e na Sala do Som. Pense a respeito e planeje o que fará quando se sentir mais revigorado. Peça ajuda para aproveitar a oportunidade que essa doença está lhe oferecendo para desenvolver uma qualidade da alma.

Ninguém pode lhe garantir uma cura completa. Isso é entre você e a sua alma. A alma está visando o seu destino mais elevado. Se para cumprir esse destino você ainda tem que prestar alguns serviços à alma por meio do seu corpo atual, ela lhe mostrará o caminho para uma saúde melhor e o ajudará a conquistá-la o mais depressa possível. Algum tipo de evolução e de cura sempre ocorrerá mesmo quando os resultados não são imediatamente visíveis. Encontre-se com o agente interior da cura e deixe-o ajudá-lo na energização do holograma da cura até que ele vibre com essa energia. Use tudo o que você aprendeu com os diretores — inclusive dietas, repouso, luz solar, sono, estilos de vida e suplementos alimentares. Se você não descobriu seu melhor agente ou método de cura, continue a pesquisar todas as possibilidades. Explique aos seus amigos como enviar um foco de luz para você e como energizar as imagens do seu futuro que você está criando. Procure fazer a cada dia coisas que lhe dão prazer — dar um telefonema, escrever para alguém, colher uma flor, tomar um banho com ervas ou ver seu filme favorito.

Milagres: Quando o espírito e a matéria se encontram

Os milagres podem acontecer e de fato acontecem. Eles ocorrem quando o espírito e a matéria se encontram. Você faz com que eles se encontrem cada vez que se funde com a luz dourada da sua alma e do seu anjo solar. Quando atingir essas dimensões superiores de luz, comece a pensar em si mesmo como uma alma abrigada num corpo, não como um corpo que tem uma alma. A alma é a sua essência que nunca morre. Ela não pode morrer — pode somente se expandir cada vez mais dentro da luz maior.

Independentemente de qualquer problema físico, a cura sempre surge onde fará a maior diferença: no nosso espírito. A mais poderosa de todas as curas consiste em unirmo-nos com a nossa alma, em eliminar a separação entre nossa alma e nós mesmos. À medida que você for se ligando com a sua alma, as barreiras que o impedem de reter no corpo o amor e a vitalidade da alma começarão a se dissolver. A doença, a dor ou o sofrimento simplesmente aceleram esse processo até que você, de fato, se funda no amor e na beleza infinitos da alma. É essa ligação com a alma que você levará como sua maior realização quando completar essa viagem de toda uma vida.

Uma Palavra de Estímulo

A transição do corpo velho para o novo está agora bem encaminhada. Ela começa tão logo você pisa no barco com destino à Ilha da Regeneração, para se encontrar com o anjo solar na Sala da Quietude Interior. E prosseguirá enquanto você continuar a atrair a luz dourada do anjo solar e da alma para irradiá-la em sua vida e em seu corpo. Quando você começa a viver no ritmo de cura da alma e a ver como cada aspecto da sua vida afeta o seu corpo, você abre caminho para uma vida e um corpo repletos de vitalidade.

Inventar e experimentar

O que distingue uma alma desperta é a sua capacidade de aprender a partir de cada experiência, e em seguida de se desprender do invólucro em que veio. Peça para aprender tudo o que um problema físico ou uma doença têm a lhe ensinar. Em seguida, deixe seu corpo realmente desfrutar a viagem de cura, de regeneração e de rejuvenescimento. Viaje com as cores que são mais benéficas para o seu corpo. Viaje com a música que toca notas de cura dentro das suas células. Invente maneiras de trazer à sua vida o seu holograma pessoal de cura. Peça à sua alma que continue energizando e aprimorando o holograma para você.

Aproveite cada experiência — cada momento de doença ou de saúde, de melancolia ou de felicidade, de tristeza ou de alegria — para absorver a luz que você pode introduzir na sua vida e na vida daqueles que o cercam. Você não pode deixar de ser bem-sucedido naquilo que aprende quando se encontra com a alma e com o anjo solar a cada dia. Não se contente em conseguir curar um problema digestivo ou fazer desaparecer uma dor no coração. Busque o poderoso espírito do amor que está evoluindo dentro do seu centro do coração. Busque o espírito da compaixão que ressoa com a vibração dos anjos da cura para crescer mais forte. Deixe que esses sentimentos fluam para dentro de você, para curar o seu corpo e rejuvenescer a sua vida.

Não se sinta um fracasso só porque não consegue satisfazer as suas altas expectativas a cada dia que nasce. Ninguém atinge o ideal todos os dias. Em vez disso, use simultaneamente um ou dois desses métodos de cura, em vez de se criticar por aquilo que não fez. Se puder praticar todos eles ao mesmo tempo, você já será um mestre na vida, e não haverá mais experiências terrenas com as quais você tenha de aprender. Quando fizer anotações no diário de cura, descreva o que você *está* fazendo, em vez de descrever o que você não está fazendo.

Curas simultâneas

Não fique excessivamente preocupado se passar por momentos de desânimo. Se a cura que você tanto quer está demorando para se manifestar, isso não significa que não está acontecendo nada. Mudanças profundas e duradouras ocorrem primeiro no corpo etérico, que então envia os novos padrões aos centros de energia e aos diretores dos sistemas. Estes os mandam para as glândulas endócrinas, que em seguida depositam a substância da cura diretamente na corrente sangüínea. Cada célula recebe nova energia para se desenvolver com mais luz. Não há como perceber todas as mudanças que estão ocorrendo. Muitas delas acontecem ao mesmo tempo. Elas não ocorrem somente nas células, elas ocorrem no coração, criando às vezes sentimentos de compaixão e de amor por todas as pessoas.

Lembre-se, a cura não é linear. Pode haver dias em que você se sente como se estivesse no fundo do poço, principalmente quando o corpo está liberando toxinas. Mesmo se tiver um revés temporário no nível físico, não considere isso uma razão para desistir. Volte às meditações orientadas que fortalecem a ligação com a alma e com o anjo solar e concentre-se neles ao trabalhar com os anjos da cura. Repare que as coisas que você mais teme raramente ocorrem como imaginou. Observe que os acontecimentos que você mais lamenta proporcionaram-lhe um entendimento extraordinariamente profundo do que tem realmente importância na vida. Sintonize sua mente criativa na nota e na cor da alma e mergulhe no seu poder transformador.

O reconhecimento da cura que você está criando

Se você ainda guarda algum tipo de mágoa por si mesmo, pelo fato de não ser capaz de estabelecer uma ligação forte com a alma e com o anjo solar, abandone qualquer idéia preconcebida ou expectativa a respeito de como deveria ser essa ligação. Quando você não tem expectativas, pode observar com um olhar límpido como a sua ligação está se tornando poderosa. Pode constatar como o seu conhecimento interior está se expandindo. Você pode não saber de onde vem esse conhecimento, mas sabe que ele é verdadeiro. Logo poderá compreender que muitas das coisas que está fazendo agora para revitalizar o seu corpo são coisas que nunca poderia fazer no passado. Sua vontade de se responsabilizar pela cura e pelo rejuvenescimento do corpo tornou-se dinâmica e forte. Você está começando a confiar no agente interior da cura, a tomar banhos de luz a cada manhã, a visualizar o triângulo dourado, a se ligar com os anjos da cura e a dirigir a eles, repetidas vezes, sua sincera gratidão. Essas mudanças acontecem mesmo quando você teme secretamente não ter feito realmente uma ligação!

Esteja ciente de que a comunicação que provém da alma e do anjo solar não é tão clara e persistente como as vozes bem-intencionadas de amigos e de autoridades no assunto, ou como a voz da sua própria personalidade. Escute todos os conselhos, mas permaneça no comando da sua vida e do seu corpo. Use a intuição, o conhecimento, a experiência e o bom senso para tomar todas as decisões relativas ao seu corpo — bem como à sua vida.

A transformação contínua das células

Releia a Parte Um e a Parte Dois para fortalecer a ligação com a alma e o trabalho com os anjos da cura. Sempre que ler este livro ou praticar os exercícios, você estará na presença da alma, envolvido e elevado pela sua luz. Uma compreensão e uma cura mais profundas irão surgir. Somente com persistência e constância a mente pode liberar antigos pensamentos obsoletos e medos herdados de gerações passadas. Graças à ligação consciente e constante com as luzes angélica e anímica, as células serão gradualmente transformadas em células de luz solar.

Você criará o seu futuro — você lhe acrescentará luz e amor. Quando introduzir uma luz maior em suas células, você se tornará um canal para a luz — um verdadeiro agente de cura para os outros. Nesse tipo de cura não é você quem cura a outra pessoa. A cura acontece naturalmente porque você purificou o seu corpo etérico e desenvolveu as células com os anjos. A energia é dinâmica e poderosa. Use-a de maneira sábia e com amor.

Toda a energia que você recebe no Templo da Cura, na Ilha da Regeneração, está em movimento. Ela flui para dentro da mente, das emoções e do corpo. Quando as células estiverem saturadas com essa energia de luz, você precisará de um lugar adequado para usá-la de modo que ela não se acumule no corpo, congestionando-o. Olhe ao redor e veja se há alguém que esteja pronto para se ligar com os anjos da cura. A sua própria experiência poderia ajudá-los a fazer essa ligação. À medida que você compartilha esses processos de cura angélica com seus amigos, você também aumenta o seu poder e aprofunda a sua compreensão. Mais que isso, você oferece a eles algo realmente valioso. Ensine uma ou duas pessoas, e descubra por si mesmo quanta diferença isso pode fazer. Faça da sua viagem de cura e de rejuvenescimento uma alegre aventura de descoberta — uma caça ao tesouro que lhe renderá jóias de sabedoria, de felicidade e de amor. Muito tempo depois que os anjos da cura tiverem completando o seu trabalho com você, o anjo solar — o ser resplandecente que sempre estará com você — continuará a iluminar a sua vida. Que todas as bênçãos possam ser suas.

Tabela da Cura Angélica

A Tabela da Cura Angélica lhe indicará por onde você pode começar o processo de cura. Consulte-a quando precisar receber novas intuições. Quando suas ligações com a alma e com os anjos da cura se tornarem mais ricas, você raramente precisará desta tabela. *Coloque sempre a sua intuição acima de qualquer sugestão oferecida nesta tabela.* Não há uma regra que determine como curar cada um dos sintomas. Os anjos da cura usam muitas cores e muitos sons para transmutar as células em células de luz e de vitalidade mais intensas. Ouça a orientação interior e confie nela.

Antes de usar esta tabela para tratar de um determinado sintoma (listados na primeira coluna), imagine-se no Templo da Cura, na Ilha da Regeneração. Entoe o OM ou o A-El-I-O e tome uma ducha de cores para limpar o campo energético, preparando-o para a cura. Entoe essas palavras quantas vezes precisar para ingressar no espaço de cura dos anjos. Em seguida, visualize o triângulo dourado para receber a dádiva da alma e do anjo solar.

A segunda coluna da tabela lista a dádiva divina que o triângulo introduz no campo energético, de acordo com cada problema.

A terceira coluna lista a dádiva dos anjos do amor divino para cada problema.

A quarta coluna indica as cores que os anjos da cura usam com freqüência para cada problema.

A quinta coluna sugere uma pergunta a ser dirigia ao agente interior da cura para que ele lhe mostre como você pode contribuir para acelerar a cura.

A sexta coluna sugere uma imagem visual que abre a mente e o coração aos anjos da cura.

Sinta-se à vontade para fazer as perguntas que quiser ao seu agente interior da cura e para criar as suas próprias imagens visuais no seu holograma da cura. Em caso de dúvida, volte à Parte Três deste livro a fim de verificar com qual sistema ou centro energético o seu sintoma está relacionado. Você também pode consultar a Parte Dois para saber sobre os anjos que trabalharam com você em cada sala do Templo da Cura.

Se o problema que você está curando não constar na tabela, verifique outros problemas correlatos ou que afetem esse mesmo sistema. Se alguma dádiva, relacionada com outro problema, elevar o seu espírito e lhe parece benéfica, use essa dádiva também. Todas as dádivas estão disponíveis por intermédio da alma e do anjo solar.

Não tente curar um problema somente consultando essa tabela. Use-a apenas para completar as viagens indicadas no livro. Consulte um médico sempre que se tratar de um problema grave. Quando for necessário recorrer a um agente de cura externo, use essa tabela para aumentar a eficácia de qualquer medicamento que esteja tomando.

Se você deseja ajudar amigos a se curar por meio desta tabela, não deixe de lhes entregar o livro todo. A Tabela da Cura Angélica é apenas um lembrete condensado do que você aprendeu ao longo do livro. Conhecer cada processo é fundamental para que essa tabela funcione de fato.

Problemas que precisam ser curados	O Anjo Solar e a Alma Trazem	Os Anjos do Amor Divino Trazem	Cores de Cura	Pergunta para o Agente Interior da Cura	Imagem de Cura
Acidentes	Maior percepção da criatividade com a luz	Força interior e coragem	Violeta e dourado	Peça perdão às partes do corpo afetadas e pergunte como criar uma nova realidade.	Visualize os anjos curando os ferimentos e restabelecendo a sua saúde.
AIDS	Revelação da essência resplandecente do Eu	A constante e permanente companhia dos anjos	Laranja-dourado para eliminar toxinas e revitalizar; rosa para estimular o otimismo	Pergunte como fortalecer o sistema imunológico por meio de alimentos, de exercícios, de luz solar e de alegria.	Escute os anjos enquanto eles usam freqüências sonoras e cores para curá-lo.
Alcoolismo	Coragem espiritual e um novo sentido para a vida	Amor angélico que transforma e cura	Rosa para acabar com o desânimo; laranja para dar vitalidade	Pergunte como nutrir adequadamente o cérebro e o corpo.	Visualize anjos da cura dourados tocando sua mente e suas emoções durante todo o dia.

Problemas que precisam ser curados	O Anjo Solar e a Alma Trazem	Os Anjos do Amor Divino Trazem	Cores de Cura	Pergunta para o Agente Interior da Cura	Imagem de Cura
Alergias	Poder espiritual	Forte ligação com o infinito amor de cura do A-El-I-O	Laranja-dourado	Pergunte como aumentar a imunidade natural.	Veja os anjos criando uma névoa protetora azul-cintilante ao seu redor.
Alzheimer, mal de	Luz espiritual	Autoper-cepção	Rosa, amarelo e dourado	Pergunte como estimular novas ligações neuronais.	Visualize luz dourada proveniente dos anjos ao redor da sua cabeça para revitalizar as vias neuronais.
Anemia	Coragem espiritual	Abundante força vital	Vermelho-alaranjado	Pergunte como melhorar a qualidade do sangue com alimentos, exercícios e alegria.	Visualize os anjos da cura fazendo transfusões de luz cintilante.

Problemas que precisam ser curados	O Anjo Solar e a Alma Trazem	Os Anjos do Amor Divino Trazem	Cores de Cura	Pergunta para o Agente Interior da Cura	Imagem de Cura
Angina	Harmonia divina	Amor maior	Rosa e verde	Peça ajuda para curar as mágoas do coração.	Visualize os anjos curando seu coração com sons de alegria.
Anorexia	Aceitação divina	Capacidade para dar e receber amor	Laranja-dourado e rosa	Pergunte como deixar de exigir que os outros sejam diferentes ou que você seja diferente.	Veja todo o seu corpo sintonizando as freqüências de cura dos anjos.
Ansiedade	Serenidade divina	Paz que transcende todo o entendimento	Turquesa, rosa e lavanda	Pergunte como transformar essa energia num trabalho criativo.	Visualize os anjos elevando-o até a vibração da serenidade e do amor divino.

Problemas que precisam ser curados	O Anjo Solar e a Alma Trazem	Os Anjos do Amor Divino Trazem	Cores de Cura	Pergunta para o Agente Interior da Cura	Imagem de Cura
Arritmia (batida cardíaca irregular ou rápida)	Ritmo divino da alma	Aceitação serena da vida e de todos os aconteci-mentos como lições de amor	Rosa-claro e rosa-profundo	Pergunte como assumir autoridade sobre o coração para regular suas batidas.	Visualize os anjos usando sons de alegria para que seu batimento cardíaco volte ao normal.
Artérias (ateroscle-rose)	Purificação espiritual	Fluxos de compaixão profunda para dentro e para fora	laranja e âmbar-dourado	Peça por ajuda na construção de novas crenças.	Visualize os anjos da cura desentupin-do as artérias para que transportem mais luz.
Articulação (cotovelos, joelhos, dedos, ombros)	Liberdade divina	Pura alegria por estar vivo e livre para fundir-se com a sua divindade inata	Matizes escuros e claros de rosa e de azul ou verde	Pergunte como conseguir ser mais flexível para exercer atividades lúdicas.	Visualize anjos da cura massa-geando suas articulações com um bálsamo de cores translúcidas.

Problemas que precisam ser curados	O Anjo Solar e a Alma Trazem	Os Anjos do Amor Divino Trazem	Cores de Cura	Pergunta para o Agente Interior da Cura	Imagem de Cura
Artrite	Paz mental divina	Perdão total para si mesmo e para os outros	Azul-safira e rosa	Peça ajuda para se curar e para que o seu corpo volte a ser perfeito.	Visualize os anjos da cura colocando "compressas" mornas de luz líquida sobre as suas articulações.
Asma	Liberdade divina para expressar todas as suas esperanças e temores	Coragem para assumir o controle de sua vida de uma nova maneira	Verde para facilitar a respiração; rosa-pálido e magenta para trazer otimismo	Pergunte como expressar o seu poder em novas áreas da sua vida.	Visualize os anjos da cura limpando e fortalecendo os pulmões com duchas de luz.

Problemas que precisam ser curados	**O Anjo Solar e a Alma Trazem**	**Os Anjos do Amor Divino Trazem**	**Cores de Cura**	**Pergunta para o Agente Interior da Cura**	**Imagem de Cura**
Bexiga	Eliminação de tudo que não é essencial na vida	Esquecer o passado para abraçar o novo	Amarelo para purificar; azul-safira para eliminar infecções	Pergunte sobre exercícios, alimentação, luz solar e suplementos para rejuvenescer a bexiga.	Visualize os anjos purificando a bexiga com luz.
Bulimia	Gratidão divina	Seu verdadeiro valor e identidade como ser divino	Todos os matizes de rosa para seguir a vontade superior	Pergunte sobre uma ou duas coisas que você pode fazer hoje e que tragam grande alegria ao seu coração.	Imagine os anjos da cura circundando-o com alegria e amor.

Problemas que precisam ser curados	O Anjo Solar e a Alma Trazem	Os Anjos do Amor Divino Trazem	Cores de Cura	Pergunta para o Agente Interior da Cura	Imagem de Cura
Câncer	Poder divino; estímulo da vontade superior de viver e de ser curado	Amor incondicional e perdão	Azul-safira para o centro energético mais próximo da parte do corpo afetada pelo câncer; branco para o centro energético superior	Pergunte como deixar o passado ir embora e como fazer um plano para o futuro, para realizar o que você sonha fazer.	Sinta os anjos solares curando e nutrindo a sua vida e o seu corpo com sons e cores.
Cérebro	A experiência de estar em contato com a vasta inteligência da alma	Compreensão por intermédio do amor e da compaixão	Amarelo e dourado	Pergunte a respeito de alimentos interiores e exteriores para a mente e para o cérebro.	Visualize o anjo solar tecendo uma ponte de muitas cores ao redor de sua cabeça para estimular e curar a sua mente.

Problemas que precisam ser curados	**O Anjo Solar e a Alma Trazem**	**Os Anjos do Amor Divino Trazem**	**Cores de Cura**	**Pergunta para o Agente Interior da Cura**	**Imagem de Cura**
Coração	Confiança divina na bondade do universo	Amor que tudo abrange, que libera outras pessoas e alivia seus fardos	Dourado	Pergunte como partilhar seus sentimentos e como aliviar a carga que você está transportando.	Visualize os anjos do amor divino rejuvenescendo o seu coração com alegria.
Costas/ espinha	Liberdade espiritual de escolha	Alívio e transformação dos seus fardos	Branco nas parte superior e inferior da coluna; verde para aliviar a dor; amarelo para outros problemas nas costas	Pergunte sobre uma nova postura e um novo equilíbrio no corpo e na vida.	Visualize os anjos da cura colocando círculos de luz solar nas parte superior e inferior das suas costas.

Problemas que precisam ser curados	O Anjo Solar e a Alma Trazem	Os Anjos do Amor Divino Trazem	Cores de Cura	Pergunta para o Agente Interior da Cura	Imagem de Cura
Depressão	Sensação iluminada de ter poder sobre a sua vida	Liberação da opressão e dos medos para despertar uma profunda alegria interior	Matizes rosa translúcido para trazer o otimismo; laranja brilhante para irradiar a verdade mais elevada	Peça ajuda para expressar os sentimentos mais profundos (os piores e os melhores) por meio de gemidos, cantos, murmúrios.	Visualize os anjos elevando-o através de camadas de nuvens em direção ao interior do sol brilhante.
Derrame	Inspiração divina para reverter a lesão	Maior amor pela vida	Verde, rosa e dourado	Pergunte como mudar pensamentos e atividades de modo a fazê-los corresponder ao ritmo da alma.	Visualize os anjos restaurando os nervos e as ligações musculares e cerebrais por meio de belos sons cósmicos.

Problemas que precisam ser curados	O Anjo Solar e a Alma Trazem	Os Anjos do Amor Divino Trazem	Cores de Cura	Pergunta para o Agente Interior da Cura	Imagem de Cura
Dislexia	Uma visão superior e mais límpida	Serenidade e clareza interior e exterior	Rosa e dourado	Pergunte como vincular o diretor do sistema nervoso com o agente interior da cura.	Visualize seres angélicos purificando as visões interior e exterior com sons e cores.
Doenças do sistema imuno-lógico	Lampejos intuitivos sobre o significado e propósito superiores da sua vida	Um sólido fundamento de amor	Rosa, violeta e verde	Pergunte como obter energia para servir ao seu propósito superior.	Visualize os anjos circundan-do-o com canções de alegria e de amor.
Dor	Desapego divino	Revelação da beleza e do amor em todo o seu redor	Rosa, verde e azul-safira	Pergunte como lidar com a dor por meio do bom humor, do amor, da alegria e da música.	Visualize os anjos da cura colocando uma névoa azul sobre a área para eliminar a dor e curá-la.

Problemas que precisam ser curados	O Anjo Solar e a Alma Trazem	Os Anjos do Amor Divino Trazem	Cores de Cura	Pergunta para o Agente Interior da Cura	Imagem de Cura
Dor de garganta	Quietude interior e criatividade superior	Capacidade para falar claramente a respeito dos desejos mais profundos	Azul-safira ou azul-elétrico no centro da garganta	Pergunte como respirar cores para curar e como transferir luz solar para o diretor do sistema respiratório.	Visualize uma luz de cura restaurando perfeitamente a sua voz e a sua garganta.
Dores de cabeça	Sabedoria divina para reconhecer uma resposta melhor à tensão e ao *stress*	Calma, paz e relaxamento	Azul-safira e azul-celeste para a tensão; laranja para neutralizar o ar poluído	Pergunte como irradiar energia para as mãos e para os pés até que fiquem muito quentes. Pergunte sobre alimentos, estilo de vida e exercícios.	Visualize os anjos da cura diminuindo suavemente as pressões interna e externa.

Problemas que precisam ser curados	O Anjo Solar e a Alma Trazem	Os Anjos do Amor Divino Trazem	Cores de Cura	Pergunta para o Agente Interior da Cura	Imagem de Cura
Envelhecimento	Sabedoria e compaixão	Liberdade com relação a preocupações passadas; liberdade para exprimir sabedoria e amor	Rosa e dourado	Peça informações a respeito de como rejuvenescer cada sistema.	Visualize os anjos da cura trazendo nova energia vital à sua mente e ao seu corpo.
Envenenamento por alimentos	Poder divino para eliminar o veneno do sistema digestivo	Confiança na sabedoria natural do seu corpo	Laranja para eliminar toxinas; azul-escuro para curar o estômago	Pergunte como eliminar do seu corpo (e da mente) todas as toxinas.	Sinta os anjos da cura colocando cores cintilantes ao seu redor.

Problemas que precisam ser curados	O Anjo Solar e a Alma Trazem	Os Anjos do Amor Divino Trazem	Cores de Cura	Pergunta para o Agente Interior da Cura	Imagem de Cura
Epilepsia	Poder, coragem e harmonia divinos	Experiência de cura do ritmo suave da alma	Rosa e verde	Pergunte como viver de maneira independente sem ser controlado nem controlar os outros.	Visualize os anjos da cura redirecionando energias eletromagnéticas, ajudando a equilibrar a energia que flui para dentro do cérebro.
Epstein-Barr	Inspiração divina	Compaixão e compreensão e capacidade para perdoar todas as pessoas que o magoaram	Rosa, índigo e magenta	Pergunte como fortalecer o diretor do seu sistema imunológico e descubra o tipo de alimentação ideal.	Visualize uma luz brilhante ao redor do seu corpo à medida que os anjos o curam.

Problemas que precisam ser curados	O Anjo Solar e a Alma Trazem	Os Anjos do Amor Divino Trazem	Cores de Cura	Pergunta para o Agente Interior da Cura	Imagem de Cura
Erupções da pele	Limpeza divina	Um escudo de energia protetora ao redor da pele	Azul suave se a erupção for intensa, e cada vez mais claro à medida que a erupção melhora	Pergunte sobre maneiras criativas de eliminar toxinas — por meio do jogo, do riso, de longas caminhadas.	Visualize os anjos da cura colocando camadas de cores de cura sobre a sua pele.
Esclerose Múltipla	Força espiritual	Um amor de cura que elimina a autocrítica	Âmbar-dourado e amarelo médio	Pergunte como se alimentar e se exercitar, e como elevar o seu propósito na vida.	Veja os anjos curando os seus nervos e lhe dando perfeita coordenação motora.
Estomatite	Liberdade e autonomia divinas	Amor divino dentro de cada célula	Laranja para purificar; ouro e branco para introduzir luz solar nas células	Peça sugestões sobre alimentos, exercícios e sono.	Visualize os anjos da cura enviando uma luz purificadora através das células.

Problemas que precisam ser curados	O Anjo Solar e a Alma Trazem	Os Anjos do Amor Divino Trazem	Cores de Cura	Pergunta para o Agente Interior da Cura	Imagem de Cura
Fadiga	Vitalidade e equilíbrio entre trabalho e lazer	Relaxamento profundo e espírito otimista	Laranja para energizar e eliminar toxinas	Pergunte sobre três medidas revitalizantes para "arejar" a aura nesta semana.	Visualize dois anjos da cura, um de cada lado, irradiando luz no seu campo energético.
Fadiga crônica	Liberdade divina para controlar a própria vida	Luz rosa do amor divino para eliminar o desânimo e trazer boa disposição	Laranja para eliminar toxinas e dar vitalidade; verde nos períodos de repouso	Peça ajuda para criar um novo estilo de vida que o energize.	Visualize a energia angélica transformando células menos luminosas em células mais luminosas.

Problemas que precisam ser curados	O Anjo Solar e a Alma Trazem	Os Anjos do Amor Divino Trazem	Cores de Cura	Pergunta para o Agente Interior da Cura	Imagem de Cura
Febre	Poder divino para vencer toda a infecção e purificar o corpo	Paz interior e serenidade	Matizes rosa e verde; névoa azul ao redor do corpo	Peça que velhas crenças e temores sejam queimados no campo energético junto com a febre.	Visualize anjos da cura ao redor da sua cabeça e do seu corpo, construindo novas células com sons e cores alegres.
Gengivas/ dentes	Luz divina para expulsar qualquer infecção	Paz e quietude interiores	Dourado para fortalecer; azul-safira para curar infecções	Pergunte sobre suplementos, alimentos, equilíbrio ácido-alcalino e a quantidade adequada de luz solar.	Visualize anjos irradiando luz e som nas suas gengivas para curá-las.

Problemas que precisam ser curados	O Anjo Solar e a Alma Trazem	Os Anjos do Amor Divino Trazem	Cores de Cura	Pergunta para o Agente Interior da Cura	Imagem de Cura
Gripe	Poder divino para expulsar os vírus invasores	Vontade inspirada para desfrutar a vida	Laranja para a dor; verde para a febre; azul-safira para tosses ou infecções	Pergunte como tornar seu sistema imunológico mais forte por meio do sono, do repouso e de imagens criativas.	Imagine anjos da cura aliviando todas as dores constantes ou intermitentes com cores suaves e translúcidas.
Indigestão	Harmonia divina	Sucos digestivos poderosos do A-El-I-O — o alimento espiritual do amor	Verde ou amarelo	Pergunte como criar harmonia interior e serenidade a cada dia.	Visualize os anjos projetando cores de cura no seu estômago.

Problemas que precisam ser curados	O Anjo Solar e a Alma Trazem	Os Anjos do Amor Divino Trazem	Cores de Cura	Pergunta para o Agente Interior da Cura	Imagem de Cura
Infecções	Vitalidade divina	Purificação celular por meio do amor divino para que ocorra uma cura profunda	Azul-safira como anti-séptico; rosa para melhorar a qualidade das mensagens dirigidas às células	Pergunte como fortalecer o sistema imunológico por meio da luz solar, da alimentação, de exercícios e de repouso.	Visualize os anjos trazendo luz solar às células para torná-las resistentes a todas as doenças.
Insônia	Confiança divina na proteção do anjo solar	Um profundo estado de paz e de quietude interior	Rosa para estar mais perto dos anjos do amor divino; dourado para estar mais perto da alma	Pergunte como obter equilíbrio entre exercícios e quietude interior para ter um sono tranqüilo.	Visualize os anjos do amor divino circundando-o e elevando-o até dimensões superiores durante toda a noite.

Problemas que precisam ser curados	O Anjo Solar e a Alma Trazem	Os Anjos do Amor Divino Trazem	Cores de Cura	Pergunta para o Agente Interior da Cura	Imagem de Cura
Menstruação/síndrome pré-menstrual/ menopausa	Intuição divina	Uma nova identidade para a sua beleza e para o seu poder femininos	Cores frias — azul-escuro e verde-escuro para aliviar a dor ou a tensão; ametista ou laranja para purificar	Pergunte a respeito de alimentos, de suplementos alimentares e exercícios.	Imagine anjos da cura liberando toda a tensão e rejuvenescendo-o com sons alegres.
Morte (preparação para a)	Luz de visão divina	Perdão para todos os erros — seus e dos outros	Dourado e branco	Pergunte como permanecer consciente ao longo de todo o processo de transição para o seu corpo superior.	Visualize os anjos ao seu lado como companheiros constantes.

Problemas que precisam ser curados	O Anjo Solar e a Alma Trazem	Os Anjos do Amor Divino Trazem	Cores de Cura	Pergunta para o Agente Interior da Cura	Imagem de Cura
Olhos	Visão e intuição divinas para reconhecer o verdadeiro caminho	Olhos suaves e meigos que transmitam a energia do amor divino	dourado; branco para a visão; azul-safira para infecções	Para o olho esquerdo, pergunte como eliminar o medo de enxergar bem; para o olho direito, peça ajuda para purificar a visão espiritual.	Veja os seres angélicos tratando os seus olhos com cores cintilantes.
Ossos e sistema ósseo	Força espiritual para seguir o caminho	Ligação mais profunda com a Terra, com a família e com a comunidade	Violeta e índigo claros e escuros	Pergunte sobre alimentação, sobre suplementos alimentares e exercícios para criar ossos fortes.	Visualize trabalhadores angélicos dando flexibilidade, resistência e densidade aos seus ossos por meio de freqüências sonoras cósmicas.

Problemas que precisam ser curados	O Anjo Solar e a Alma Trazem	Os Anjos do Amor Divino Trazem	Cores de Cura	Pergunta para o Agente Interior da Cura	Imagem de Cura
Osteoporose	Vitalidade divina	Vigor renovado para seguir em frente na vida	Vermelho-alaranjado ou cor de vinho para obter densidade	Peça para obter informações acerca de novas pesquisas para aumentar a densidade óssea por meio de exercícios, da alimentação e de dieta e suplementos alimentares.	Visualize os anjos da cura fortalecendo os seus ossos e aliviando dores constantes ou intermitentes.
Ouvidos	Percepção divina	Murmúrios do amor e da proteção da alma	dourado e branco	Pergunte como ouvir com mais clareza com o ouvido interior.	Visualize os anjos melhorando a sua audição e curando seus ouvidos com uma bela nota que ressoa com a alma.

Problemas que precisam ser curados	O Anjo Solar e a Alma Trazem	Os Anjos do Amor Divino Trazem	Cores de Cura	Pergunta para o Agente Interior da Cura	Imagem de Cura
Ovários	Gratidão divina	Gratidão pela feminilidade e pelas oportunidades únicas para a iluminação	Prateado com rosa para curar tumores; prateado com âmbar e violeta para revitalização	Pergunte como equilibrar a energia entre os centros criativos do sacro e da garganta.	Visualize trabalhadores angélicos curando e desenvolvendo essas células.
Pâncreas	Serenidade e segurança divinas	Força interior de confiança no universo	Laranja para estimular; azul-safira para curar	Pergunte como energizar essa glândula por meio de mudanças no estilo de vida, na alimentação, no sono e nas emoções.	Visualize anjos curando o seu pâncreas com freqüências sonoras.

Problemas que precisam ser curados	O Anjo Solar e a Alma Trazem	Os Anjos do Amor Divino Trazem	Cores de Cura	Pergunta para o Agente Interior da Cura	Imagem de Cura
Parasitas	Desprendimento divino	Eliminação de parasitas por meio do amor divino	Laranja como a chama de purificação; azul-violeta para resistir aos parasitas	Pergunte como se ligar a outras pessoas, sem se apegar a elas. Como ser amoroso e, no entanto, independente.	Visualize os anjos da cura irradiando luz nas células e eliminando parasitas.
Pés	Liberdade divina para caminhar pela própria via de luz	Bom humor e alegria	Azul-violeta para pé-de-atleta e outras infecções; rosa e/ou verde para pés doloridos	Pergunte como adquirir uma nova postura e equilíbrio para o corpo e para a sua vida.	Imagine os anjos banhando os seus pés em cores líquidas.

Problemas que precisam ser curados	O Anjo Solar e a Alma Trazem	Os Anjos do Amor Divino Trazem	Cores de Cura	Pergunta para o Agente Interior da Cura	Imagem de Cura
Pescoço	Compre-ensão divina	Visão corajosa do futuro, do passado e do presente	Matizes dourados; índigo	Pergunte a respeito da origem da tensão no pescoço e de como aliviar preocupa-ções.	Sinta os anjos da cura ao seu redor tirando o peso do seu pescoço e dos seus ombros.
Peso (carência)	Absorção divina	Visão para usar o corpo como instrumento da alma	Rosa e verde	Peça sobre a melhor alimentação e como adotar um estilo de vida saudável.	Visualize os anjos da cura nutrindo-o com cores.
Peso (excesso)	Segurança divina	Visão mais clara para enxer-gar o seu propósito superior	Laranja para estimular o metabo-lismo; rosa como alimento	Pergunte como ace-lerar o me-tabolismo por meio de exercí-cios, de alimentos e de novas amizades.	Visualize anjos da cura ao seu lado a cada dia.

Problemas que precisam ser curados	O Anjo Solar e a Alma Trazem	Os Anjos do Amor Divino Trazem	Cores de Cura	Pergunta para o Agente Interior da Cura	Imagem de Cura
Pressão sangüínea	Reconhecimento divino do próprio poder e controle	Um novo despertar para a sabedoria e para o amor; eliminação da sensação de ser pressionado ou controlado	Verde e rosa	Peça inspiração para abrir novos caminhos que o permitam alcançar seu propósito com alegria.	Visualize os anjos da cura fazendo seu corpo entrar no ritmo da alma.
Próstata	Totalidade divina	Aceitação que tudo abrange e amor pelo mundo	Azul-safira ou azul-prateado e rosa	Pergunte como confiar plenamente no seu poder criativo em todos os níveis da vida.	Visualize os anjos da cura equilibrando a energia nos dois centros criativos — da garganta e do sacro.

Problemas que precisam ser curados	O Anjo Solar e a Alma Trazem	Os Anjos do Amor Divino Trazem	Cores de Cura	Pergunta para o Agente Interior da Cura	Imagem de Cura
Pulmões	Visão divina do seu futuro mais elevado	A dádiva do amor e do rejuvenescimento	Violeta e índigo prateados	Pergunte como preparar-se para a cura angélica por meio de visualizações e da vontade de ser plenamente curado.	Visualize a luz angélica fluindo para dentro de seus pulmões para purificá-los, fazendo-os concentrar mais luz.
Queimaduras	Serenidade e desprendimento divinos	Perdão para transformar a dor e os danos da queimadura	Verde e rosa, tanto matizes escuros como claros	Peça ajuda para repetir a cena imediatamente anterior ao acidente a fim de evitar as queimaduras.	Visualize os anjos colocando uma substância calmante e terapêutica sobre a sua pele para curá-la.

Problemas que precisam ser curados	O Anjo Solar e a Alma Trazem	Os Anjos do Amor Divino Trazem	Cores de Cura	Pergunta para o Agente Interior da Cura	Imagem de Cura
Quistos	Distribuição divina de energia	Paz mental	Amarelo, verde e azul-safira	Peça ajuda para trazer mais equilíbrio para a sua vida.	Visualize os anjos da cura envolvendo-o com uma sensação de equilíbrio e de paz.
Resfriado	Visão superior do ritmo da alma	Capacidade de ver além das falsas obrigações e de escolher livremente	Amarelo para purificar a cabeça e os seios da face	Pergunte como controlar a vida e trabalhar sem se estressar.	Visualize os anjos da cura reconstituindo as células com amor e com sons alegres.
Rins/sistema urinário	Liberação divina e coragem	Capacidade de esquecer o passado e abraçar o futuro com amor	Borgonha-claro para fortalecer; azul-safira para infecções	Pergunte como fortalecer esse sistema com exercícios, alimentos e líquidos.	Visualize os anjos usando raios luminosos que limpem e purifiquem esse sistema.

Problemas que precisam ser curados	O Anjo Solar e a Alma Trazem	Os Anjos do Amor Divino Trazem	Cores de Cura	Pergunta para o Agente Interior da Cura	Imagem de Cura
Seios da face	Liberdade divina	Amor fluindo através dos seios da face para limpar todas as toxinas	Laranja para limpar e purificar; azul-safira para curar infecções	Pergunte como liberar toda a ansiedade e encontrar soluções.	Visualize os anjos projetando raios nos seios da face.
Sistema circulatório	Autonomia divina	Penetração mais profunda do amor divino na corrente sangüínea	Vermelho-alaranjado para revitalizar a corrente sangüínea; laranja para intensificar a vibração celular	Peça orientação sobre um programa de exercícios e sobre a recepção do amor da alma.	Imagine os anjos solares enviando uma luz cintilante através da corrente sangüínea.

Problemas que precisam ser curados	O Anjo Solar e a Alma Trazem	Os Anjos do Amor Divino Trazem	Cores de Cura	Pergunta para o Agente Interior da Cura	Imagem de Cura
Sistema digestivo	Confiança profunda na alma	Transferência da energia do plexo solar para o centro do coração	Verde — a cor com mais propriedades de cura — verde-pálido ao verde-musgo	Pergunte como conseguir e manter a paz interior e a quietude.	Imagine os anjos da cura abençoando com você o alimento que você ingere e restabelecendo o seu sistema digestivo com luz.
Sistema endócrino (consulte também cada uma das glândulas individuais)	Equilíbrio divino	Capacidade para reconhecer uma verdade superior dentro de si e expressá-la	(Ver cada uma das glândulas separadamente)	Pergunte como conseguir equilibrar o nível de luz em todas as sete glândulas endócrinas.	Visualize os anjos da cura enviando uma luz prateada cintilante às suas glândulas para curá-las e equilibrá-las.

Problemas que precisam ser curados	O Anjo Solar e a Alma Trazem	Os Anjos do Amor Divino Trazem	Cores de Cura	Pergunta para o Agente Interior da Cura	Imagem de Cura
Sistema imuno-lógico	Equilíbrio divino	Liberação da tensão e da ansiedade para aumentar a imunidade à doença	Laranja-dourado para purificar; azul-violeta para fortalecer	Pergunte como melhorar a sua alimentação, seus horários de sono; e como absorver mais oxigênio, luz solar. Pergunte também sobre o propósito da sua vida.	Visualize os anjos da cura purificando as células sangüíneas e fortalecendo esse sistema com a cor laranja.
Sistema muscular	Poder divino	Maior flexibilidade nos músculos e na mente	Laranja para eliminar toxinas; azul para relaxar e curar	Pergunte sobre a quantidade de exercícios com pesos que são necessários para liberar toxinas emocionais e físicas.	Imagine os anjos e o diretor desse sistema dando flexibilidade e força aos seus músculos.

Problemas que precisam ser curados	O Anjo Solar e a Alma Trazem	Os Anjos do Amor Divino Trazem	Cores de Cura	Pergunta para o Agente Interior da Cura	Imagem de Cura
Sistema nervoso	Serena quietude interior	Ligação mais sutil entre o centro da coroa e o centro do coração	Rosa-prateado, violeta, verde-prateado, amarelo ou dourado	Pergunte como liberar a tensão com sons e com canções. Pergunte a respeito de exercícios para estimular a mente.	Visualize anjos solares aperfeiçoando a sua mente e o seu sistema nervoso, envolvendo a sua cabeça com luz dourada.
Sistema reprodutor	Divino poder de cura da infusão da alma	Apreciação profunda da sua feminilidade ou da sua masculinidade	Laranja para purificar; verde para curar	Pergunte como curar e como manter esse sistema saudável e em perfeito equilíbrio com os outros sistemas.	Visualize os anjos da cura ligando a energia do centro do sacro com o centro da garganta para enriquecer ambos os centros criativos.

Problemas que precisam ser curados	O Anjo Solar e a Alma Trazem	Os Anjos do Amor Divino Trazem	Cores de Cura	Pergunta para o Agente Interior da Cura	Imagem de Cura
Sistema respiratório	Inspiração divina através da respiração	Nível superior de honestidade e de integridade	Laranja para limpar; azul-safira ou violeta para curar	Pergunte como purificar o ar que você está respirando e como limpar esse sistema por meio da respiração, de exercícios, luz solar e da alimentação.	Visualize uma substância angélica radiante invadindo o ar que você está respirando.
Supra-renais, glândulas	Maior sabedoria para viver sem esperar resultados	Serenidade e liberdade para que você deixe de controlar ou de ser controlado	Cores restauradoras — azul-safira, verde, laranja	Peça-lhe para ajudá-lo a adotar um ritmo de vida calmo e pacífico.	Visualize os anjos da cura curando as glândulas supra-renais com luz solar.

Problemas que precisam ser curados	O Anjo Solar e a Alma Trazem	Os Anjos do Amor Divino Trazem	Cores de Cura	Pergunta para o Agente Interior da Cura	Imagem de Cura
Timo	Ativação do timo por meio da luz da alma	Capacidade maior de receber e de dar amor	Dourado ou branco para ajudar a ativar essa glândula a fim de protegê-la de doenças	Pergunte como estimular o diretor do centro do coração para energizar o timo; pergunte a respeito do uso da entoação e do canto.	Visualize os anjos aumentando a corrente espiritual de energia que flui para o centro do coração e para o seu timo.
Tireóide — hipertireoidismo (tireóide muito ativa)	Serenidade divina	Aceitação serena de tudo o que existe	Matizes rosa-suave; matizes azuis-claros	Pergunte como atingir o equilíbrio entre quietude interior e alegria.	Visualize os anjos da cura reequilibrando a tireóide com suaves pulsações coloridas.

Problemas que precisam ser curados	**O Anjo Solar e a Alma Trazem**	**Os Anjos do Amor Divino Trazem**	**Cores de Cura**	**Pergunta para o Agente Interior da Cura**	**Imagem de Cura**
Tireóide — hipotireoidismo (tireóide pouco ativa)	Alegria e gratidão divinas	União harmoniosa entre mente, corpo e alma	Raios de luz dourada no centro da garganta	Pergunte a respeito da entoação do "O", do "A-El-I-O" e de outros sons de cura.	Visualize os anjos da cura rejuvenescendo a sua tireóide de maneira tão perfeita que torna seu ânimo positivo e equilibrado.
Torções	Confiança divina	Compaixão pelo tornozelo ou pelo pulso torcido	Dourado, branco ou verde ao redor e dentro da articulação (qual a melhor cor)	Peça ajuda para criar uma nova realidade na qual nenhuma torção aconteceu.	Visualize os anjos restaurando essa área com três camadas de cores.

Problemas que precisam ser curados	O Anjo Solar e a Alma Trazem	Os Anjos do Amor Divino Trazem	Cores de Cura	Pergunta para o Agente Interior da Cura	Imagem de Cura
Tosse e bronquite	Auto-expressão divina	Abertura do centro do coração à compreensão amorosa	Verde para acalmar a tosse; laranja para eliminar a congestão de energia	Pergunte como fortalecer os sistemas respiratório e imunológico por meio da alimentação, do sono e da luz solar.	Visualize os anjos da cura criando uma vibração benéfica para curá-lo.
Tumores	Compreensão divina	Entendimento compassivo da harmonia com a alma	Todas as cores frias — verde, azul, pêssego e rosa-claro	Peça informações acerca da alimentação, de suplementos alimentares, da homeopatia e de outras terapias.	Visualize luzes angélicas equilibrando o centro e o diretor mais próximos do tumor.

Problemas que precisam ser curados	O Anjo Solar e a Alma Trazem	Os Anjos do Amor Divino Trazem	Cores de Cura	Pergunta para o Agente Interior da Cura	Imagem de Cura
Tumores no seio (não-malignos)	Liberdade e independência divinas	Fusão do amor e da sabedoria	Azul-safira e azul-celeste	Pergunte como liberar a congestão no centro do coração e como purificar a corrente sangüínea.	Visualize trabalhadores angélicos elevando a energia excedente até os seus centros superiores por meio da luz e do som.

Sobre a Autora

LaUna Huffines dá cursos sobre o despertar espiritual há 35 anos para terapeutas, conferencistas e outros agentes da cura em vários países. Durante os últimos oito anos, ela tem se dedicado exclusivamente ao ensino de técnicas para aperfeiçoar e como curar o corpo físico por meio da luz da alma e dos anjos da cura. Autora de *Bridge of Light: Tools of Light for Spiritual Transformation* (H J Kramer, 1993) (*Ponte de Luz*, publicado pela Editora Pensamento), LaUna produziu mais de 130 viagens orientadas em fita para ajudar na fusão com uma luz maior e para acelerar o processo de cura. Também dá seminários na região de San Francisco. Tem mestrado em aconselhamento e completou todo o currículo de Ph.D. em psicologia oriental-ocidental no California Institute of Integral Studies, San Francisco. LaUna tem quatro filhos e vive atualmente em Mill Valley, Califórnia.

PONTE DE LUZ - Instruções Práticas para a Transformação Espiritual
LaUna Huffines

"Afinal, um livro que realmente constrói uma ponte entre o céu e a terra. Eu uso suas sugestões com pessoas em todos os níveis de desenvolvimento pscológico e espiritual, e os resultados têm sido nada menos que miraculosos."

Marcelle Kardush, Ph.D.
Professor de Psicologia da
San Francisco State University

Ponte de Luz é o primeiro livro que ensina métodos práticos de lidar com as novas energias proporcionadas pela expansão espiritual. Ensinados, a princípio, em cursos particulares, esses métodos foram transmitidos ao autor por um mestre espiritual que ajudou centenas de pessoas a terem uma visão mais clara e aberta a respeito de suas vidas.

Ensinando a meditar e a respirar corretamente através de modernas técnicas psicológicas, *Ponte de Luz* nos diz como enfrentar o tumulto da vida moderna e a criar para nós um papel que nos transformará em fator de mudança no mundo em que vivemos. Propondo exercícios simples ilustrados com exemplos tirados da vida real, o leitor aprenderá:

- a entrar em contato com seu Eu Superior e a seguir os seus sábios conselhos;
- a energizar o próprio corpo com a luz espiritual;
- a harmonizar as diversas facetas do seu eu interior;
- a criar para si um Templo de Luz;
- a receber mensagens telepáticas das dimensões superiores;
- a construir Pontes de Luz para as pessoas e as qualidades que você deseja ver integradas à sua vida.

LaUna Huffines, formada em Psicologia, tem uma longa experiência no aconselhamento de pessoas com vistas a uma transformação integral.

EDITORA PENSAMENTO

O ETERNO PLANTIO

Um reencontro da Medicina com a Natureza

Dr. José Maria Campos
(Clemente)

Após ter escrito PLANTAS QUE AJUDAM O HOMEM (em co-autoria) e GUIA PRÁTICO DE TERAPÊUTICA EXTERNA, o autor apresenta-nos O ETERNO PLANTIO, nova etapa em seu trabalho. Descreve um ponto de transição entre a pesquisa tradicional e o conhecimento alquímico, que volta a estar disponível ao ser humano nesta época de tantas necessidades e, ao mesmo tempo, de tão grandes oportunidades de crescimento interior.

A sutilização pela qual passa a Terra e toda a vida nela presente trará o aumento da percepção interna do ser humano e se refletirá também em seus sentidos externos, levando-os a profundas transformações. Sua consciência estará então bem mais absorvida nos níveis abstratos, intuitivos e espirituais.

Tais mudanças estão sendo levadas a cabo em todo o planeta, e este livro é fruto delas, dando testemunho, ainda que parcial, de que já são realidade neste momento.

CULTRIX / PENSAMENTO

Outras obras de interesse:

PONTE DE LUZ - Instruções Práticas para a Transformação Espiritual
LaUna Huffines

HARMONIZE-SE COM O SEU ANJO DA GUARDA
Anita Godoy

OS ANJOS - Inspiradores da Criatividade
Terry Lynn Taylor

PERGUNTE AO SEU ANJO - Um guia prático para lidar com os mensageiros do céu e fortalecer e enriquecer a sua vida
Alma Daniel, *Timothy Wyllie* e *Andrew Ramer*

OS ANJOS - Espíritos Protetores
Penny McLean

MÃOS DE LUZ - Um Guia para a Cura Através do Campo de Energia Humana
Barbara Ann Brennan

LUZ EMERGENTE - A Jornada da Cura Pessoal
Barbara Ann Brennan

AS CORES E SEU PODER DE CURA
Betty Woody

AS SETE CHAVES DA CURA PELA COR
Roland Hunt

O CAMINHO DA CURA
H. K. Challoner

A AURA DAS MÃOS - O Significado das Cores e das Formas da Aura
Matthias Mala

A ENERGIA ESPIRITUAL E SEU PODER DE CURA
Dudley Blades

CURAR, CURAR-SE
Richard Carlson e *Benjamin Shield*

CURANDO COM AMOR - Um programa médico inovador para a cura do corpo e da mente
Leonard Laskow

CURA ENERGÉTICA - O poder sutil e curador das mãos
Silvio Camargo

Peça catálogo gratuito à
EDITORA PENSAMENTO
Rua Dr. Mário Vicente, 374 - Fone: 272-1399
04270-000 - São Paulo, SP